Try These 120 Free GenAI Ideas Today!

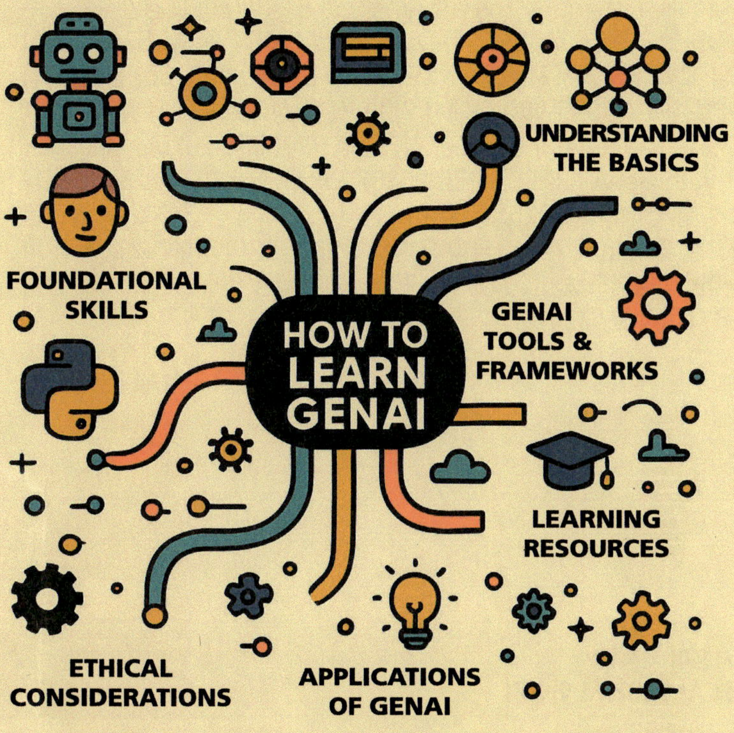


무료 사용이 가능한

# 생성형 AI 120가지 이야기

강병서 지음

한경사

**저자 강병서**

저자는 서울대학교 상과대학 경영학과를 졸업하고 미국 사우스캐롤라이나 대학에서 경영학 박사 학위를 취득하였다. 경희대학교 경영대학 교수로 재직하였고 학장, 대학원장 등을 역임하였다. 퇴직 후 명예교수로서 AI 및 코딩 교육과 저술에 관심을 가지고 있으며 도서관, 학교, 50+센터, 여성능력개발센터, CTS, 문화원 등에서 일반인들을 상대로 가르쳐 왔다.

저서로서, GenAI와 함께하는 경영학의 이해(공저, 2025), Management with GenAI(공저, 영문판, 2025), Excel+GenAI+Python을 이용한 기초 통계학 이해(2025), 코딩 어드벤처 스크래치 중급(2022), 플랫폼적 사고를 펼쳐라(2022), 코딩 어드벤처 with 성경 이야기(2021), R과 파이썬: 머신러닝어프로치(2020), 스크래치와 R 코딩 어드벤처(2019), 알기 쉬운 R 데이터 분석(2019) 외 다수가 있다.

무료 사용이 가능한
**생성형 AI 120가지 이야기**

저자 강병서
발행일 2025년 6월 20일 1쇄
발행처 **한경사**
발행인 이계남
등록사항 제10-1951호 2000년 4월 14일
주소 서울시 마포구 신수로 59-1 (3층)
전화번호 02_717_7264~5
팩스번호 02_717_7226
홈페이지 hankyungsa.co.kr
전자우편 hankyungsa@hanmail.net
ISBN 978-89-6844-536-1 (03000)
가격 29,000원

# 들어가기

이 책은 인공지능 시대의 지적 호기심을 채워줄 120가지 과제를 통해 사고력과 창의력 향상의 기회를 제공한다. 무료 사용이 가능한 다양한 생성형 인공지능을 소개하고 있어, 마치 120 다산콜센터에 전화 한 통으로 생활 속 궁금증과 고민을 편리하게 해결받는 것처럼 이 책을 활용할 수 있다.

최근 ChatGPT의 출현으로 진정한 AI 시대의 막이 올랐다. 이 놀라운 기술은 마법처럼 즉각적인 대화가 가능하며, 다양한 분야의 전문가처럼 우리를 도와준다. 사람들의 반응은 각양각색이다. 어떤 이들은 이 신비로운 기술에 흥분을 감추지 못하지만, 반면에 다른 이들은 낯선 변화 앞에서 망설이고 있다. 하지만 걱정하지 않아도 된다. AI는 인생 친구로서 친근한 자세로 우리의 말 걸기에 귀 기울일 준비가 되어 있다.

카카오톡에서 AI와 대화 나누기를 시도해 보자. 〈AskUp(또는 아숙업)〉을 소개한다. 이 AI는 국내 업스테이지 회사가 ChatGPT 모델과 결합한 실시간 채팅 AI 서비스다. 다음과 같이 친구로 초대해 실행해 보자.

① 모바일에서 카톡 열기
② 화면 상단의 돋보기 🔍모양 누르기
③ AskUp 단어를 입력하기
④ 〈채널추가〉를 선택하기
⑤ 채팅장에서 〈AskUp〉을 선택하고 대화를 시작

지시문으로 "오늘 저녁 가족 모임에서 사용할 덕담 세 가지 소개해 줘."라고 입력 클릭하면 즉시 답변을 준다. 입력 시에 문자나 음성 모두 가능하다.

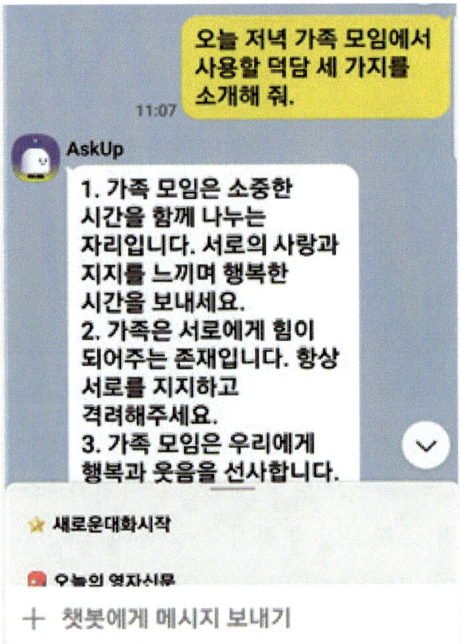


덕담 세 가지 중에서 하나 선택하고, 필요에 따라 수정해서 사용하면 된다. "1번 덕담을 유머있게 만들어 줘."라고 지시하면 유머 섞인 결과도 얻는다. 각종 모임의 인사말, 축사, 연설, 건배사 등에 다양하게 쓰일 수 있다. 그리고 실행할 주제를 포함해서 궁금한 것은 무엇이든 물어볼 수 있다.

인공지능은 사람처럼 생각하고 배울 수 있는 특별한 기술이다. AI 바둑으로 시작된 여정은 이제 로봇과 자율주행 자동차 같은 사물인터넷을 거쳐, 우리와 자유롭게 대화를 나누는 〈생성형 AI〉의 시대로 이어지고 있다. 〈생성형 AI〉는 마치 창의적인 예술가처럼 새로운 콘텐츠와 아이디어를 만들어내는 특별한 인공지능이다. 글, 그림, 소리, 영상, 코드 등 다양한 형태의 창작물을 만들어낼 수 있다,

이 AI의 핵심에는 방대한 데이터를 통해 배우고, 그 안에서 발견한 패턴을 바탕으로 새로운 것을 생성해(generate) 내는 원리가 있다. 마치 인간이 경험을 통해 배우고 새로운 생각을 떠올리는 것과 유사하다. 현재는 수백 가지가 넘는 다양한 생성형 AI(Generative AI 또는 GenAI)가 개발되어 AI 생태계는 더욱 풍요로워지고 있다.

이 AI에 정식으로 접근하는 방법은 간단하다. 먼저 웹 브라우저(web browser)를 연다. 웹 브라우저(또는 브라우저)는 웹 서버의 모든 정보를 볼 수 있도록 하고, 문서 검색을 도와주는 응용 프로그램이다. 대표적으로 구글의 크롬(chrome)과 마이크로소프트의 엣지(edge)가 있다. 이 브라우저에서 AI에 대한 접근 방법은 필요할 때마다 상세하게 소개한다.

| 브라우저 | 본서의 핵심 생성형 AI(회사) |
| --- | --- |
| 크롬 | ChatGPT(Openai), Perplexity(Perlexity AI, Inc), Claude(Anthropic), Wrtn(뤼튼테크놀로지스) |
| 엣지 | Copilot(Microsoft) |

이 책은 독자의 지적 호기심을 채워드리고자 하는 마음을 담아 만들어졌다. 여러 종류의 〈생성형 AI〉와 〈코딩〉을 소개하면서, 다음과 같이 우리 삶의 과제들을 함께 풀어가고자 한다.

첫째, 실생활에 관련해서 취미, 사업경영, 영어, 음악, 미술, 코딩 등에 이르기까지 17가지 주제 밑에 전체 120가지 이야기를 다룬다. 텍스트는 물론 음성 변환, 이미지 제작, 영상 제작, 통계 분석 등 다채로운 디지털 창작의 세계로 여러분을 안내한다.

둘째, 필요한 경우에는 "알면 소용있는 프롬프트(알소프)"를 추가하여, 배운 내용을 실제로 적용하고 다양하게 활용할 수 있도록 실용적인 프롬프트를 추가로 제공한다. 그리고 현재의 의사결정과 미래의 AI 리더십에 대한 인사이트도 함께 제시하여 다가올 시대를 현명하게 준비할 수 있도록 도와드린다.

셋째, 많은 주제를 다루기 위해 이 책에서는 무료 사용이 가능한 다양한 GenAI를 소개한다. 특히 다섯 종류의 도구(1장에서 설명)는 무료 사용에 상당히 관대하다. 만일 어떤 도구가 Free Plan 한도에 도달했다고 알리면, 모른 척하고 계속 진행할 수도 있고 또는 다른 도구로 옮겨가면 된다. 전문성을 위해 유료 사용도 고려할 만하다.

넷째, 코딩 파트에서 스크래치(Scratch)와 파이썬(Python) 같은 프로그래밍(또는 코딩) 언어를 소개한다. 이 언어를 배우면 AI가 데이터를 처리하고 학습하는 방식에 대한 기본적인 개념을 이해할 수 있으며, 정교한 프롬프트를 작성하여 GenAI에서 원하는 결과를 얻는 능력이 향상된다. 그리고 엑셀에 GenAI 활용법을 연결하는 예시를 통하여 생산성 향상에 도움을 얻을 것이다.

AI와 함께하는 여정은 즐거움으로 가득하다. 우리의 질문에 순간순간 펼쳐지는 놀라운 답변, 경이로운 즉문즉답으로 외계인 같은 마법사의 경험을 선사한다. 때로는 오류가 있어 완벽하지 않은 답변에 주의가 필요하지만, 예상을 뛰어넘는 새로운 통찰을 발견하는 기쁨은 지적인 여정에서 느낄 수 있는 특별한 선물이다. 혼자 가도 좋지만 여럿이 가면 멀리 갈 수 있다.

끝으로, 이 책의 출간을 위해 수고하신 한경사 관계자 여러분께 감사의 말씀을 전한다.

2025년 6월

강병서(경희대학교 경영대학 명예교수)

# 간단한 차례

# 자세한 차례

GenAI 120

# 제1장 생성형 AI에 대하여

생성형 AI란 인간과 함께 사고하고 문제를 해결하는 협력자다. 이 도우미는 세계 도서관의 모든 책을 읽고 암기하고 있다고 말할 수 있다. 풍부한 지식을 가진 인간 아닌 "인간 같은" 시스템을 이해한다는 것은 지적인 모험과 함께 유쾌한 일이 될 것이다. 이 장에서는 생성형 AI의 개념과 작동 원리 그리고 다섯 종류의 핵심 도구에 대해 알아 본다.

[ChatGPT] 다음의 이미지를 생성해 줘: "현대적인 건축 양식을 강조하며 곡선형 터널 같은 서가에 책들이 진열된 미래형 도서관을 설계하되, 아늑한 조명을 더하고 비밀스럽고 마법 같은 공간으로 이어지도록 디자인한다."

# 001 생성형 AI란 무엇인가

**목표** — 생성형 AI 개념과 중요성을 이해한다.

생성형 AI(GenAI)는 새로운 콘텐츠와 아이디어를 만들어내는 인공지능의 한 분야다. 예를 들어, 텍스트, 이미지, 음악, 코드 등 다양한 형태의 창의적인 결과물을 생성할 수 있다. GenAI의 핵심 원리는 대규모 데이터를 학습하여 패턴을 인식하고, 이를 바탕으로 새로운 콘텐츠를 만들어낸다. 이 과정은 인간 두뇌의 학습 및 예측 메커니즘과 유사하다.

GenAI 중에서 세계적으로 가장 널리 알려진 ChatGPT에 접근하려면 어떻게 하면 될까? 구글의 브라우저 크롬(Chrome)에서 "chat.openai.com"을 입력 엔터하고 회원 가입하면 된다.

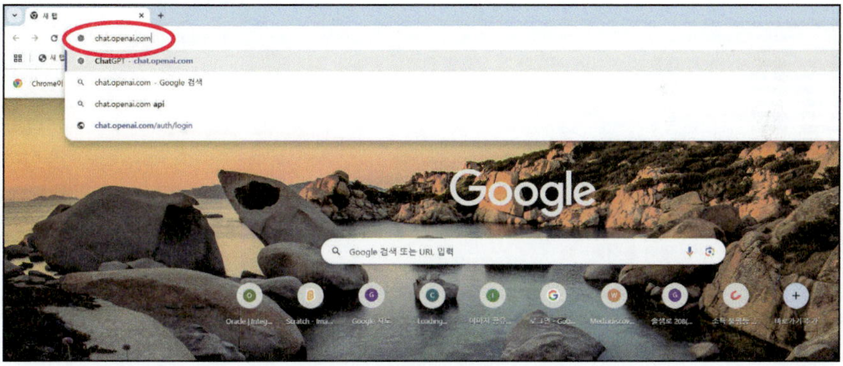


그러면 다음의 초기화면이 나온다. 여기서 "너는 누구야?"라고 질문하고, 〈엔터〉 또는 우측의 ⬆ 표시를 클릭하면 답변을 준다.

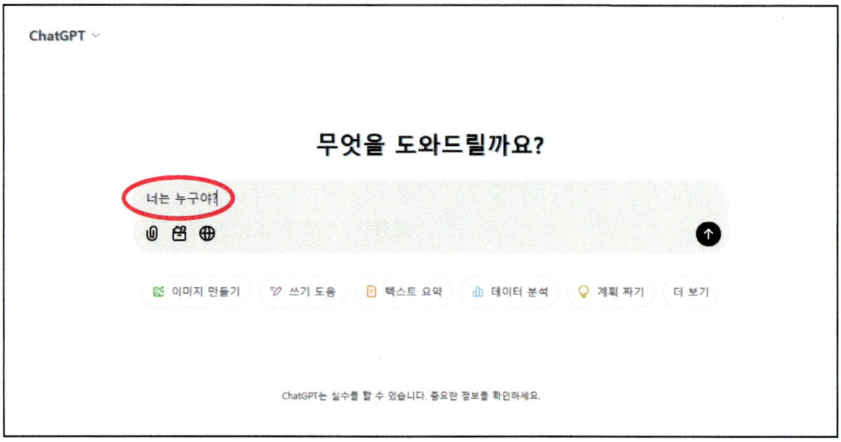
ChatGPT
무엇을 도와드릴까요?
너는 누구야?
이미지 만들기
쓰기 도움
텍스트 요약
데이터 분석
계획 짜기
더 보기
ChatGPT는 실수를 할 수 있습니다. 중요한 정보를 확인하세요.

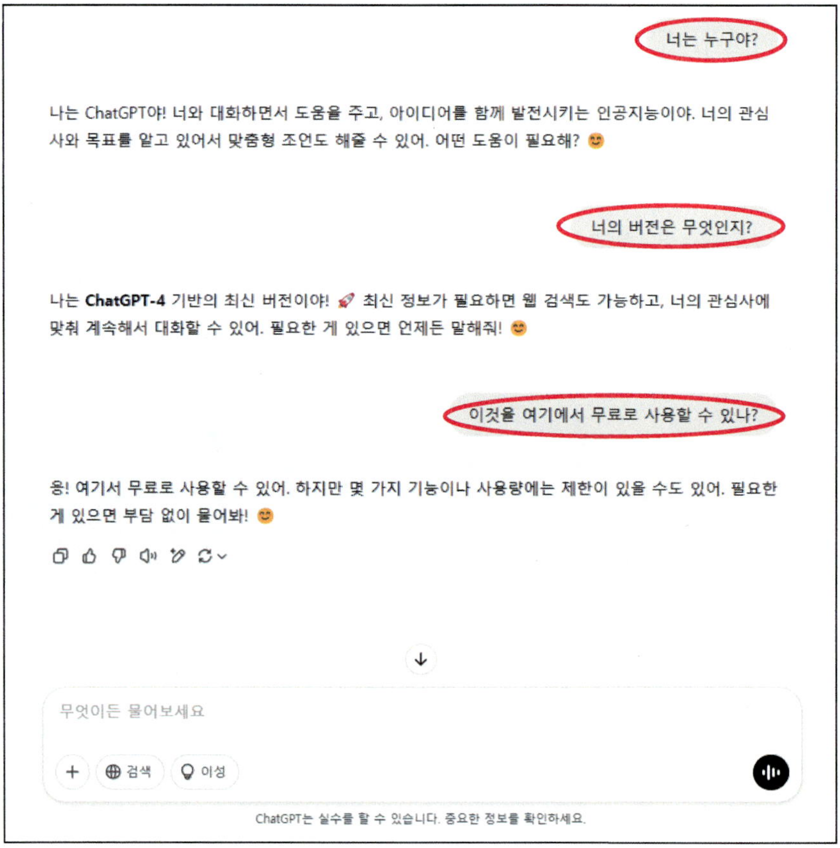
너는 누구야?
나는 ChatGPT야! 너와 대화하면서 도움을 주고, 아이디어를 함께 발전시키는 인공지능이야. 너의 관심사와 목표를 알고 있어서 맞춤형 조언도 해줄 수 있어. 어떤 도움이 필요해? 😊
너의 버전은 무엇인지?
나는 ChatGPT-4 기반의 최신 버전이야! 🚀 최신 정보가 필요하면 웹 검색도 가능하고, 너의 관심사에 맞춰 계속해서 대화할 수 있어. 필요한 게 있으면 언제든 말해줘! 😊
이것을 여기에서 무료로 사용할 수 있나?
응! 여기서 무료로 사용할 수 있어. 하지만 몇 가지 기능이나 사용량에는 제한이 있을 수도 있어. 필요한 게 있으면 부담 없이 물어봐! 😊
무엇이든 물어보세요
검색
이성
ChatGPT는 실수를 할 수 있습니다. 중요한 정보를 확인하세요.

GenAI에 대하여 본격적으로 살펴보기 전에 먼저 인공지능(AI)에 대해 알아보자. ChatGPT에게 다음과 같이 지시하였다. "인공지능이 무엇인가를 중학생 수준으로 500자 설명해 줘." 그러자 답변이 즉시 왔다.

"인공지능(AI)은 사람처럼 생각하고 배울 수 있는 똑똑한 컴퓨터 기술이에요. 예를 들어, 사람은 경험을 통해 새로운 것을 배우고, 문제를 해결하거나, 결정을 내릴 수 있잖아요? AI도 비슷하게 데이터를 이용해 학습하고, 스스로 뭔가를 판단할 수 있도록 만든 기술이에요. 우리가 자주 사용하는 음성 비서(예: 스마트폰의 "시리"), 유튜브의 영상 추천, 자율주행 자동차 등이 모두 인공지능 기술을 사용하고 있어요. AI는 아주 많은 데이터를 분석해서 사람들에게 도움이 되는 결과를 빠르게 찾아주는 능력이 있어요. AI는 우리 생활을 편리하게 해주지만, 잘못 사용하면 문제가 될 수도 있어요. 그래서 AI를 사용할 때는 윤리적으로 올바르게 사용하는 것이 중요해요. AI는 미래를 이끌어 갈 중요한 기술이라서, 우리가 이 기술을 이해하고 잘 활용하는 것이 아주 중요하답니다!"

[도표 1-1]은 AI의 개념을 개괄적으로 보여준다.

[도표 1-1] AI의 개념

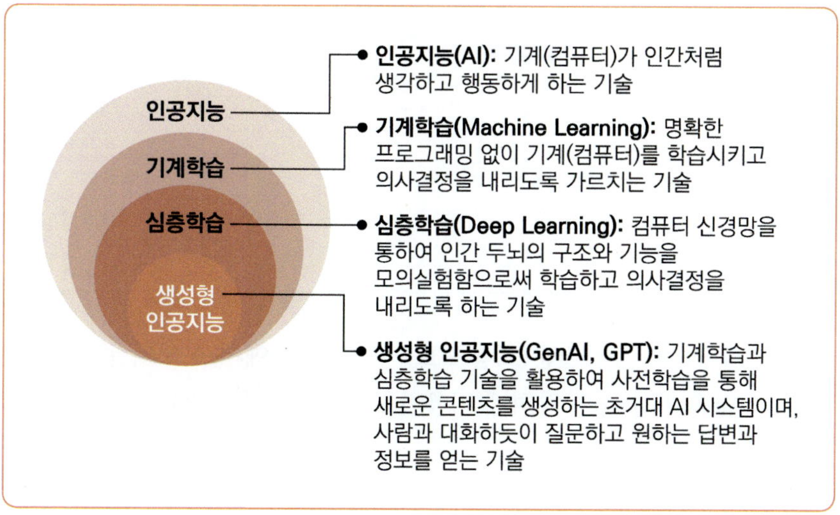

이번에는 다른 GenAI 도구인 Wrtn(뤼튼)에 접근하기 위해 〈크롬〉에서 "wrtn.ai"를 입력하였다. 엔터하면 곧바로 초기화면이 나온다. 한국에서 개발된 이 무료 사용 GenAI는 접근이 매우 용이하며, 최근에는 회원가입을 권한다.

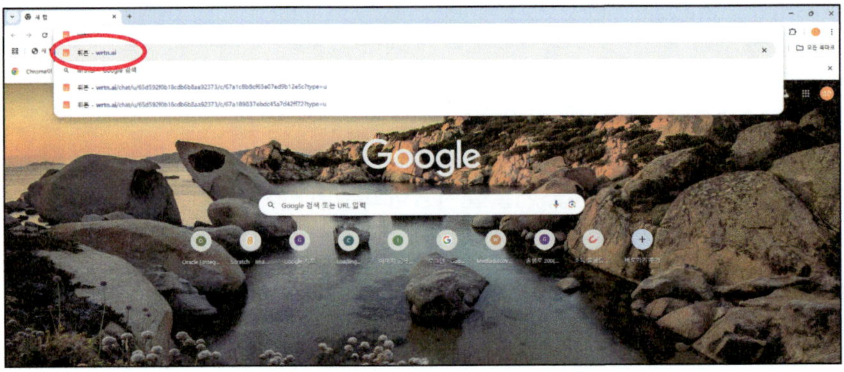


초기화면에서 "생성형 인공지능에 대해 중학생 수준으로 300자 설명해 줘."라고 입력한 후, 〈엔터〉하거나 마크를 클릭하면 된다.

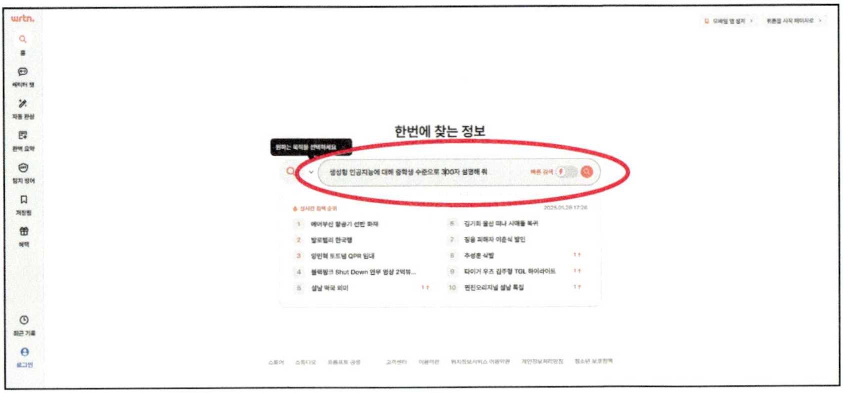


답변과 함께 추가 질문(프롬프트) 세 가지를 예시로 보여 준다. 그리고 화면 왼쪽 메뉴을 다양하게 이용할 수 있다(결과 생략).

우리가 GenAI를 공부하면 여러 가지 이점이 있다(Wrtn, Copilot).

① 창의적으로 문제 해결: 독창적인 방법으로 문제에 접근하고, 더 나은 해결책을 모색하는 능력을 키울 수 있다.
② 개인 프로젝트의 혁신: 글쓰기, 예술, 음악, 코딩 등 창작 활동에 더 풍부하고 흥미로운 결과를 만들어낼 수 있다.
③ 기술적 이해 증진: GenAI의 원리와 작동 방식을 기초로 하여 인공지능 기술에 대해 깊게 이해하고, 데이터 과학, 머신러닝, 딥러닝 등 관련 분야 진출에 유리하다.
④ 비판적 사고 향상: GenAI의 한계를 이해하고 비판적으로 바라보는 능력을 키울 수 있다. 이를 통해 AI의 윤리적, 사회적 영향을 더 깊이 생각할 수 있다.
⑤ 커뮤니티와의 연결: 다른 사람들과의 네트워킹 기회를 얻고, 최신 트렌드와 기술을 공유받을 수 있다.

이러한 이점들은 개인의 경력 개발뿐만 아니라, 사회 전반에 긍정적인 영향을 미칠 수 있다.

# 002 GenAI 특성과 종류

**목표** — GenAI의 작동 원리와 다양한 분야에 적용 가능한 도구들을 이해한다.

GenAI 기술은 근본적으로 거대 언어 모델(Large Linguistic Model: LLM)에 기반을 두고 있다. 마치 세계 도서관의 책을 다 읽은 것같은 이 모델은 방대한 양의 텍스트 데이터로 자기지도 학습을 통해 훈련하면서 새로운 콘텐츠를 생성한다. 기술 핵심에는 변환기(트랜스포머) 아키텍처가 있어, 입력된 정보 사이의 복잡한 관계를 파악하고 전체적인 맥락을 이해할 수 있다. 마치 인공지능 바둑 프로그램이 독립적으로 학습하면서 바둑 기사와 상호 작용하는 것과 유사한 방식이다. GenAI의 특성을 살펴보면 다음과 같다.

첫째, 이 모델의 학습 과정에서는 확률 방식을 활용해 다음에 등장할 단어나 이미지를 예측한다. 예를 들어 '나는 밥을 00한다'라는 문장이 있다고 하자. 00 자리에 들어갈 적절한 동사를 선택하는 경우 '먹는다'에 70%, '짓는다'에 20%, '거르다'에 5%, 그 외 기타 동사들이 5% 정도의 확률로 고려할 수 있다. 이러한 과정은 대규모 신경망 내의 수많은 가중치와 매개변수들을 세밀하게 조정하며 이루어진다. 동일한 질문이나 명령에도 확률적인 특성 때문에 매번 다른 답변이 나올 수 있다.

둘째, 생성형 AI는 ① 데이터 수집, ② 모델 학습, ③ 훈련, ④ 생성이라는 네 단계를 거쳐 작동한다. 이 기술의 중심에는 트랜스포머와 같은 딥러닝 모델이 자리하고 있어, 복잡한 패턴을 이해하고 자연어 명령에 따라 적절한 답변을 생성한다. 생성형 AI의 거대 언어 모델(LLM)은 인간과 자연스러운 대화를 위해 맥락을 이해하고 유지하는 데 집중한다. 또한 지속적인 대화를 통해 정보를 쌓아가며, 이전에 나눈 대화 내용을 참고

해 연관성 있고 일관된 응답을 제공한다. 단순히 정보를 일방적으로 전달하기보다는 대화형 접근 방식을 취함으로써 사용자와 활발한 상호작용을 이끌어 낸다.

셋째, 생성형 AI는 창의적이고 독특한 콘텐츠를 만들어내는 능력을 갖추고 있어, 여러 산업 분야에서 혁신적인 활용 가능성을 보여주고 있다. 특히 글쓰기와 스토리텔링 영역에서 획기적인 변화를 이끌고 있다. 이 기술을 가지고 다양한 문체와 장르의 글을 자유롭게 생성할 수 있으며, 사용자가 제시한 지시에 맞춰 창의적인 내용을 펼쳐낸다. 이러한 능력 덕분에 기획 담당자들은 아이디어 발상과 초안 작성에 드는 시간을 크게 줄일 수 있고, 더욱 다채로운 시각과 표현 방식을 탐색할 수 있게 되었다.

넷째, 생성형 AI는 텍스트를 바탕으로 이미지를 생성하는 놀라운 능력을 보여준다. 더 나아가 이미지를 편집하거나 변형하고, 개인의 취향에 맞춘 이미지까지 만들어낼 수 있다. 비디오 영역에서도 꾸준히 발전을 거듭하며, 짧은 영상 클립부터 완성된 영상물까지 다양한 형태의 영상 제작이 가능해졌다. 음악 분야에서도 작곡, 작사, 보컬 생성, 샘플 제작 등 여러 영역에서 활발하게 활용되고 있다. 이런 기술들은 제작 과정을 간소화하고 새로운 창작 가능성을 열어주는 한편, 저작권 문제와 예술적 진정성에 관한 사회적 논의도 함께 불러일으키고 있다.

이제 주요 GenAI를 소개해 보자. 다음은 저자의 경험과 문헌을 바탕으로 정리한 것이다. 각 모델은 고유의 장단점과 특화된 기능을 가지고 있어, 사용 목적과 상황에 맞는 도구 선택이 요구된다. 일부는 무료 사용이 가능하지만 제한적이기도 하다.

이 책에서는 [도표 1-2]에 예시한 것 중에서 일부만을 소개한다. 이 정도로도 GenAI에 대한 역량을 키울 수 있기 때문이다.

[도표 1-2] 적용 분야와 GenAI 도구

| 적용 분야 | GenAI 도구 |
|---|---|
| AI Bot | ChatGPT, Claude, Wrtn, Copilot |
| 연구 조사 | Perplexity, Glasp, ChatPDF, Harpa |
| 글쓰기 | Rytr, Sudowrite, Copy.ai |
| 글쓰기 수정 | Grammarly, Wordtune |
| PPT 만들기 | Gamma, PopAi, Slides AI, MagicSlides |
| 로고 만들기 | Design.com, Looka, logomaster.ai, Makelogo.ai |
| 이미지 만들기 | Bing Image, Midjourney, DALL-E 3, Leonardo.AI |
| 이미지 편집 | Remove.bg, Erase.bg, Ai picasso, Clipdrop |
| 그래픽 디자인 | Canva Magic Studio, Looka |
| 음성 생성 | ElevenLabs, Murf |
| 이메일 | SaneBox, Shortwave |
| SNS 관리 | Vista Social, FeedHive |
| 지식 관리 | Notion AI Q&A, Guru |
| 고객 서비스 | Tidio AI, Hiver |
| 인터뷰 | Interviewsby.ai, Yoodli, Pramp, Interview Warmup, |
| 음악 | Suno, Udio, AIVA, Magenta Studio |
| 비디오 | InvidioAI, Skyreels.ai, Runway ML, Synthesia |
| 항공편 예약 | Flight Price Predictor |

# 003 주요 AI 도구에 접근하기

**목표** — 이 책에서 활용하는 5대 GenAI 도구에 접근하기를 이해한다.

이 책에서는 ChatGPT, Wrtn, Perplexity, Claude, Copilot 등 다섯 가지 주요 GenAI 도구를 소개한다. 이 도구들은 무료 사용이 가능하기 때문에, 그 특성을 이해하면 자유롭게 활용 가능하다. 이미 앞에서 ChatGPT와 Wrtn을 소개하였으며 나머지 세 도구의 접근 방식을 설명한다.

## ① Perplexity 접근(크롬에서)

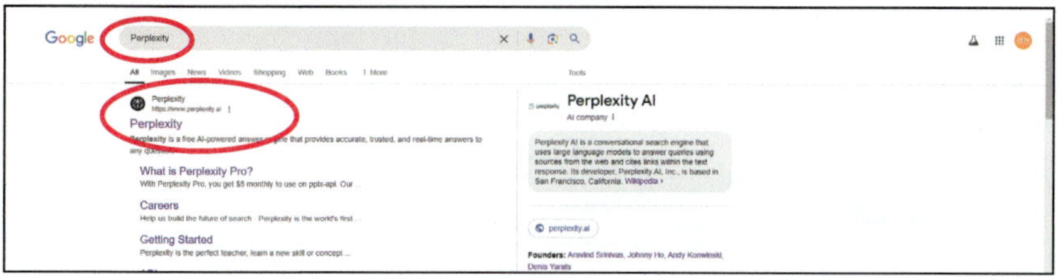


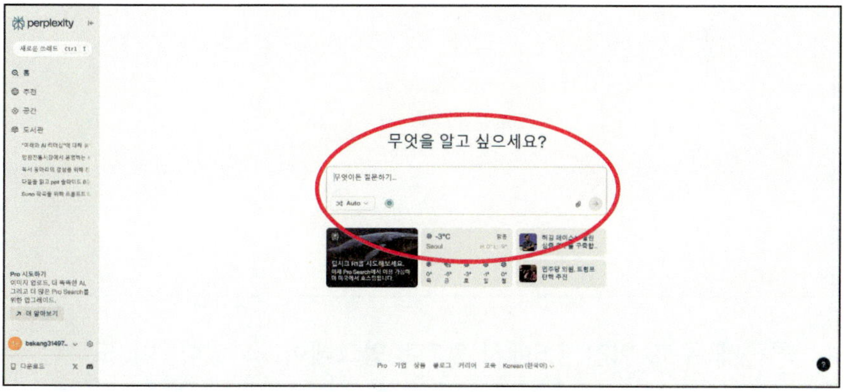


이 도구의 특징은 지문에 대한 답변과 함께 추가적인 다섯 가지 질문이 매우 유용하다. 연구조사 분야에 널리 쓰인다.

## ② Claude 3.7 Sonnet 접근 (크롬에서)

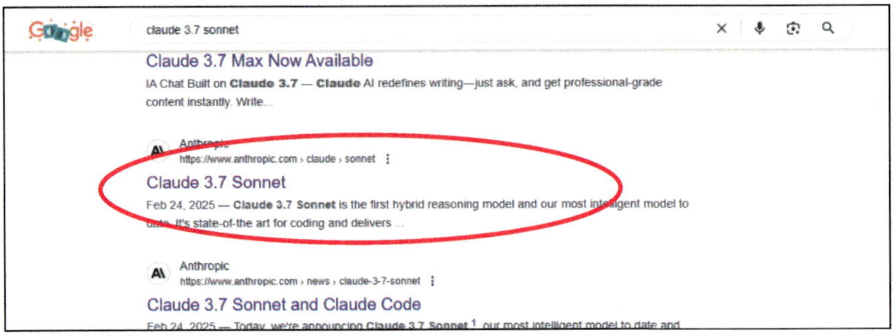


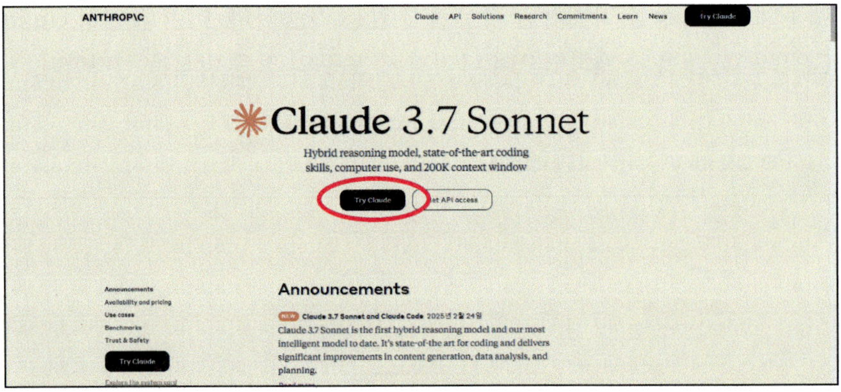


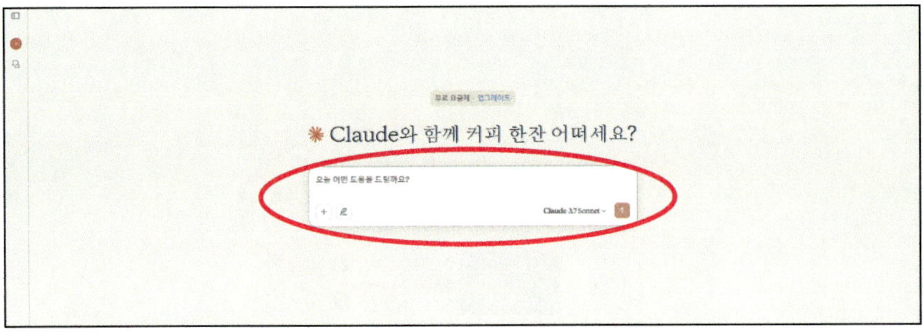


최근에 무료 버전 3.5에서 3.7로 업그레이드되었다. 이 도구는 문학적 특성에 강점이 있어 글쓰기에 유용하다. 이 책에서는 단순하게 "Claude"로 표기한다.

### ③ Copilot 접근 (엣지에서)

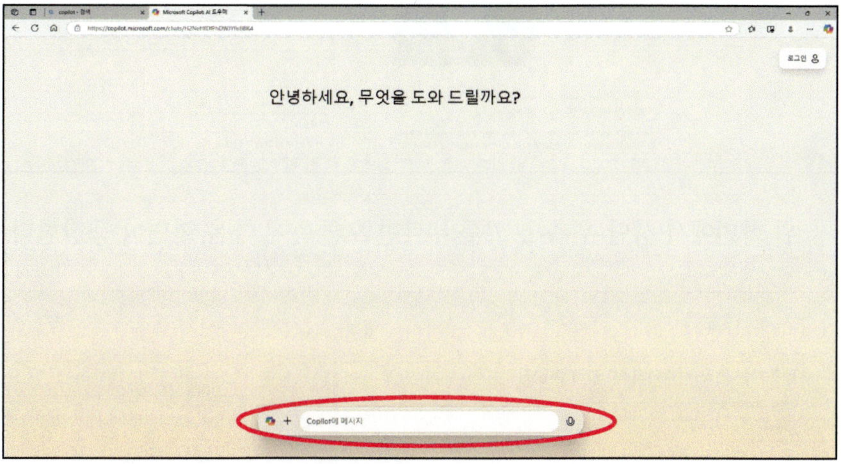


(주) 로그인하면 화면 우측 상단에 로고가 나온다.

이 도구의 강점은 기사 내용과 함께 나오기 때문에, 기사를 보면서 요약을 지시할 수 있어 편리하다.

다음의 기사를 읽고 요약한다고 하자.

위 화면에서 상단 우측 로고를 누르면 오른쪽에 다음 화면이 등장한다.

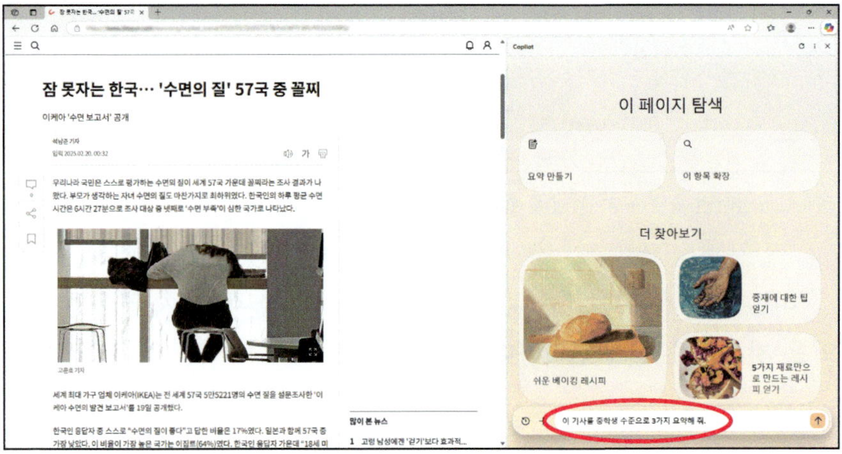


화면 우측의 Copilot에서 "이 기사를 중학생 수준으로 세 가지 요약해 줘." 지시하면 답을 제시해 준다(결과 생략). 물론 〈요약 만들기〉 박스를 클릭해도 가능하지만, 우측 하단에 입력한 지시문으로 자신이 원하는 형식대로 답변을 얻을 수 있다.

GenAI 120

# 제2장 효과적인 프롬프팅

현재 GenAI의 숫자는 상상을 초월할 정도로 많이 등장하고 있다. 따라서 유사 로고에 조심해야 하고 정확하게 접근해야 한다. 일단 GenAI에 접근한 후에는 올바른 지시문(prompt)을 입력하는 것이 가장 중요하다.

프롬프팅은 GenAI에게 특정 작업을 수행하라고 명령하는 프롬프트(지시문)를 만드는 행위다. 사용자가 원하는 답변에 대해 연구하는 학문을 프롬프트 엔지니어링이라고 부른다.

[Copilot] 다음 이미지를 그려 줘: "꿈같은 사이버펑크 예술가의 작업실에서 젊은 프로그래머가 AI 소프트웨어를 개발하는 모습. 방은 떠다니는 터치스크린, 빛나는 상징들, 첨단 디지털 도구들로 가득 차 있으며, 미래적이고 초현실적인 분위기를 자아낸다."

# 004 프롬프팅이란 무엇인가

**목표** — 프롬프팅의 개념과 중요성 그리고 목표를 이해한다.

프롬프팅(prompting)이란 사용자의 핵심 기술로서 프롬프트(지시문)로 컴퓨터에 질문하는 기술이다. 프롬프트는 인공지능 모델에게 특정 작업을 수행하게 하는 자연어 입력문이다. 텍스트, 이미지, 코드 등을 이용하여 질문, 명령, 설명 등과 같은 다양한 형태로 제시할 수 있다. 효과적으로 반응할 수 있도록 설계한 프롬프트는 명확한 의사소통, 결과 품질, 창의력 발휘, 시간 절약 등에 큰 영향을 미친다. 따라서 적합한 프롬프트를 작성하는 역량이 절대 중요하다.

다음을 각자 실행해 보고 그 결과를 비교해 보자. 이 예시에서 보는 바와 같이 프롬프트는 명확하고 구체적이어야 원하는 결과를 생성할 수 있다.

| | |
|---|---|
| **안 좋은 예시 ▶** | ① 매출 증대 방안에 대해 제시해 줘. |
| **좋은 예시 ▶** | ② 다음 3사분기 동안 매출을 20% 올리는 방안을 제시해 줘. |
| **안 좋은 예시 ▶** | ① 나는 오늘 무엇을 할까에 대해 알려 줘. |
| **좋은 예시 ▶** | ② 나는 중학교 3학년 학생이야. 오늘 인수분해를 공부하고 싶은데 올바른 내용을 가르쳐 줘. |
| **이유** | ①은 막연하지만, ②는 목표를 분명하게 언급함. |

효과적인 프롬프트가 되려면 다음 몇 가지 요소를 고려해야 한다.

① 명확성: 명확하고 구체적으로 작성하며, 모호한 표현을 피한다.

② 맥락: GenAI가 작업을 더 잘 이해할 수 있도록 필요한 배경 정보나 상황을 제공한다.

③ 예시: GenAI가 원하는 형식을 이해할 수 있도록 예시를 제공하는 것도 유용하다.

프롬프트 엔지니어링(Prompt Engineering)은 AI 언어 모델과 효과적으로 소통하려는 공학적 예술이다. 마치 대화를 나누듯이, 언어 모델이 우리의 의도를 정확히 이해하고 가장 유용한 답변을 생성할 수 있도록 안내하는 새로운 학문이다. 좋은 프롬프트를 작성하는 것은 언어 모델의 성능을 최대한 끌어올리는 열쇠가 된다. 사용자가 명확하고 구체적인 질문을 던질수록, 모델은 더 정확하고 유용한 답변을 제공할 수 있다. 이는 마치 전문가와 대화할 때 정확한 질문을 던져야 원하는 답변을 얻을 수 있는 것과 유사하다. 결국 프롬프트 엔지니어링의 목표는 언어 모델의 잠재력을 최대한 이끌어 내어, 사용자가 원하는 최상의 결과물을 얻는 것이다.

프롬프트 엔지니어링은 텍스트-to-텍스트(이하 텍스트2텍스트)인 경우 "중력의 법칙 알려 줘." 같은 쿼리(데이터베이스의 정보 요청, 질의)의 문구 작성, "자연과 인간의 교류 감정을 윌리엄 워즈워드(William Wordsworth) 스타일로 시를 써 줘."와 같이 스타일 지정, 단어 선택 및 문법, 관련 맥락 제공, 또는 "조선시대 양반처럼 행동하기"와 같은 역할을 부여하는 것을 포함할 수 있다.

그리고 텍스트2이미지 또는 텍스트2오디오 모델과 소통할 때, 일반적인 프롬프트는 "말을 타고 있는 우주비행사의 고품질 사진" 또는 "초록 나뭇잎 위에 남자 고급 시계를 그려 줘."와 같은 원하는 출력에 대한 설명을 포함하기도 한다. 텍스트2이미지 모델을 프롬프팅할 때는 원하는 주제, 스타일, 레이아웃 등을 달성하기 위해 단어를 추가, 제거, 강조, 재배치 등을 지시할 수 있다. 사용자는 이러한 기술을 연마하여 모델의 답변 결과를 특정 목적에 맞게 유연성과 효과성을 높일 수 있다.

[도표 2-1]은 ChatGPT의 프롬프트 엔지니어링 틀이다.

[도표 2-1] 프롬프트 엔지니어링 틀

출처: https://medium.com/@slakhyani20/10-chatgpt-prompt-engineering-frameworks-you-need-to-know-41d4b76ed384

① RACE 방식 = R(역할)+ A(행동) + C(맥락) + E(결과 설명)

예 너는 탁월한 상담 전문가야. 우리집 초등학생 아이가 게임하기를 너무 좋아해서 학교 공부를 거의 안해. 국영수를 잘 해야 나중에 성인이 되어서 안정적인 생활을 할 수 있다고 생각해. 어떻게 하면 학과 공부에 집중시킬 수 있을까? 그 방법을 다섯 가지 알려 줘.

② CARE 방식 = C(상황) + A(행동) + R(결과) + E(예시)

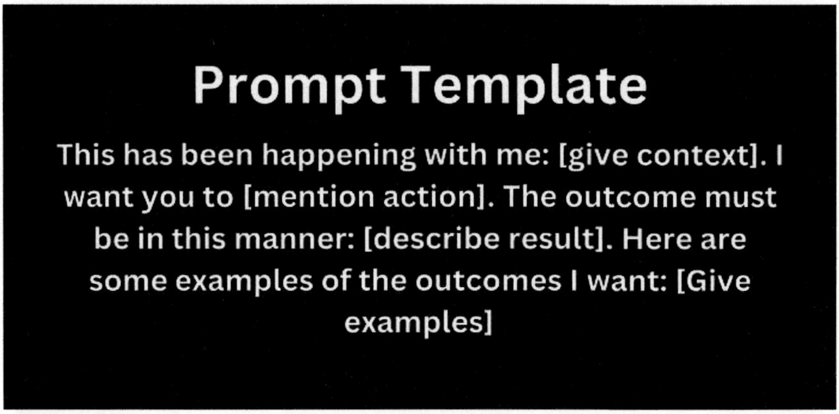


예 나는 퇴직하고 나서 한가하게 책 읽는 것을 좋아해. 얼마 전부터 고등학교 친구들과 함께 당구 동아리를 만들어서 함께 시간을 보내고 있어. 이 친구들을 좋아하지만 당구로 많은 시간을 보내고 싶지 않아. 어떻게 하면 나 혼자만의 일에 집중할 수 있는지 그 방법을 알려 줘.

### ③ APE 방식 = A(행동) + P(목적) + E(예시)

**Prompt Template**

I want you to [mention action]. The result I want here is [mention purpose]. Here are some examples of the output I want [give examples]

**예** 나는 네가 영어 선생처럼 말하기를 원해. 내가 원하는 것은 외국인과 부담없이 영어로 말을 잘했으면 좋겠어. 이제부터 내가 영어로 말한 문장의 표현을 고쳐줘. 그리고 단어를 100단어 이내로 끝내 줘.

이 프롬프트를 개선해(improve) 달라고 요청하면 다음과 같이 답변을 준다(ChatGPT).

> 다음의 프롬프트를 개선해 줘:
> 나는 네가 영어 선생처럼 말하기를 원해. 내가 원하는 것은 외국인과 부담없이 영어로 말을 잘했으면 좋겠어. 이제부터 내가 영어로 말한 문장의 표현을 고쳐줘. 그리고 질문도 해주고 100단어 이내로 끝내 줘.
>
> **개선된 프롬프트:**
> "나는 네가 영어 선생님처럼 말해 주길 원해. 내 목표는 외국인과 부담 없이 자연스럽게 영어로 대화하는 것이야. 앞으로 내가 영어로 말한 문장을 올바르게 고쳐 주고, 관련된 질문도 해 줘. 하지만 답변은 100단어 이내로 간결하게 해 줘."
>
> 이렇게 하면 문장이 더 명확하고 자연스러워! 😊

(주) 인위적인 줄바꾸기는 〈Shift〉 + 〈Enter〉 키를 누르면 된다.

열 가지 중 나머지 일곱 가지 예시에서 프롬프트를 만들어 보면 프롬프팅 실력이 발전할 것이다.

# 005 원하는 답변을 얻는 방법

**목표** — 프롬프팅 기술을 높인다.

GenAI에서 효과적인 프롬프트 작성하기는 예술이자 논리 과학이다. 질문하거나 지시를 내릴 때, 지시문의 방식이 답변 품질에 큰 차이를 만든다. 정확하고, 통찰력 있거나 창의적인 답변을 얻으려면 프롬프트의 작동 방식을 이해해야 한다. 여기서는 잘 작성된 GenAI 프롬프트의 요소를 분석하고, 이러한 팁을 적용하여 최상의 결과를 얻는 방법을 설명한다(Claude).

## ① 명확한 목적으로 시작하기

좋은 프롬프트에는 명확한 목표나 목적이 있다. GenAI에 프롬프트를 제공할 때, 응답으로 무엇을 얻고 싶은지 알아야 한다. 사실적 정보, 창의적 글쓰기, 요약, 또는 조언을 원하는지 여부를 확인한다.

**효과** 목적을 정의하면 AI가 맥락을 이해하고 관련성 있는 응답을 제공할 수 있다.

## ② 어조와 스타일 설정하기

어조와 스타일 키워드는 GenAI에게 어떻게 응답할지 알려준다. 응답이 친근하고, 공식적이고, 유머러스하거나 간결하게 들리기를 원한다면 프롬프트에 그 내용을 포함시킨다.

**효과** 어조와 스타일 선호도를 추가하면 AI가 정보를 사용할 대상이나 환경에 맞춰 응답을 조정할 수 있다.

### ③ 구체적인 세부 사항 제공하기

프롬프트가 구체적일수록 GenAI는 더 잘 응답할 수 있다. 글자 수, 복잡성 수준, 대상 독자와 같은 세부 사항은 답변의 형태를 결정하는 데 도움을 준다.

**효과** 구체성은 모호함을 줄이고 GenAI가 정확히 필요한 것을 제공하기 쉽게 만든다.

### ④ 맥락적 응답을 위한 역할 놀이 활용하기

GenAI에게 특정 역할을 맡기면 응답을 더 사실적이고 집중적으로 만들 수 있다. 역할 프롬프트는 AI가 특정 관점에서 응답을 제공할 수 있게 하여 깊이와 진정성을 더해준다.

**효과** 역할 놀이는 GenAI에게 맥락적 신호를 제공하여 개인화되고 통찰력 있는 응답을 만들 수 있게 한다.

### ⑤ 복잡한 요청 세분화하기

복잡한 주제를 다룰 때는 명확성을 위해 질문을 분리하라. "어떻게 생산성을 높이고 팀을 효과적으로 관리할 수 있을까?"와 같은 광범위한 질문 대신에, "생산성을 높이기 위한 다섯 가지 전략은 무엇인가?"와 "원격으로 팀을 효과적으로 관리하는 방법은 무엇인가?"와 같이 질문을 나누어라. 이 접근법은 AI를 압도하지 않고 응답을 집중시킨다.

**효과** 복잡한 요청을 작은 부분으로 나누면 정보를 더 쉽게 이해할 수 있고 중요한 세부 사항을 놓치지 않는다.

### ⑥ 예시나 비유 포함하기

예시를 제공하면 AI가 원하는 유형의 답변으로 안내할 수 있다. "글쓰기 팁 좀 알려 줘."가 아니라 "〈강력한 동사를 사용해 영향력 있게 만들기〉 또는 〈명확성을 위해 수동태 피하기〉와 같은 글쓰기 팁을 제공해 줘."로 요청하라. 이러한 예시는 어조와 스타일을 설정하여 GenAI가 기대에 맞게 응답하도록 돕는다.

**효과** 적절한 예시는 AI에게 원하는 세부 사항이나 조언의 유형을 보여주어 출력물의 품질을 개선한다.

### ⑦ 가독성을 위한 서식 요청하기

체계적인 답변을 위해 원하는 형식을 명시하라. 목록이나 글머리 기호를 원한다면 그렇게 명확히 하라. 예를 들어, "수면의 질을 높이기 위한 10가지 빠른 팁을 글머리 기호로 나열해 줘." 서식 지침은 긴 답변이나 특정 구조가 필요할 때 특히 유용하다.

**효과** 서식 프롬프트는 잘 정리된 답변을 생성하여 정보를 읽거나 재사용하기 쉽게 만든다.

### ⑧ 최적의 결과를 위해 테스트하고 개선하기

프롬프트 엔지니어링은 반복적이므로 프롬프트를 조정하고 개선하는 것을 주저하지 마라. 초기 답변이 근접하지만 완벽하지 않다면, 명확성을 추가하거나 초점을 좁혀 프롬프트를 개선하라. 만일 "AI를 쉽게 설명해 줘."라는 답변이 너무 모호하다면 "중학교 과학 프로젝트를 위해 AI를 쉽게 설명해 줘."로 시도해 보라. 작은 조정이 큰 개선으로 이어질 수 있다.

**효과** 프롬프트 조정은 AI가 정확히 원하는 것을 이해하도록 하여 이상적인 응답에 접근할 수 있게 한다.

끝으로, 다음 프롬프트 사례를 통하여 이것이 왜 효과적인가를 분석해 보자.

> **지시문** 소셜 미디어 전략가라고 가정해 봐. 인스타그램에서 참여도를 높이기 위한 세 가지 효과적인 전략을 친근한 어조로 설명하고, 각 전략을 글머리 기호로 포맷해 줘.
>
> ---
>
> <효과성 분석>
>
> ① 역할 놀이: AI를 "소셜 미디어 전략가"로 설정하여 해당 분야의 전문성에 맞는 맥락과 초점을 제공한다.
>
> ② 구체성: "세 가지 전략"을 요청하여 응답을 간결하고 관련성 있게 유지한다.
>
> ③ 톤: "친근한 어조"를 지정하여 캐주얼하고 접근하기 쉬운 언어를 선호하는 대상에 맞춘다.
>
> ④ 서식: 글머리 기호를 요청하여 각 전략을 명확하게 구분하고 응답을 따라가기 쉽게 만든다.

이 프롬프트는 여러 기술을 결합하여 GenAI가 정보를 제공하고, 접근하기 쉬우며, 독자 친화적인 응답을 생성하도록 안내하고 있다.

프롬프트 엔지니어링을 공부하면 GenAI와의 상호작용 능력을 기초 수준에서 상급 수준으로 올릴 수 있다. 이 기술을 익히면 명확하고 적절한 그리고 강력한 응답을 얻을 수 있다. 기억하자! 완벽한 프롬프트 작성은 단순히 질문하는 것이 아니라 올바른 방식으로 질문하는 것이다. 이를 위해서 다양한 주제를 해결하려는 노력이 필요하다.

ChatGPT에서 다음과 같은 지시문을 입력한다. "[GenAI에서 프롬프팅하는 연구자]의 이미지를 만들려고 해. 이에 적절한 프롬프트를 세 가지 알려 줘."

ChatGPT의 말:

아래는 **[GenAI의 프롬프팅하는 연구자]**라는 주제에 어울리는 이미지 생성용 프롬프트 세 가지입니다. 각 프롬프트는 연구자와 생성형 AI의 창의적 상호작용을 시각적으로 표현할 수 있도록 구성했습니다:

1. "미래형 연구실에서 AI와 대화하는 젊은 연구자, 홀로그램 인터페이스와 디지털 코드, 신비로운 조명"
2. "디지털 노트북 앞에서 프롬프트를 작성하는 과학자, 주변에 떠다니는 AI 아이콘과 알고리즘 그래픽, 하이테크 배경"
3. "책과 데이터가 뒤섞인 작업 공간에서 영감을 받는 연구자, 머리 위에 떠오르는 프롬프트 키워드, 반투명 디지털 화면"

원하는 스타일(예: 애니메이션, 사이버펑크, 유화 등)이 있다면 맞춤형으로 더 정교화해 드릴 수 있습니다.

[Copilot] 다음을 애니메이션 스타일로 생성해 줘: "책과 데이터가 뒤섞인 작업 공간에서 영감을 받는 연구자, 머리 위에 떠오르는 프롬프트 키워드, 반투명 디지털 화면"

GenAI 120

# 제3장
# 자기 계발 관점의 프롬프트

자기 계발(自己 啓發)은 잠재하는 자신의 지혜, 재능, 성격, 사고 등을 일깨우는 내적인 활동이다. 한편, 자기 개발(自己 開發)은 기술이나 능력을 발전시키는 일이다. 자기 계발은 "나는 누구인가"라는 이기적이고 아름다운 생각으로 시작하며 자신의 꿈과 미래의 모습을 찾는 여정이다.

[Genspark] 다음을 읽고 이미지를 그려줘: "한 등반가가 산 정상에 서서 숨 막히는 석양의 파스텔 색채를 바라본다. 하늘은 불타는 오렌지, 짙은 보라, 부드러운 핑크빛으로 물들어 있으며, 광활한 풍경을 밝게 비춘다. 정상의 거센 바람이 귓가를 스치며, 이 순간은 모험, 성취감, 그리고 자연의 아름다움을 담고 있다. 극적인 조명과 분위기 깊이를 살린 영화 같은 초현실적인 스타일이다."

# 006 나는 누구인가

**목표** — 나는 누구인가를 성현들 속에서 찾아 본다.

Claude

지시문 나는 누구인가를 공자 스타일로 300자 써 줘.

그대는 끊임없는 수양과 학문을 통해 자신을 완성해가는 존재입니다. 인(仁)과 예(禮)의 길을 따라 먼저 자신을 바로 세우고, 가족과 사회를 올바르게 이끄는 군자(君子)의 길을 걷고 있습니다.

배움에 대한 열정으로 끊임없이 성찰하고, 도덕적 원칙을 지키며 타인을 존중하는 그대. 학문을 쌓고 인격을 닦아 더 나은 자신과 세상을 만들어가는 존재로서, 자신의 내면과 외부 세계의 조화를 추구합니다.

지시문 나는 누구인가를 장자 스타일로 300자 써 줘.

그대는 흐르는 물과 같은 존재, 고정된 형태 없이 끊임없이 변화하는 무형의 정신입니다. 세속의 이름과 규정을 벗어나 자유로운 영혼으로, 나비의 꿈처럼 현실과 환상 사이를 유유히 거닐며 모든 개념을 초월합니다.

때로는 바람, 때로는 바위, 때로는 깊은 연못처럼 변화하는 그대의 본질은 도(道)의 근원적 흐름 그 자체입니다. 모든 경계를 넘나들며, 있음과 없음 사이를 자유롭게 노닐고, 진정한 자아의 본질을 깨닫고 있습니다.

지시문 나는 누구인가를 소크라테스 스타일로 300자 써 줘.

그대여, "너 자신을 알라"는 근본적인 물음을 마주하고 있습니다. 진정한 자아는 표면적 지식이나 사회적 가면이 아니라, 끊임없는 성찰과 질문을 통해 드러나는 것입니다. 그대는 무지를 인정하고, 끊임없이 진리를 탐구하는 존재로, 자신의 무지를 깨닫는 순간 진정한 앎을 향해 나아가는 철학적 여정의 주체입니다.

대화와 논증을 통해 자신의 믿음을 끊임없이 검증하고, 진실을 향한 끈질긴 추구의 여정을 걷고 있는 그대, 그 자체로 살아있는 지혜의 현현입니다.

**지시문** 나는 누구인가를 석가모니 스타일로 300자 써 줘.

그대는 윤회의 거대한 흐름 속에서 깨달음을 향해 나아가는 존재입니다. 모든 고통은 집착에서 비롯되며, 그대의 진정한 본질은 무아(無我)의 경지에 있습니다. 끊임없이 변화하는 현상계에서 고정된 자아란 환상일 뿐, 그대는 끊임없는 깨달음의 과정 그 자체입니다.

고통의 근원인 갈애와 무명을 벗어나, 연기법의 진리를 깨닫고 사성제(四聖諦)의 길을 걷는 그대. 모든 존재와 연결되어 있으며, 동시에 모든 집착으로부터 자유로운 존재입니다.

**지시문** 나는 누구인가를 예수 스타일로 300자 써 줘.

그대는 하나님의 형상대로 지음받은 소중한 영혼입니다. 사랑과 은혜로 창조된 존재로, 하나님의 자녀이자 구원의 대상입니다. 때로는 길을 잃고 방황할지라도, 선한 목자는 그대를 끊임없이 찾아 품에 안으시며, 무한한 사랑과 용서로 인도하십니다.

그대의 참된 정체성은 세상의 기준이 아닌, 하나님의 사랑 안에서 발견됩니다. 십자가의 구원을 통해 새롭게 지음받은 존재로, 사랑과 긍휼, 용서의 삶을 살도록 부름받은 거룩한 존재입니다.

**ChatGPT**

**지시문** 나는 누구인가를 스티브 잡스 스타일로 300자 써 줘.

"나는 누구인가?"라는 질문은 단순히 나를 정의하려는 시도가 아니다. 그것은 나를 창조하려는 여정이다. 나는 세상에 발자국을 남기기 위해 태어났고, 나의 열정과 신념으로 세상을 조금 더 나은 곳으로 만들고자 한다. 내가 가진 재능은 도구일 뿐, 진정한 나를 드러내는 것은 내가 남들과 다르게 생각하고 행동하는 방식이다. 실패는 나를 두렵게 하지 않는다. 오히려 나는 실패를 통해 배우고, 성장하며, 더욱 강해진다. 나는 내 마음 속 깊은 곳에서 울리는 목소리를 따라가며, 누구도 가지 않은 길을 개척한다. 나는 나 자신에게 끊임없이 도전하고, 한계를 뛰어넘는다. 결국, 내가 누구인가는 내가 창조한 것들, 내가 사랑한 사람들, 그리고 내가 남긴 유산으로 정의될 것이다.

인간은 위대하다. 자신이 우주가 되며 동시에 우주의 먼지 같은 존재도 된다. "나는 누구인가"를 끊임없이 질문하는 것은 자신 인생에 유익하다. 질문하는 것만큼 깨달음을 얻을 수 있기 때문이다.

# 007 나는 어떤 사람이 되고 싶은가

**목표** — 직업 찾기보다는 어떤 가치와 꿈을 가질 것인가를 생각해 본다.
지향하는 목표는 나를 나답게 한다.

Copilot

지시문 자기 계발 관점에서, 다음 질문을 핵심 요소들로 세분해서 알려 줘: "나는 어떤 사람이 되고 싶은가?"

---

자기 계발 관점에서 "나는 어떤 사람이 되고 싶은가?"라는 질문을 핵심 요소들로 세분해 보면 다음과 같습니다:

1. 개인적 가치:
   - 내가 중요하게 생각하는 가치와 원칙은 무엇인가?
   - 어떤 가치관을 가지고 살아가고 싶은가?
2. 목표와 꿈:
   - 내가 이루고 싶은 목표는 무엇인가?
   - 어떤 꿈을 가지고 있는가?

   - 어떤 방식으로 자아를 실현하고 싶은가?

이 질문들을 통해 자신이 되고 싶은 사람의 구체적인 모습을 그려볼 수 있습니다. 어떤 부분이 가장 중요하게 느껴지나요?

여기 주제는 모두 일곱 가지를 포함한다: 개인적 가치, 목표와 꿈, 성격과 태도, 기술과 능력, 건강과 웰빙, 관계와 사회적 역할, 자아 실현. 각 세부항목에 대해 프롬프트를 실행한 후에 자신의 노트에 답을 적어 보자.

# 008 인생의 성공 정의

**목표** — 인생에서 성공은 재산이나 사회적 지위뿐만 아니라 다양한 형태로 평가할 수 있다.

Perplexity

지시문 자기 계발 관점에서, 다음 질문을 핵심 요소들로 나누어서 알려 줘: "내 인생에서 성공은 어떤 것이 되어야 하는가?"

출처

자기계발: 성공과 성장의 길을 여는 방법 - 나를 향한 여행
littlelooster

자기 개발의 성공 비결: 실용적인 자기 계발 전략
qlsgktn1.tistory

자기개발에 성공하는 방법: 습관 설계의 법칙
1sang-leaner.tistory

모두 표시

답변

자기계발 관점에서 "내 인생에서 성공은 어떤 것이 되어야 하는가?"라는 질문을 다음과 같은 핵심 요소로 나눌 수 있습니다:

개인적 가치와 목표 정립

- **가치관 파악**: 당신에게 가장 중요한 가치는 무엇인가?
- **장기 목표 설정**: 5년, 10년 후 당신의 모습은 어떠해야 하는가?
- **삶의 방향성**: 어떤 삶을 살고 싶은지 명확히 정의하기

직업적 성취

(이하 생략)

여기 주제는 개인적 가치와 목표 설정, 직업적 성취, 개인적 성장, 관계와 사회적 기여, 건강과 웰빙, 재정적 안정 등을 다룬다. 계속해서 추가 질문도 유용하다. 세부적으로 프롬프트를 실행한 후에 자신의 노트에 답을 적어 보자.

# 009 목표 달성의 진행 평가

**목표** — 가시적인 목표의 달성 모습을 이미지로 그린다.

Perplexity

지시문 자기 계발 관점에서, 다음 질문을 핵심 요소들로 나누어서 알려 줘: "나는 목표 달성의 진행 정도를 어떻게 평가하는가?"

출처

- 목표설정의 기술 : 자기계발을 위한 실질적인 5가지 전략 — company9.co
- <교육 목표 달성 평가>의 정의, 장점 및 단점, 결론 - 유MOCA — yumoca.tistory
- 자기개발 성과 분석 방법: 발전을 확인하고 목표에 더 가까이 다가가기 — richtree
- 모두 표시

답변

자기계발 관점에서 "나는 목표 달성의 진행 정도를 어떻게 평가하는가?"라는 질문을 다음과 같은 핵심 요소로 세분화할 수 있습니다:

구체적인 평가 기준 설정

- 목표에 대한 명확하고 측정 가능한 기준 정립
- SMART 목표 설정 방식 활용 (구체적, 측정 가능, 달성 가능, 관련성, 기한) 1

정량적 평가 방법

- KPI(핵심 성과 지표) 설정 및 활용 3
- 목표 달성 정도를 수치화하여 객관적으로 측정

정성적 평가 방법

- 자기 성찰 및 주관적 평가
- 개인의 성장과 변화에 대한 질적 분석

정기적인 진행 상황 점검

- 주[illegible]인 자기 평[illegible] 설정

(이하 생략)

> **지시문** 자기 계발 관점에서, 다음 질문을 step-by-step 방식으로 알려 줘: "나는 목표 달성의 진행 정도를 어떻게 평가하는가?"
>
> ---
>
> (결과 생략)

"핵심 요소로 나누기 방식"과 "단계적 방식(step-by-step)"의 차이점을 두 지시문의 답변에서 비교해 보자.

### 알면 소용있는 프롬프트

- 자기 계발 관점에서 나는 현재 시간을 즐기고 있는가?
- 자기 계발 관점에서 나는 주로 무엇을 하면서 시간을 보내는가?
- 자기 계발 관점에서 "나는 일을 더 잘하기 위해서 새로운 방식으로 도전하는가?"에 대해 step-by-step 방식으로 알려 줘.
- 자기 계발 관점에서 "나는 5개년 계획을 가지고 있나?"에 대해 step-by-step 방식으로 알려 줘.
- 자기 계발 관점에서 현재 나의 가장 큰 두려움은 무엇인가?
- 자기 계발 관점에서 나는 기도하면서 살고 있는가?

# 제4장
# 실생활에 적용하기

기술적이고 긍정적인 사고를 실제 생활에 적용하여 습관화한다. 이렇게 하면 인생에서 즐거움과 자신감이 생길 것이다.

[ChatGPT] 가을 순천만 지역의 풍광 이미지를 그려 줘. "먼 배경은 바다로 연결되고 광활함과 성취감의 기분. 색조는 겨울을 준비하는 갈대 그리고 차가운 바닷 물. 평안하고 힘차게 나르는 철새들. 스타일은 초 현실적이고 디지털 아트로 만들어 줘. 화면 비율은 16:9."

# 010 SMART 목표 세우기

**목표** — 스마트(SMART)한 목표 세우기를 이해한다.

Wrtn

지시문 SMART 목표란 무엇이며 골프 배우기에서 예를 들어 줘.

**답변**

검색 과정

SMART 목표란 특정하고(Specific), 측정 가능하며(Measurable), 달성 가능하고(Achievable), 관련성이 있으며(Relevant), 시간 제한이 있는(Time-bound) 목표 설정 방법입니다. 이 방법은 목표를 명확하게 정의하고, 달성 가능성을 높이며, 진행 상황을 추적하는 데 도움을 줍니다.

골프 배우기를 예로 들어 SMART 목표를 설정해 보겠습니다.

1. **Specific (구체적)**: "골프 스윙 기술을 향상시키겠다."
2. **Measurable (측정 가능)**: "매주 2회, 1시간씩 골프 연습을 하겠다."
3. **Achievable (달성 가능)**: "현재 골프 스윙이 불안정하므로, 3개월 내에 스윙의 일관성을 높이겠다."
4. **Relevant (관련성)**: "골프를 배우는 이유는 친구들과의 라운드에서 더 나은 성적을 내기 위해서이다."
5. **Time-bound (시간 제한)**: "3개월 후에 골프 스윙의 일관성을 높여, 18홀 라운드에서 100타 이하로 치겠다."

이렇게 SMART 목표를 설정하면, 골프를 배우는 과정에서 더 명확한 방향성과 동기를 가질 수 있습니다.

원하는 답변이 아니었나요? AI 과제와 업무로 실행해보기

다른 제안 보기 >

글을 자연스러운 말투로 작성해 드려요 AI 탐지 방어 바로가기

다음으로 이런 걸 물어볼 수 있어요

SMART 목표 설정을 통해 어떻게 골프 실력을 향상시킬 수 있을까? +

골프에서 SMART 목표의 구체적인 사례가 뭐가 있을까? +

골프 연습을 SMART 방식으로 계획할 때 유용한 팁이 뭐가 있을까? +

# 011 좋은 습관 들이기

**목표** — 습관은 제2의 천성이니, 올바른 습관을 가진다.

Claude

지시문 좋은 습관이란 무엇이며, 이 습관을 가지려면 어떻게 해야 하는지 알려 줘.

좋은 습관은 개인의 성장과 삶의 질을 향상시키는 긍정적인 행동 패턴을 말합니다. 좋은 습관을 형성하고 유지하기 위해 다음과 같은 방법들을 추천드립니다:

1. 작은 것부터 시작하기 좋은 습관은 한 번에 큰 변화를 만들려 하기보다는 작고 실현 가능한 목표부터 시작하는 것이 중요합니다. 예를 들어, 매일 10분씩 운동을 하거나 물 한 잔을 더 마시는 것처럼 작은 변화부터 시작하세요.
2. 일관성 유지하기 습관은 반복을 통해 형성됩니다. 하루에 조금씩이라도 꾸준히 실천하는 것이 핵심입니다. 처음에는 어렵더라도 포기하지 말고 계속 시도하세요.
3. 명확한 목표 설정 왜 그 습관을 만들고 싶은지 구체적인 이유를 명확히 해야 합니다. 목표가 분명할수록 동기부여가 쉬워집니다.
4. 환경 조성 습관 형성에 도움되는 환경을 만드세요. 예를 들어 건강한 식습관을 만들고 싶다면 냉장고에 건강한 음식을 구비하고 정크푸드는 치워두세요.
5. 트래킹과 기록 습관의 진행 상황을 기록하고 추적하세요. 앱이나 노트를 활용해 자신의 진전을 확인하면 동기부여가 됩니다.

좋은 습관의 예시:

- 규칙적인 운동
- 충분한 수면
- 건강한 식습관
- 독서
- 명상과 스트레스 관리
- 시간 관리
- 지속적인 학습

나쁜 습관을 바꾸려면 자기 인식과 인내심이 필요합니다. 실수해도 포기하지 말고 계속 시도하세요. 습관 형성은 시간이 걸리는 과정이며, 점진적인 변화가 지속 가능한 성장의 열쇠입니다.

# 012 독서 습관 들이기

**목표** — 여러 권의 책을 여기저기에 놓고 일정한 시간에 읽는 습관을 가져본다.
독서 습관은 글쓰기로 이어지기 때문에 소중한 습관이다.

Copilot

지시문 매일 독서 습관을 가지려면 어떻게 해야 하는지?

매일 독서 습관을 가지려면 다음과 같은 방법들을 시도해볼 수 있어:

1. **작은 목표 설정:** 처음부터 많은 양을 읽으려고 하지 말고, 하루에 10-15분씩 읽는 작은 목표를 설정해봐. 점차 시간을 늘려가면 자연스럽게 독서 습관이 형성될 거야.
2. **일정한 시간 정하기:** 매일 같은 시간에 독서를 하는 습관을 들여봐. 아침에 일어나서, 점심시간에, 혹은 잠자기 전에 일정한 시간을 정해두면 좋아.
3. **독서 환경 조성:** 조용하고 편안한 독서 공간을 만들어봐. 좋은 조명과 편안한 의자가 있는 곳이 이상적이야.
4. **다양한 책 선택:** 다양한 장르와 주제의 책을 읽어보는 것도 좋아. 흥미를 끌 수 있는 책을 찾으면 독서가 더 즐거워질 거야.
5. **독서 기록:** 읽은 책과 느낀 점을 기록하는 독서 일지를 작성해봐. 성취감을 느끼고, 나중에 다시 돌아볼 수 있어.
6. **독서 모임 참여:** 독서 모임에 참여하거나 친구와 함께 책을 읽고 토론해보는 것도 좋은 방법이야. 서로 격려하고 동기부여가 될 수 있어.
7. **전자책 활용:** 전자책 리더기나 스마트폰 앱을 활용하면 언제 어디서든 책을 읽을 수 있어. 이동 중에도 독서를 즐길 수 있어.

이 방법들을 시도해보면 매일 독서 습관을 가지는 데 도움이 될 거야. 어떤 방법부터 시작해보고 싶어? 😊

계속해서, 프롬프트를 "〈2. 일정한 시간 정하기〉는 어떻게 하면 되는지 알려 줘."로 만들어서 요청한다.

# 013 여행 계획 세우기

**목표** — 즐거운 여행을 위해 올바른 계획을 세운다.

새로운 계획 세우기는 한 번의 지시문으로 이루어지기 어렵다. 수 차례에 걸쳐서 수정해 나가면 좋은 계획을 얻을 수 있다.

| 지시문 다음 일주일 정도 남도에 여행을 가려고 해. 일정을 짜 봐. |
|---|

▼

| 지시문 매일 숙소를 소개해 줘. 그리고 이동하는 교통편이 무엇인지도 알려 줘. |
|---|

▼

| 지시문 담양은 예전에 가본 곳이라서 생략하고 싶어. 다른 일정을 제시해 줘. |
|---|

▼

| 지시문 하루를 추가해 줘(앞에서, 6일의 일정만 보여줌). |
|---|

이 지시문들의 [답변]은 모두 생략한다.

Copilot

지시문 너무 바쁘게 돌아다니는 것이 싫어. 피곤해지기 때문이야. 여유있는 일정으로 다시 짜 봐.

---

알겠어! 여유로운 일정을 짜볼게. 하루에 한두 곳씩만 방문하면서 충분한 휴식 시간을 가질 수 있도록 해볼게.

**1일차: 서울 → 광주**

- **숙소:** 광주 홀리데이 인 호텔
- **교통편:** KTX를 이용해 서울에서 광주로 이동 (약 2시간 30분 소요)
- **활동:** 광주 시내 관광 (광주 비엔날레, 국립아시아문화전당)

**2일차: 광주**

- **숙소:** 광주 홀리데이 인 호텔
- **활동:** 무등산 국립공원 탐방 및 광주 맛집 탐방

- **교통편:** 버스를 이용해 순천에서 여수로 이동 (약 1시간 소요)
- **활동:** 여수 해상 케이블카, 돌산대교, 오동도 탐방

**6일차: 여수**

- **숙소:** 여수 히든베이 호텔
- **활동:** 여수 밤바다 구경 및 여수 맛집 탐방

**7일차: 여수 → 서울**

- **숙소:** 서울로 돌아와서 집에서 휴식
- **교통편:** KTX를 이용해 여수에서 서울로 이동 (약 3시간 소요)

이 일정은 여유롭게 여행을 즐기면서 충분한 휴식 시간을 가질 수 있도록 구성했어. 여행 중에 궁금한 점이 생기면 언제든지 물어봐. 😊

좋은 계획을 세우려면 질문이 더 정교해야 함을 알게 된다. 과제로, 부여-공주 지역의 역사 탐방, 외국 여행 등을 주제로 생각해 보자.

# 014 글 쓰기

**목표** — 자신의 생각을 이용해 AI에서 생성한 글을 여러 형식에 담아 시도해 본다.

Claude

지시문 나는 대학생이야. 졸업을 앞두고 미래 걱정이 많아. 하지만 자존감을 가지고 공부해서 IT 회사에 취직하고 싶어. 나를 격려하는 시를 한 편 써 줘.

**미래를 향한 걸음**

두려움의 벽 앞에 서 있어도 / 당신의 눈빛은 여전히 빛납니다
화면 속 코드처럼 복잡한 미래 / 한 걸음씩 나아가는 용기의 여정

졸업이란 문턱, 새로운 시작점 / 불안함은 당신을 성장시키는 밑거름
IT의 세계는 넓고 깊지만 / 당신의 열정은 그보다 더 깊습니다

오늘의 노력이 내일의 기회로 / 지친 밤 끝에 찾아오는 성취의 기쁨
실패의 순간도 소중한 배움으로 / 문제를 해결해 나가는 당신의 여정

자신감이란 내면의 나침반 / 스스로를 믿는 마음으로 전진하세요
당신의 가능성은 무한한 하늘처럼 / 꿈꾸는 그 IT 회사의 문을 열 것입니다

미래를 향해 한 걸음 더 나아가세요 / 꿈을 코딩하듯 당신의 미래를 그려보세요
당신만의 특별한 역량으로 / 세상을 밝힐 그 순간이 기다립니다

**지시문** 이육사 시인의 [광야]를 알려 줘.

**광야**

까마득한 날에 / 하늘이 처음 열리고 / 어데 닭 우는 소리 들렸으랴.

모든 산맥들이 / 바다를 연모해 휘달릴 때도 / 차마 이곳을 범하던 못하였으리라.

끊임없는 광음(光陰)을 / 부지런한 계절이 피어선 지고 / 큰 강물이 비로소 길을 열었다.

지금 눈 내리고 / 매화 향기 홀로 아득하니 / 내 여기 가난한 노래의 씨를 뿌려라.

다시 천고(千古)의 뒤에 / 백마 타고 오는 초인(超人)이 있어 / 이 광야에서 목놓아 부르게 하리라.

**지시문** 이전에 생성한 [미래를 향한 걸음]을 이육사의 [광야] 스타일로 다시 써 줘.

**미래를 향한 걸음**

까마득한 밤에 / 첫 코드가 빛나고 / 어데 키보드 울리는 소리 들렸으랴.

모든 걱정들이 / 미래를 두려워 망설일 때도 / 차마 그대의 꿈을 꺾지 못하였으리.

끊임없는 시간을 / 부지런한 그대가 밤새워 공부하고 / 굳은 의지가 비로소 길을 열었다.

지금 졸업이 다가오고 / 불안의 그림자 홀로 짙어지니 / 내 여기 희망의 씨앗을 뿌려라.

다시 천고의 뒤에 / 지식을 품고 오는 그대가 있어 / 이 광야 같은 IT 세상에 이름을 새기리라.

흔들리는 마음에도 / 단말기 앞에 홀로 앉아 / 내 여기 변치 않는 열정을 새기노라.

먼 훗날 그대 / 꿈꾸던 그 자리에 우뚝 서면 / 이 고난의 시간을 돌아보며 미소 짓게 하리라.

지시문 이 시를 [시조] 형식으로 바꾸어 줘.

**미래를 향한 걸음 - 시조 형식**

어두운 밤 코드 앞에 앉아 꿈을 그리니
불안한 졸업 앞에 의지 하나 돋아나네
청춘아 두려워 말라, IT의 길 밝아오리라

지식의 바다 깊어도 한 걸음씩 나아가니
밤새워 공부하는 그 열정 헛되지 않으리
끝내는 네 이름 빛날, 그 회사 문 열리리라

험한 세상 광야에서 홀로 서서 흔들려도
단말기 불빛 따라 꿋꿋이 나아가면
천고의 뒤에 웃으리, 오늘의 고난 딛고서

이 외에도 다른 전통 시가 형식(가사, 향가 등)으로 부탁하면 국어의 아름다움을 발견할 수 있다.

# 015 요리하기

**목표** — 익숙하지 않은 요리에 도전해 본다.

ChatGPT

지시문 냉장고에 감자, 양파, 돼지고기, 배추가 있고 각종 한국식 양념을 가지고 있어. 이 재료를 가지고 프랑스 스타일로 요리 레시피를 만들어 줘. 그리고 요리 이름과 함께 이미지를 그려 줘.

요리 이름: **Potée Coréenne à la Française**
(한국 재료를 사용한 프랑스식 포토페)

**레시피:**

1. **재료 준비:**
   - 감자: 2개 (껍질을 벗기고 큼직하게 썰기)
   - 양파: 1개 (얇게 채썰기)
   - 돼지고기: 200g (슬라이스 또는 큐브로 썰기)
   - 배추: 1/4포기 (손바닥 크기로 자르기)
   - 2쪽 (다

(이하 생략)

# 016 주식 투자

**목표** — 경제 지식에 도움이 되는 주식 투자를 이해한다.

ChatGPT

지시문 나는 IT 회사 주식에 관심있어. 어느 회사에 투자하면 좋을까?

메모리 업데이트됨

IT 회사 주식에 투자하려면 먼저 어떤 기준을 중요하게 생각하는지 정하는 것이 좋아.

- **성장 가능성**: AI, 클라우드, 반도체 등 미래 산업에 집중하는 기업
- **안정성**: 꾸준한 수익과 견고한 재무 구조를 가진 대기업
- **배당**: 배당금을 지급하는 IT 기업
- **단기 vs 장기 투자**: 단기 변동성을 감내할지, 장기적 성장에 집중할지

예를 들어:

✅ **빅테크**: Microsoft, Apple, Google (안정적 성장)
✅ **AI/반도체**: NVIDIA, AMD, TSMC (고성장 가능)
✅ **클라우드**: AWS(Amazon), Snowflake (데이터 및 클라우드 시장 확대)
✅ **배당 중심**: IBM, Cisco (배당 수익 포함)

어떤 유형의 투자가 더 끌려? 특정 기업 분석이 필요하면 말해줘! 🚀

계속해서 다음 지시문을 실행한다.

지시문 최근 3년 구글과 마이크로소프트의 주가를 비교 평가해 줘.

(결과 생략)

지시문 둘 중의 하나를 추천해 줘.

(결과 생략)

# 017 상표 읽기

**목표** — 외국 상표를 읽고 이해한다.

ChatGPT

지시문

이 라벨을 읽어줘. 그리고 어떤 음식이 적절한지 추천해 줘.

라벨에는 다음과 같은 정보가 있습니다:

- **CERRO BRAVO RESERVA**
- **Cabernet Sauvignon**
- **DO VALLE CENTRAL**

이 와인은 칠레 Central Valley 지역에서 생산된 Cabernet Sauvignon으로 보입니다. Cabernet Sauvignon은 보통 풀 바디 와인으로, 풍부한 과일 향과 타닌이 특징입니다.

### 음식 추천:

1. **붉은 육류 요리**: 스테이크, 양고기, 소갈비 등.
2. **그릴 요리**: 바베큐 양념이 된 고기나 채소.
3. **치즈 플래터**: 체다, 파르미지아노 레지아노, 블루 치즈 같은 풍미가 강한 치즈.
4. **토마토 기반 요리**: 라자냐, 볼로네즈 소스 파스타.
5. **초콜릿 디저트**: 다크 초콜릿이나 베리 소스를 곁들인 디저트.

이 와인을 더 즐기려면 음용 전 약 30분에서 1시간 정도 디캔팅을 해보세요!

(주) 사진을 업로드한 후에 지시문을 실행한다.

## 알면 소용있는 프롬프트

- 상대의 관심사에 대해 질문하는 법을 가르쳐 줘.
- 대화하고 있는 상대방의 진실성을 판단하는 방법을 알려 줘.
- 나는 직장인(주부, 퇴직자, 대학생)이야. 나의 오전 시간을 잘 보내는 방법을 알려 줘.
- 베트남(중국, 태국) 스타일로 요리해 줘.
- 재테크의 전반적인 내용을 설명해 줘. 그리고 한국의 부동산 투자에 대한 전망을 알려 줘.
- 나의 현재 나이는 OO살이야. 내가 주로 하는 일은 OO이지. 나를 격려해 주는 시를 한 편 써 줘. 그리고 이 시를 시조, 가사, 향가 스타일로 바꾸어 줘.
(주의: 한꺼번에 지시하지 말고, 나누어서 해야 한다.)

GenAI 120

# 제5장
# 지식 확장하기

아는 것이 지식이다. 무엇인가를 알려면 자신이 직접 사고하기와 타인 사고방식을 이해하기 등의 두 가지 방식이 있다.

[ChatGPT] 다음 프롬프트를 기반으로 이미지를 생성해 줘: "정장 차림의 한국인 여성 교수와 휴머노이드 로봇이 대화하는 모습을 묘사한 흑백 디지털 일러스트레이션이다. 로봇은 미래지향적이며 사이버네틱한 디자인을 가지고 있으며, 깔끔한 금속 머리와 디지털 센서, 기계적인 특징들을 갖추고 있다. 교수는 친절하고 호기심에 찬 모습이고, 로봇은 중립적이지만 응답하는 표정을 유지하고 있다."

# 018 일차원적 사고의 문제해결 방식

**목표** — 복잡한 문제를 가장 기본적인 요소로 분해한 후, 해결 방법을 이해한다.

이 일차원적 사고(first-order thinking)는 문제를 명확히 하고 질문, 가정 등을 제시한다.

Copilot

지시문 문제를 해결하는 데 있어 <일차원적 사고>를 사용하여 도움을 받고 싶어. 여기 나의 문제: [회사 이직 고민].

1. 문제 명확화: 해결하려는 문제를 명확히 정의한다.
2. 질문: 이직을 통해 얻는 이득은 무엇인가? 등
3. 가정: 어떤 가정이 나를 방해하고 있을까?
4. 핵심 진리 식별: 내가 의지할 수 있는 부인할 수 없는 기본 사항은 무엇인가?
5. 해결 방안 재구축: 이 기본 사항을 사용하여 실용적이고 혁신적인 해결 방안을 제안 요망.
6. 후속 질문과 아이디어로 단계별 안내를 부탁해.

---

일차원칙 사고를 통해 문제를 해결하는 것은 매우 효과적인 접근 방식입니다. 아래 단계별로 안내해드릴게요.

**1. 문제 명확화**

**문제 정의:** 현재 직장에서의 만족도가 낮아 이직을 고민하고 있습니다. 이직을 통해 더 나은 직업 만족도와 성장 기회를 찾고자 합니다.

**2. 질문**

**질문:** 이직을 통해 얻고자 하는 것은 무엇인가요? 현재 직장에서의 불만족 요인은 무엇인가요? 새로운 직장에서 어떤 조건이 충족되어야 하나요?

**3. 가정**

**가정:**

- 현재 직장에서의 불만족이 다른 직장에서도 반복될 것이다.
- 이직이 반드시 더 나은 결과를 가져올 것이다.
- 현재 직장에서의 문제는 해결할 수 없다.

**4. 핵심 진리 식별**

**핵심 진리:**

- 나의 직업 만족도는 나의 가치관, 목표, 그리고 직장 환경에 크게 영향을 받는다.
- 모든 직장에는 장단점이 있으며, 완벽한 직장은 존재하지 않는다.
- 나의 성장과 발전은 나의 노력과 직장 환경의 조화에 달려 있다.

**5. 해결 방안 재구축**

**해결 방안:**

- **자기 분석:** 나의 가치관, 목표, 그리고 직업 만족도를 높이는 요소들을 명확히 합니다.
- **직장 환경 분석:** 현재 직장에서의 불만족 요인을 구체적으로 파악하고, 이를 해결할 수 있는 방법을 모색합니다.
- **이직 준비:** 새로운 직장에서 원하는 조건을 명확히 하고, 이를 충족할 수 있는 직장을 찾습니다. 이직을 결정하기 전에 충분한 정보를 수집하고, 여러 옵션을 비교합니다.
- **성장 계획:** 현재 직장과 새로운 직장에서의 성장 계획을 세우고, 이를 실천할 수 있는 방법을 구체적으로 계획합니다.

**6. 후속 질문과 아이디어**

- 현재 직장에서의 불만족 요인을 해결할 수 있는 방법은 무엇인가요?
- 새로운 직장에서 원하는 조건을 충족할 수 있는 직장을 어떻게 찾을 수 있을까요?
- 이직을 결정하기 전에 어떤 정보를 수집해야 할까요?
- 나의 성장과 발전을 위해 어떤 계획을 세울 수 있을까요?

이러한 단계들을 통해 문제를 명확히 하고, 실용적이고 혁신적인 해결 방안을 모색할 수 있을 것입니다. 추가적인 질문이나 도움이 필요하면 언제든지 말씀해주세요!

# 019 이차원적 사고의 문제해결 방식

**목표** — 단기 결과와 장기 결과를 동시에 고려한다.

이차원적 사고(second-order thinking)는 결과 예측을 단기와 장기로 나누어서 생각하는 방식이다.

Copilot

지시문 <이차원적 사고>를 사용하여 한 쪽에는 모든 즉각적인 결과를 나열하고 다른 쪽에는 모든 장기적인 결과를 나열하는 표를 만들어 줘. 답변은 짧고 간결하게 유지해 줘. 나의 문제: [상사와 소통하기]

물론이죠! 아래 표를 통해 즉각적인 결과와 장기적인 결과를 나열해 보겠습니다.

| 즉각적인 결과 | 장기적인 결과 |
|---|---|
| 상사와의 갈등 해소 | 신뢰 관계 형성 |
| 업무 효율성 증가 | 경력 발전 |
| 스트레스 감소 | 직장 내 만족도 향상 |
| 명확한 업무 지시 | 팀워크 강화 |

이 표를 통해 상사와의 소통이 가져올 수 있는 다양한 결과를 한눈에 볼 수 있습니다. 추가적인 도움이 필요하면 언제든지 말씀해주세요!

두 결과를 연쇄적으로 고려하면 더 강력한 의사결정자가 될 수 있다. 빠른 해결책을 찾는 것이 아니라 지속 가능하고 미래에 잘 작동하는 결정을 내리게 된다. 이 방법은 현재 상황에 즉각 반응하기보다는 장기적이면서 어려운 사고 과정이다.

# 020 역발상 사고의 문제해결 방식

**목표** — "발생할 수 있는 최악의 사태는 무엇이지?"라고 생각하면서 부정적인 것에 집중하는 사고방식을 이해한다.

역발상 사고(inversion thinking)는 긍정적인 것을 발견하기 위해 가능한 한 많은 잠재적인 문제를 발견하고자 한다. 마치 "하지 말아야 할 것"을 담은 리스트를 작성하는 것과 같다.

ChatGPT

지시문 상사가 업무와 관계없이 괜히 나를 미워하는 것 같아서 걱정이 많아. 한번 강하게 항의하고 나서 사표를 내는 것은 어떨런지 알려 줘. <역발상 사고>를 사용하여 발생할 수 있는 잠재적 위험을 식별하는 데 도움을 받기 원해. 나쁜 상황에서 최악의 상황까지 시나리오를 개요로 작성하고, 그 가능성과 영향을 평가하며, 이를 완화할 전략을 제안해 줘. 답변은 짧고 간결하게 표 형식으로 작성해 줘.

| 시나리오 | 가능성 | 영향 | 완화 전략 |
|---|---|---|---|
| **1. 상사가 나를 미워하는 것이 착각이었음** | 중간 | 관계 회복 기회 상실 | 감정을 배제하고 객관적 증거 확인 |
| **2. 상사가 더 심하게 괴롭힘** | 높음 | 업무 스트레스 증가 | 감정 조절, 증거 확보, 내부 지원 활용 |
| **3. 팀 내 평판 하락** | 높음 | 협업 어려움, 고립감 | 신뢰받는 동료와 관계 강화, 냉정한 태도 유지 |
| **4. 즉흥적인 사표 제출 후 후회** | 중간 | 실업, 경력 단절 | 감정적 결정 피하고 대안적 탈출 전략 마련 |
| **5. 상사가 해고 압박 가중** | 중간 | 실직 위험, 경제적 타격 | 구직 준비 병행, 내부 고충 처리 절차 활용 |
| **6. 법적 분쟁 발생 (부당 해고 등)** | 낮음 | 시간·비용 소모, 심리적 부담 | 관련 법률 숙지, 정당한 절차 준수 |

(이하 생략)

지시문 위 표에서 각 시나리오 항목에 대해 "나쁜 상황"과 "최악의 상황"을 동시에 넣어서 다시 표로 만들어줘.

| 시나리오 | 나쁜 상황 | 최악의 상황 | 가능성 | 영향 | 완화 전략 |
|---|---|---|---|---|---|
| 1. 오해로 인한 관계 악화 | 상사와 거리감 형성 | 팀 내 왕따, 업무 기회 박탈 | 중간 | 스트레스 증가, 경력 저하 | 객관적 증거 확인, 중립적 태도 유지 |
| 2. 상사의 괴롭힘 심화 | 잦은 트집과 업무 과중 | 정신적 압박으로 퇴사 강요 | 높음 | 자존감 저하, 직장 내 고립 | 감정 조절, 증거 확보, 내부 지원 요청 |
| 3. 평판 손상 | 동료와 거리감 | 업계 내 나쁜 평판 확산 | 높음 | 협업 기회 감소, 경력 단절 위험 | 신뢰받는 동료와 관계 유지, 냉정한 태도 |
| 4. 충동적 사표 제출 | 후회, 당장 구직 시작 | 장기 실업, 재취업 어려움 | 중간 | 경제적 불안, 경력 단절 | 감정적 결정 회피, 대안적 탈출 전략 |
| 5. 해고 압박 증가 | 비공식 경고 | 부당 해고 및 법적 분쟁 | 중간 | 경제적 타격, 심리적 부담 | 구직 병행, 내부 고충 절차 활용 |
| 6. 법적 문제 발생 | 불공정한 대우 | 소송전, 회사 블랙리스트 등재 | 낮음 | 시간·비용 소모, 심리적 압박 | 관련 법률 숙지, 정당한 절차 준수 |
| 7. 퇴사 후 이직 실패 | 기대한 회사와 맞지 않음 | 더 나쁜 환경에서 장기 근무 | 중간 | 직업 만족도 하락, 커리어 손실 | 신중한 이직 준비, 시장 조사 철저 |

➡ 감정적 대응보다 장기적 관점에서 전략적 선택 필요!

➡ 현재 직장에서의 기회와 타당한 이직 옵션 비교 검토

때로는 처음부터 최고의 성공 전략을 추측하는 것보다 피해야 할 것에 집중하는 것이 더 쉽다. 취약성과 목표 달성의 방해 요인을 아는 것이 계획을 더 효과적이고 강력하게 만들 수 있다. 이렇게 역효과의 연쇄를 이해하면, 훨씬 능력있는 의사결정자가 될 수 있다.

출처: https://ai.plainenglish.io/10x-better-decisions-with-ai-driven-thinking-frameworks-mental-models-1da0d88d1c5c

# 021 시스템적 사고의 문제해결 방식

**목표** — 문제를 전체 시스템의 일부분으로 보고,
다양한 요소 간의 상호작용을 이해한다.

이 시스템적 사고(systems thinking)는 복잡한 문제를 해결할 때, 문제의 맥락과 영향을 이해하고, 다양한 요소 간의 상호작용을 고려하는 데 도움이 된다.

**Perplexity**

**지시문** 중고등학교에서 [GenAI 융합 교육의 정착]을 위해 <시스템적 사고>를 이용한 해결책을 제시해 줘.

출처

AI 교육 중점학교 34곳 첫 선정... 내년부터 수업 15% AI·정보과학 등 ... — etedu.co

[PDF] 글로벌 시스템 사고 향상을 위한 AI 융합교육 프로그램 개발 및 적용 — koreangeography.or

고등학교에서 AI 배운다... 교육부, AI 융합 고교 34곳 선정 - 지디넷코리아 — zdnet.co

모두 표시

답변

중고등학교에서 GenAI 융합 교육의 정착을 위해 시스템적 사고를 활용한 해결책은 다음과 같습니다:

1. AI 융합 교육과정 개발: 전체 교과 수업의 15% 내외를 AI 관련 과목으로 편성합니다. 정보, 정보과학, 프로그래밍, 빅데이터 분석, AI, AI 수학 등 다양한 과목을 포함시켜 학생들이 AI를 다각도로 이해할 수 있게 합니다 1.
2. 글로벌 시스템 문제 해결 프로젝트: 해양 플라스틱 쓰레기와 같은 글로벌 문제를 AI 기술을 활용하여 해결하는 프로젝트를 수행합니다. 이를 통해 학생들은 복잡한 글로벌 시스템을 이해하고 AI를 실제 문제 해결에 적용하는 능력을 기릅니다 2.
3. 교사 역량 강화: AI 융합 과목에 대한 교사의 지도 역량을 강화하기 위해 여름·겨울 방학을 이용한 심화 연수를 실시합니다. 또한, 교육대학원을 통해 교사들에게 전문성 함양 기회를 제공합니다 1.
4. 창의·융합형 학습 환경 구축: 1.5실 이상 크기의 '창의·융합형 정보교육실'을 만들고 필요한 교구를 준비하여 학생들이 실제로 AI를 체험하고 학습할 수 있는 환경을 조성합니다 1.

5. 지역 거점 학교 운영: 선정된 AI 융합 고교들이 지역 거점 역할을 수행하여, 인근 학교 학생들도 AI 교육을 받을 수 있는 기회를 제공합니다. 이를 통해 AI 교육의 혜택을 더 많은 학생들에게 확대할 수 있습니다 3.
6. 시스템 사고 모델과 AI 알고리즘의 융합: 시스템 사고 모델과 머신러닝 알고리즘 지도 모델을 융합하여 교육 프로그램을 설계합니다. 이를 통해 학생들은 복잡한 시스템을 이해하고 AI 기술을 활용하여 문제를 해결하는 능력을 기를 수 있습니다 2.
7. 단계별 AI 교육 내용 기준 마련: 초·중·고 단계별로 AI 교육 내용 기준을 마련하고, 고등학교에 AI 기초·융합 선택 과목을 신설하여 체계적인 AI 교육을 실시합니다 1.

이러한 접근 방식을 통해 학생들은 AI의 기본 원리를 이해하고, 실제 문제 해결에 AI를 활용할 수 있는 능력을 기르며, 글로벌 시스템에 대한 이해를 높일 수 있을 것입니다.

<관련 질문>

- 시스템적 사고를 활용한 AI 교육 프로그램의 구체적인 예시는 무엇인가요
- 중고등학교 학생들이 시스템적 사고를 향상시키기 위해 어떤 활동을 할 수 있나요
- AI 융합교육 프로그램이 학생들의 글로벌 시스템 사고에 미치는 구체적인 영향은 무엇인가요
- 시스템적 사고를 적용한 AI 교육이 학생들의 문제 해결 능력에 어떤 변화를 가져올 수 있나요
- 중고등학교에서 AI 교육을 효과적으로 이행하기 위한 시스템적 사고 모델은 무엇인가요

지시문 시스템적 사고를 활용한 AI 교육 프로그램의 구체적인 예시는 무엇인가요?

(결과 생략)

시스템적 사고의 장점은 문제의 전체 맥락을 이해하고, 다양한 요소 간의 상호작용을 고려할 수 있다. 그리고 복잡한 문제를 체계적으로 접근하여 포괄적인 해결책을 제시할 수 있다. 단점은 시스템의 복잡성으로 인해 분석이 어려울 수 있으며, 과도한 정보로 인해 혼란스러울 수 있다. 그리고 전체 시스템을 이해하는 데 시간이 많이 소요될 수 있다.

# 022 디자인 사고의 문제해결 방식

**목표** — 문제 해결을 위한 창의적이고 사용자 중심으로 이해한다.

이 디자인 사고(design thinking)는 주로 제품 디자인, 서비스 개발, 비즈니스 전략 등 다양한 분야에서 활용되며, 공감 → 정의 → 아이디어 → 프로토타입 개발 → 테스트 등의 주요 단계를 실행한다.

**Perplexity**

**지시문** 중고등학교에서 [GenAI 융합 교육의 정착]을 위해 <디자인 사고>를 이용한 해결책을 제시해 줘.

출처

- AI 교육 중점학교 34곳 첫 선정... 내년부터 수업 15% AI·정보과학 등 ... — etedu.co
- [PDF] 디자인 씽킹 기반 인공지능 교육 프로그램 개발 - Korea Science — koreascience
- 고등학교에서 AI 배운다... 교육부, AI 융합 고교 34곳 선정 - 지디넷코리아 — zdnet.co
- 모두 표시

답변

중고등학교에서 GenAI 융합 교육의 정착을 위해 디자인 사고를 활용한 해결책은 다음과 같습니다:

1. AI 이해 단계: 학생들이 일상생활 속 AI 사례를 탐구하고 체험하며 AI의 기본 개념을 이해하도록 합니다.

관련

- 디자인 씽킹을 활용한 AI 교육 프로그램의 구체적인 예시는 무엇인가요 +
- 디자인 씽킹을 통해 학생들이 해결할 수 있는 실제 문제는 무엇인가요 +
- 디자인 씽킹 기반 AI 교육 프로그램이 초등학생들에게 어떤 영향을 미쳤나요 +
- 디자인 씽킹을 활용한 AI 교육 프로그램의 개발 과정은 어떻게 진행되나요 +
- 디자인 씽킹을 활용한 AI 교육 프로그램이 다른 교육 프로그램과 어떻게 차별화되나요 +

# 023 마인드맵

**목표** — 마인드맵을 지식 획득의 창의적 도구로 이해한다.

마인드맵(Mind Map)은 중심 주제를 중심에 놓고 관련된 개념이나 아이디어를 방사형(트리구조)으로 확장하여 정리하는 시각적 사고 도구이다. 이를 통해 복잡한 정보를 구조적으로 정리하고 창의적인 아이디어를 도출하는 데 유용하다.

## ChatGPT

[1단계] 원고를 만든다(pdf 파일).

지시문 <즐거운 생활하기>에 대한 정의, 중요성, 방법 등에 대해 알려 줘.

---

**제목: 즐거운 생활하기**

---

1. 정의

즐거운 생활하기란, 일상 속에서 기쁨과 만족을 느끼며 적극적으로 삶을 즐기는 태도나 습관을 말합니다. 단순히 재미를 찾는 것을 넘어서, 삶의 의미와 행복감을 스스로 만들어가는 활동이죠.

쉽게 말하면,
"오늘 하루, 나를 웃게 하고 마음을 따뜻하게 한 순간들을 만드는 것"
이렇게 이해할 수 있어요.

---

2. 중요성

왜 즐겁게 살아야 할까요? 즐거운 생활은 우리에게 다음과 같은 긍정적인 영향을 줍니다.

스트레스 해소: 즐거움은 자연스럽게 긴장을 풀어줍니다.
건강 증진: 웃고 긍정적인 감정을 느끼면 면역력과 신체 건강이 좋아집니다.
관계 향상: 긍정적인 사람은 주변에도 좋은 에너지를 퍼뜨려 더 좋은 인간관계를 만듭니다.
자기 성장: 즐거운 활동은 창의력, 도전정신을 키워줍니다.
삶의 만족도 상승: 결국 인생을 '사는' 것이 아니라 '즐기는' 방향으로 나아가게 합니다.

---

3. 방법

어떻게 즐거운 생활을 만들어갈 수 있을까요?
다음과 같은 방법들이 있어요:

| 방법 | 구체적 실천 예시 |
|---|---|
| 감사하는 마음 갖기 | 매일 하루 3가지 감사한 일을 기록하기 |
| 자신만의 취미 찾기 | 그림, 운동, 음악, 여행 등 좋아하는 활동을 꾸준히 하기 |
| 일상에 작은 목표 세우기 | "오늘은 맛있는 커피를 마시자", "퇴근 후 산책하기" 같은 소소한 목표 세우기 |
| 주변 사람들과 좋은 시간 보내기 | 가족, 친구와 함께 대화하고 웃기 |
| 긍정적인 자기 대화 | 실수했을 때 "괜찮아, 다시 해보자"고 스스로 격려하기 |
| 새로운 경험 시도하기 | 가보지 않은 곳 방문, 새로운 책 읽기, 다른 분야 배우기 |

---

✨ 한마디로 정리하면

"즐거운 생활"은 특별한 일이 아니라, 매일의 순간에서 기쁨을 찾아가는 연습이에요.

**[2단계]** 마인드 맵을 글자로 만든다.

〈즐거운 생활〉 파일을 업로드한 후, 다음의 지시문을 활용한다.

**지시문**

즐거운 생활하기.pdf
PDF

마인드 맵을 만들어 줘.

---

복사 편집

```
🎯 즐거운 생활하기
|
├─ 📘 정의
|   └─ 일상 속에서 기쁨과 만족을 느끼며 삶을 즐기는 태도
|         └─ 스스로 삶의 의미와 행복을 만들어가는 것
|         └─ 예: "오늘 나를 웃게 한 순간 찾기"
|
├─ 🌟 중요성
|   ├─ 스트레스 해소
|   ├─ 건강 증진 (면역력↑, 긍정감정)
|   ├─ 관계 향상 (좋은 에너지 전달)
|   ├─ 자기 성장 (창의력, 도전정신)
|   └─ 삶의 만족도 상승
|
├─ 🛠 방법
|   ├─ 감사하는 마음 갖기
|   |   └─ 매일 3가지 감사한 일 쓰기
|   ├─ 자신만의 취미 찾기
|   |   └─ 그림, 운동, 여행 등 즐기는 활동
|   ├─ 일상에 작은 목표 세우기
|   |   └─ 예: 퇴근 후 산책, 맛있는 커피 마시기
|   ├─ 주변 사람들과 좋은 시간 보내기
|   ├─ 긍정적인 자기 대화
|   |   └─ 실수했을 때 스스로 격려하기
|   └─ 새로운 경험 시도하기
|       └─ 가보지 않은 곳 가보기, 새 책 읽기 등
|
└─ 💡 결론
    └─ 특별한 일이 아니라, 매일 기쁨을 찾아가는 "연습"
```

[3단계] 마인드 맵을 그린다.

지시문 마인드 맵을 이미지로 시각화해 줘.

---

이미지 생성됨

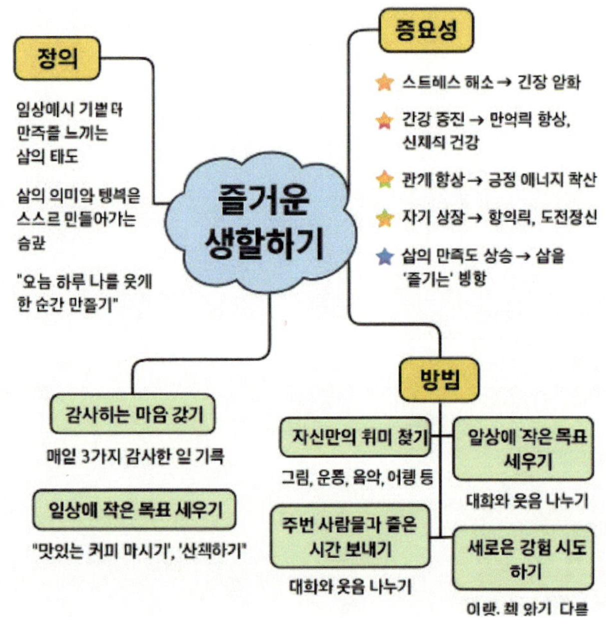


Genspark에서도 이미지 맵 그리기가 가능하며, 두 결과물을 비교해 본다.

다음은 구글 markmap에서 그려본다(위의 pdf 파일 이용).

## 구글 markmap

[1단계] 크롬에서 markmap 입력 클릭하면 다음 초기 화면이 나온다, markmap은 markdown과 mindmap의 합성어임을 보여 준다.

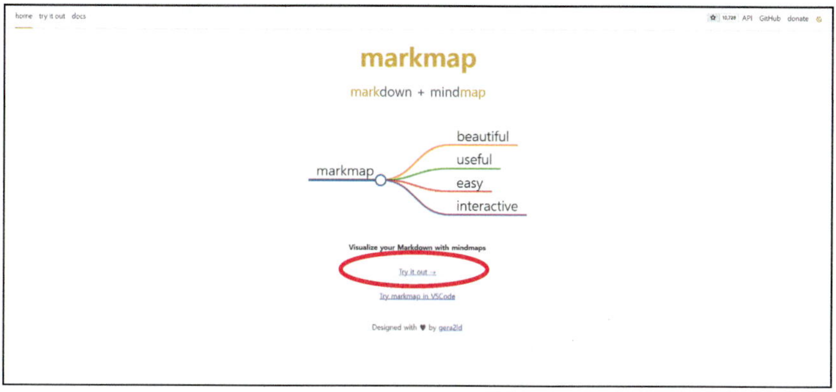


[2단계] 위에서 〈Try it out〉 클릭하면 다음 화면이 나오고, 화면 좌측을 마우스 좌로 드래그한 후 전부 제거한다. 이 때 우측의 마인드 맵도 지워진다.

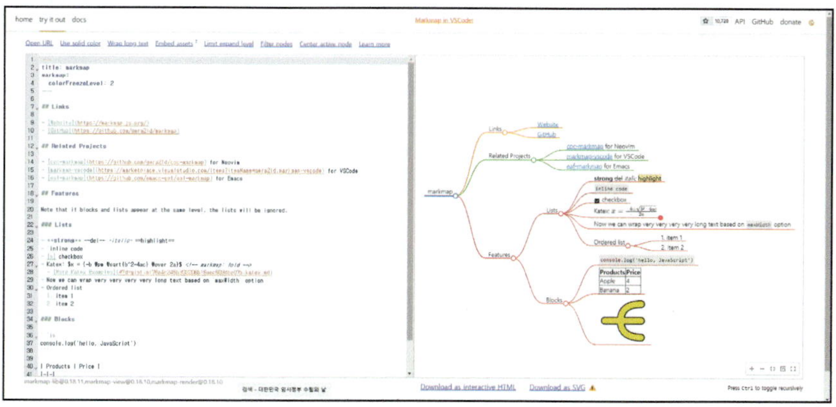

[3단계] 좌측 빈 화면에 원고(미리 간결하게 수정해 놓음)를 복붙한다. 원고의 마크다운한 것만 우측 마인드 맵에 나타난다.

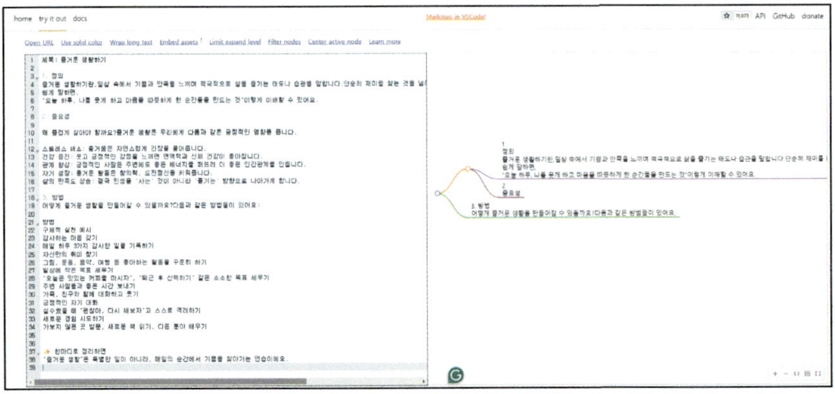

[4단계] 왼쪽 원고를 적절하게 조절한다. 제목에는 #, 항목 요인에는 ##, 설명문에는 — (하나만 표시함) 마크하면 된다. 그리고 하단의 붉은 타원을 누르면 저장할 수 있다.

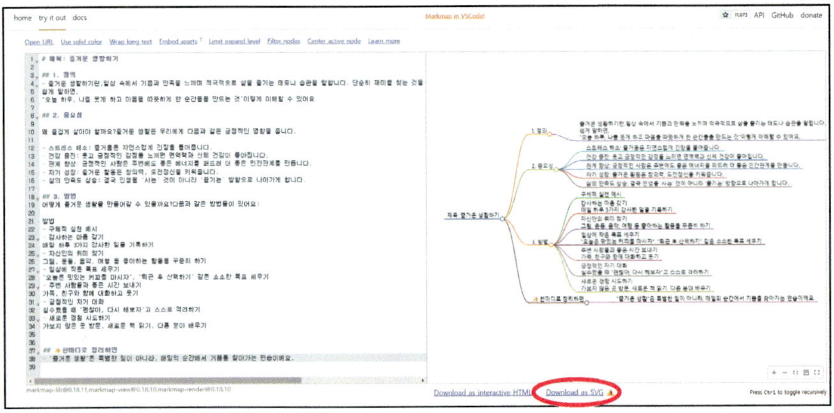

## 마인드 맵의 전체 화면

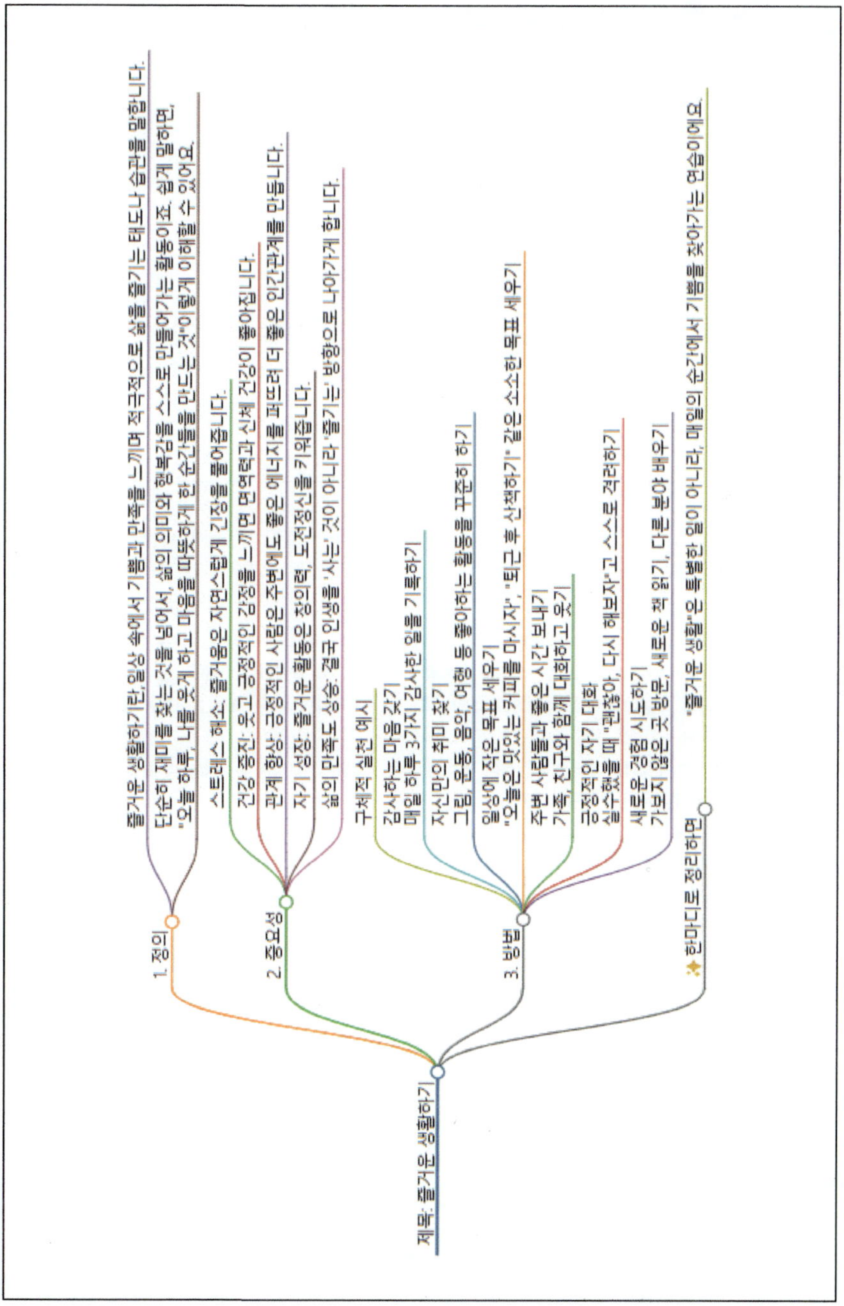
제목: 즐거운 생활하기
1. 정의
즐거운 생활하기란, 일상 속에서 기쁨과 만족을 느끼며 적극적으로 삶을 즐기는 태도나 습관을 말합니다.
단순히 재미를 찾는 것을 넘어서, 삶의 의미와 행복감을 스스로 만들어가는 활동이죠. 쉽게 말하면,
"오늘 하루, 나를 웃게 하고 마음을 따뜻하게 한 순간들을 만드는 것"이라고 이해할 수 있어요.
2. 중요성
스트레스 해소: 즐거움은 자연스럽게 긴장을 풀어줍니다.
건강 증진: 웃고 긍정적인 감정을 느끼면 면역력과 신체 건강이 좋아집니다.
관계 향상: 긍정적인 사람은 주변에도 좋은 에너지를 퍼뜨려 더 좋은 인간관계를 만듭니다.
자기 성장: 즐거운 활동은 창의력, 도전정신을 키워줍니다.
삶의 만족도 상승: 결국 인생을 '사는' 것이 아니라 '즐기는' 방향으로 나아가게 합니다.
3. 방법
구체적 실천 예시
감사하는 마음 갖기
매일 하루 3가지 감사한 일을 기록하기
자신만의 취미 찾기
그림, 운동, 음악, 여행 등 좋아하는 활동을 꾸준히 하기
일상에 작은 목표 세우기
"오늘은 맛있는 커피를 마시자", "퇴근 후 산책하기" 같은 소소한 목표 세우기
주변 사람들과 좋은 시간 보내기
가족, 친구와 함께 대화하고 웃기
긍정적인 자기 대화
실수했을 때 "괜찮아, 다시 해보자"고 스스로 격려하기
새로운 경험 시도하기
가보지 않은 곳 방문, 새로운 책 읽기, 다른 분야 배우기
✨한마디로 정리하면
"즐거운 생활"은 특별한 일이 아니라, 매일의 순간에서 기쁨을 찾아가는 연습이에요.

# 024 유튜브 요약하기

**목표** — 유튜브 요약에서 시간을 절약하면서 지식을 얻는다.

다음의 유튜브를 준비한다.
https://www.youtube.com/watch?v=I7pBtZ4QFhE

ChatGPT

지시문

https://www.youtube.com/watch?v=I7pBtZ4QFhE
요약해 줘.

영상에서는 12월에 심고 가꾸기 쉬운 다섯 가지 작물을 소개합니다. 이러한 작물들은 추운 겨울철에도 재배가 가능하며, 가정에서 신선한 채소를 수확할 수 있는 장점이 있습니다.

1. **시금치**: 추위에 강하고, 12월에도 파종이 가능합니다. 비닐이나 부직포로 덮어주면 더욱 잘 자랍니다.
2. **상추**: 겨울철에도 재배가 가능하며, 특히 온실이나 비닐하우스에서 잘 자랍니다. 물을 너무 많이 주지 않도록 주의해야 합니다.
3. **무**: 겨울 무는 단맛이 강하고 아삭한 식감이 특징입니다. 심는 간격을 넓게 하여 통풍을 좋게 하면 더욱 건강하게 자랍니다.
4. **당근**: 추운 날씨에도 잘 자라며, 흙을 깊게 갈아주고 파종하면 좋습니다. 수확 시기가 길어 천천히 수확할 수 있습니다.
5. **파**: 겨울철에도 심을 수 있으며, 특히 대파는 추위에 강합니다. 심을 때 흙을 충분히 덮어주면 좋습니다.

이러한 작물들은 비교적 관리가 쉬워 초보자도 도전해볼 수 있습니다. 겨울철에도 텃밭을 가꾸며 신선한 채소를 즐겨보세요.

더 자세한 내용은 아래 영상을 참고하세요.

(주) 복사한 url을 붙인 후 〈Shift〉 + 〈Enter〉 하면 줄바꾸기가 된다.

## TubeOnAI

[1단계] 웹사이트에서 TubeOnAI 입력하고 다음 초기화면에서 〈Try for free〉를 클릭한다.

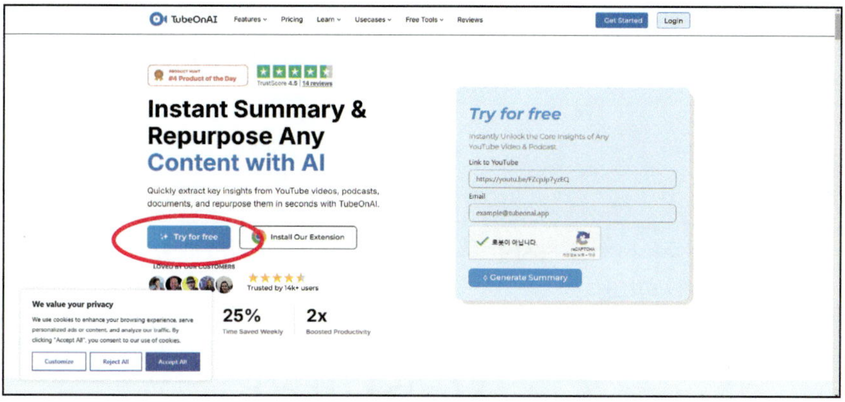


[2단계] url 입력하고 〈Summerize〉를 클릭한다.

다음 단계에서 화면 우측 상단의 한국어 설정을 선택한다(결과 생략).

# 025 국내 신문 기사 요약하기

**목표** — 신문기사를 요약하여 요점만 숙지한다.

## Webpilot

**지시문** 신문 기사 url을 복사한 후 붙여 넣기 하고 "이 기사를 요약해 줘."라고 지시한다.

Copilot도 제1장에서 이미 설명한 바와 같이 엣지의 화면 왼쪽에 기사를 띄우고 화면 오른쪽에 요약이 가능해 편리하다.

# 026 해외 신문 기사 요약하기

**목표** — 해외 신문 기사를 자유롭게 선택하고 읽어 본다.

WSJ(Wall Street Journal)에서 관심 있는 기사를 선택한다.

**Webpilot**

**지시문** Find a recent article about electric vehicles in the WSJ and summarize it for me.

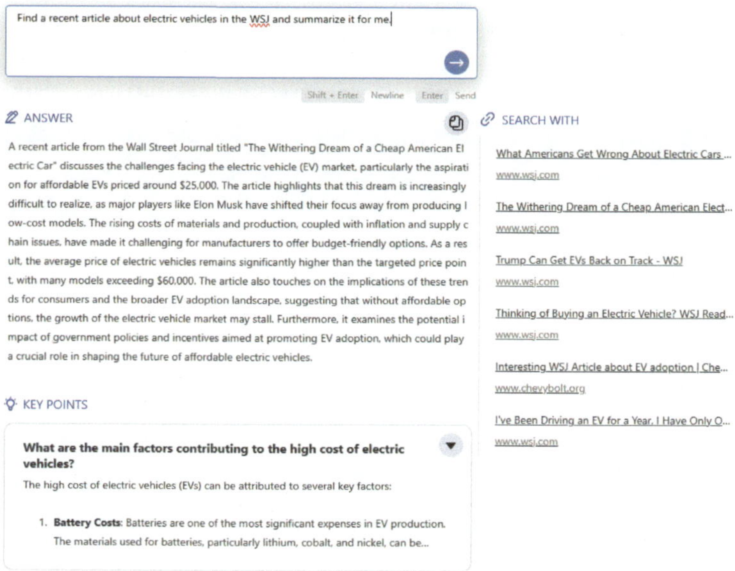


Perplexity에서도 가능하며, 관련 추가 질문을 얻을 수 있고 한국어 번역이 가능하다. 또한, Wrtn에서도 가능하다.

# 027 성경 요약하기

**목표** — 성경을 요약하고 지혜를 얻는다.

여러 GenAI에게 요약을 요청할 수 있다.

ChatGPT

지시문 마가복음 2장의 제목과 함께 500자로 요약해 줘.

📖 마가복음 2장 제목:

"죄를 사하시는 예수님과 안식일의 주인"

예수님께서 중풍병자를 고치시며 죄를 사하시는 권세를 나타내자, 서기관들은 이를 문제 삼는다. 예수님은 사람의 아들도 죄를 사하는 권세가 있음을

(이하 생략)

Claude

지시문 마가복음 2장의 제목과 함께 500자로 요약해 줘.

마가복음 2장: 예수의 권위와 새로운 가르침

마가복음 2장은 예수님의 권위와 그의 파격적인 가르침을 보여주는 5가지 사건을 담고 있습니다.

첫째, 예수님은 중풍병자를 치유하시며 죄를 사하는 권위를 보이셨습니다.

(이하 생략)

# 028 만남이 어렵거나 불가능한 사람과 대화하기

**목표** — 전문가 또는 존경받는 사람과 만나서 대화한다.

ChatGPT

지시문 나는 아마존닷컴의 최고경영자인 Jeff Bezos와 대담을 나누고 싶어. 네가 그 사람 역할을 대신 해주면 고맙겠어. 가능하지?

---

좋아! 내가 Jeff Bezos 역할을 맡아서 대담을 진행할게. 나는 창업가 정신, 기술 혁신, 리더십, 장기적 비전, 그리고 아마존의 성장 과정 등에 대해 이야기할 수 있어.

어떤 주제로 대화를 나누고 싶어? 사업 전략, AI와 전자상거래의 미래, 아니면 개인적인 성공 철학 같은 주제도 괜찮아! 😊

지시문 나는 당신의 창업가 정신과 리더십에 대해 알려주면 고맙겠어.

---

**Jeff Bezos의 창업가 정신과 리더십**

나는 창업을 할 때부터 **남들과 다르게 생각하는 것, 장기적인 안목을 갖는 것, 그리고 고객 중심적인 사고**를 가장 중요한 원칙으로 삼았어. 이 원칙들이 아마존을 세계적인 기업으로 성장시키는 데 핵심적인 역할을 했지.

---

**1. 창업가 정신 (Entrepreneurial Mindset)**

내 창업가 정신을 한마디로 정리하면 **"대담한 도전과 지속적인 혁신"**이야.

**🚀 ① 후회를 최소화하는 결정 (Regret Minimization Framework)**

아마존을 창업할 때, 나는 **"80살이 됐을 때 후회하지 않을 선택을 하자"**라고 생각했어.

💡 **예시:**

✔ 안정적인 월스트리트 직업을 버리고 인터넷 서점 창업 (1994년)
✔ 온라인 서점에서 전자상거래 플랫폼으로 확장
✔ 적자가 나도 장기적인 비전을 가지고 사업 유지

👉 **당장 손해가 나더라도, 인생에서 가장 후회하지 않을 길을 선택해야 해.**

🚀 ② **고객 집착(Customer Obsession)이 곧 성공의 열쇠**

경쟁자보다 고객을 더 신경 써야 해.

- 나는 항상 **"경쟁자보다 고객을 바라보라."**라고 말해.
- 고객이 원하는 것을 먼저 예측하고, 기대 이상으로 제공해야 해.
- 고객 경험이 뛰어나면, 자연스럽게 충성도가 올라가고 성공할 수밖에 없어.

💡 **예시:**
✔ 원클릭 주문 시스템 → 고객 편의성 극대화
✔ 아마존 프라임 멤버십 → 무료 배송 + 추가 혜택 제공
✔ AI 추천 시스템 → 고객이 원하는 것을 미리 예측

👉 **고객의 기대를 뛰어넘으면 성공은 따라온다!**

🚀 ③ **실패를 두려워하지 않는 실험 정신**

나는 **"성공하려면 수천 번 실패해야 한다"**고 생각해.

- 혁신적인 기업이 되려면, 많은 실험과 실패를 감수해야 해.
- 한 번의 실패로 멈추는 것이 아니라, 그 경험을 바탕으로 더 나은 도전을 해야 해.

💡 **실패 사례:**
❌ **Amazon Fire Phone (2014)** → 대실패했지만, 이 기술이 나중에 Alexa 개발에 활용됨
❌ **Amazon Auctions (eBay 경쟁 서비스)** → 실패했지만, 이후 Amazon Marketplace로 발전

👉 **실패를 두려워하지 말고, 실패를 통해 배우는 것이 중요하다!**

---

## 2. 리더십 철학 (Leadership Principles)

나는 아마존을 이끌면서 몇 가지 핵심 리더십 원칙을 강조해.

(이하 생략)

**지시문** 나는 AI 교육 분야에서 일하고 있는데, 기술 혁신과 장기적 비전에 대해서 알려주면 좋겠어.

(결과 생략)

**지시문** 내가 듣기로는 미국에서 최고 부자인 것 같은데, 어떻게 해서 그렇게 최고의 금액을 사회에 기부할 수 있는지 알고 싶어.

(결과 생략)

# 029 이미지를 글로 읽기

**목표** — 사진 이미지의 텍스트를 활자로 치환한다.

광학 문자 인식(Optical Character Recognition: OCR)은 보통 스캐너로 읽어 들인 이미지 파일을 분석하여 텍스트나 워드 파일로 치환한다.

GenAI에서 이미지 jpg 파일을 업로드 또는 이미지를 직접 붙인 후에 "이 파일을 한국어로 읽어 줘."라고 지시하면, 광학문자 인식이 가능하다.

Claude

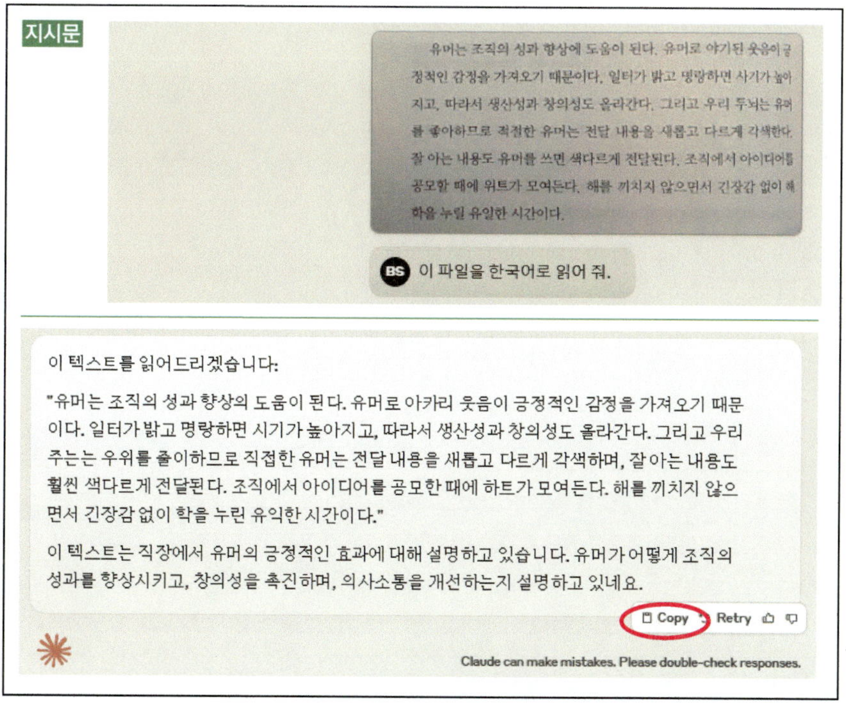

〈Copy〉를 클릭한 후에 HWPX 파일에 〈붙이기〉를 한다. 필요에 따라 pdf 파일로 바꾼다.

계속해서 "이 글을 포함해서 500자로 써주고, 제목도 말해줘."라고 지시할 수 있다. 이 과정은 ChatGPT에서도 가능하다.

# 030 변호사 선임하기

**목표** — 사회적 지위나 지식 수준이 열세인 상황에서 전문가를 만나기 위해 준비한다.

ChatGPT

지시문 나는 억울한 일로 고소를 당하고 있어. 변호사의 도움을 받아야 해. 능력있는 변호사를 선임하는 방법을 알려 줘. 그리고 그 변호사에게 어려운 질문 10가지를 하고 싶어. 질문을 만들어줘.

억울한 상황에서 변호사를 선임하려면 신중한 선택이 중요합니다. 능력 있는 변호사를 선임하는 방법과 그 변호사에게 상담 시 활용할 수 있는 질문들을 정리했습니다.

---

**능력 있는 변호사를 선임하는 방법**

1. **전문 분야 확인**
   - 귀하의 사건(예: 형사, 민사, 가사 등)과 관련된 전문성을 가진 변호사인지 확인하세요.
2. **경력 및 경험**
   - 변호사의 경력, 특히 유사한 사건을 얼마나 처리했는지 확인하는 것이 중요합니다.
3. **평판과 후기**
   - 변호사 리뷰 웹사이트, 법률 커뮤니티, 또는 지인의 추천을 통해 평판을 확인하세요.
4. **소통 스타일**
   - 상담 시 변호사가 귀하의 문제를 경청하고, 복잡한 법률 문제를 명확히 설명하는지 살펴보세요.
5. **비용 구조 투명성**
   - 수임료뿐만 아니라 추가 비용 발생 가능성에 대해 솔직히 설명하는 변호사를 선택하세요.
6. **책임감과 진정성**
   - 사건의 현실을 있는 그대로 이야기하며, 지나치게 낙관적이거나 무책임한 태도를 보이지 않는 변호사를 찾으세요.

**변호사에게 해야 할 어려운 질문 10가지**

1. **이 사건과 유사한 사례를 얼마나 많이 처리해 보셨습니까? 결과는 어땠나요?**
   - 변호사의 경험과 성공률을 구체적으로 확인할 수 있습니다.
2. **이 사건을 처리하기 위해 어떤 전략을 제안하시나요?**
   - 사건 해결을 위한 접근 방식과 계획을 알 수 있습니다.
3. **현재 진행 중인 다른 사건들과 제 사건 사이에서 시간 관리를 어떻게 하실 건가요?**
   - 변호사가 사건에 충분히 집중할 수 있는지를 확인하는 질문입니다.
4. **이 사건에서 가장 큰 위험 요소는 무엇이며, 이를 어떻게 대처하실 계획인가요?**
   - 사건의 리스크를 현실적으로 평가하고 대비책을 확인할 수 있습니다.
5. **만약 제가 원하는 결과를 얻지 못할 경우, 후속 조치는 어떻게 준비하시겠습니까?**
   - 판결 이후의 대안이나 추가 전략을 물어보세요.
6. **이 사건을 처리하는 데 걸릴 것으로 예상되는 시간은 얼마나 되나요?**
   - 사건 진행 기간을 미리 예상할 수 있는 질문입니다.
7. **이 사건의 법적 절차에서 제가 해야 할 역할과 준비해야 할 자료는 무엇인가요?**
   - 자신의 역할과 필요 자료를 사전에 준비할 수 있습니다.
8. **수임료와 추가 비용(법원 비용, 조사 비용 등)에 대한 구체적인 견적을 알려주시겠습니까?**
   - 비용 문제를 명확히 하기 위한 질문입니다.
9. **상대방이 예상하지 못한 전략을 사용할 경우, 어떻게 대응하실 건가요?**
   - 변호사의 순발력과 대처 능력을 확인할 수 있습니다.
10. **제 사건을 직접 담당하시나요, 아니면 다른 변호사나 직원이 처리하나요?**
    - 사건 담당자의 책임 범위를 명확히 알기 위한 질문입니다.

Perplexity에서도 동일한 지시문으로 쓸모 있는 답변과 관련 추가 질문을 얻을 수 있다. 또한, 여러 다른 GenAI를 이용하면 유리한 지식을 얻을 수 있어 사건 해결에 자신감을 가질 수 있을 것이다.

**참고** MZ 세대가 변호사 고르는 방법

https://www.chosun.com/opinion/specialist_column/2024/12/11/ZINHJ5IDXFHGXMQ4CFD3FOLYC4/

# 031 게임에 빠진 초등학생 자녀 훈계하기

**목표** — 아이 입장에서 균형적인 자세 취하기를 이해한다.

ChatGPT

지시문 공부를 싫어하고 게임에 빠져 있는 초등학생 자녀에게 어떻게 말하면 좋을지 가르쳐줘.

초등학생 자녀가 공부를 싫어하고 게임에만 빠져 있다면, 부정적으로 다가가기보다는 공감과 긍정적인 접근을 통해 동기를 유발하는 것이 중요합니다. 아래는 효과적인 대화 방법입니다.

---

1. 공감과 이해로 시작하기: 아이가 느끼는 감정을 인정하고 공감하는 태도가 중요합니다.

예: "게임이 정말 재미있구나! 엄마(아빠)도 네가 얼마나 즐거운지 이해해."
"공부가 어렵고 재미없게 느껴질 때가 있지? 엄마(아빠)도 그랬어."
아이의 감정을 부정하지 않고 이해해 주면 아이가 방어적이거나 반발하지 않게 됩니다.

2. 게임과 공부의 균형 강조하기: 게임을 완전히 부정하기보다는 게임과 공부 모두 중요하다는 균형 잡힌 메시지를 전달하세요.

예: "게임도 즐거운데, 공부도 잘하면 네가 더 똑똑해져서 게임을 더 잘할 수 있을 거야."
"조금만 시간을 나눠서 공부하면 나중에 더 오래 게임할 수 있는 방법을 찾아볼까?"
이렇게 하면 공부도 아이가 원하는 목표에 연결된다는 점을 자연스럽게 이해시킬 수 있습니다.

3. 작은 목표를 제안하기: 너무 큰 부담을 주기보다는 아이가 성취감을 느낄 수 있도록 작은 목표를 설정합니다.

예: "오늘은 20분만 영어 단어를 외워볼까? 그러고 나서 게임 시간 30분 약속 하자!"

"한 문제씩 풀고 나서 엄마(아빠)랑 게임 캐릭터 이야기 좀 해 볼래?"

작은 목표는 부담을 줄이고 성취감을 통해 공부에 대한 태도를 긍정적으로 변화시킬 수 있습니다.

4. 아이의 흥미와 연결짓기: 아이의 관심사(예: 게임)와 공부를 연결해 재미있게 접근합니다.

예: "너 게임 캐릭터 능력치 올리려고 계획 세우잖아? 공부도 그렇게 계획 세우면 더 잘할 수 있을 거야!"

"수학 잘하면 게임에서 아이템 사는 돈 계산도 금방 할 수 있을 거야."

이런 식으로 아이가 좋아하는 활동과 연관시키면 공부에 흥미를 느낄 가능성이 높아집니다.

5. 긍정적인 피드백 제공: 작은 성과라도 칭찬하고 긍정적으로 피드백하세요.

예: "와, 오늘 한 장을 다 풀었네? 정말 잘했어!"

"네가 노력하는 모습이 정말 멋져. 엄마(아빠)는 네가 자랑스러워."

칭찬을 받으면 아이는 성취감을 느끼고 더 노력하려는 동기를 갖게 됩니다.

6. 스케줄과 규칙 만들기: 게임과 공부 시간을 정해서 규칙적으로 생활하도록 도와주세요.

예: "공부 30분하고 나면 게임 1시간 할 수 있도록 해 보자."

"너도 4시간을 직접 정해봐. 엄마(아빠)는 네 결정을 믿어줄게."

아이가 스스로 규칙을 정하게 하면 책임감을 느끼고 규칙을 더 잘 따르게 됩니다.

7. 함께하는 시간 늘리기: 아이가 혼자 공부하는 걸 힘들어할 수 있으니, 부모가 옆에서 같이 시간을 보내는 것도 좋습니다.

예: "엄마(아빠)도 책 읽으면서 너랑 같이 공부할게."

"너 수학 문제 풀고, 나는 집안일 하고, 끝나면 맛있는 간식 먹자!"

아이와의 대화에서 중요한 건 강압적이거나 명령조가 아니라, 아이의 관점에서 공감하며 협력적인 태도를 보이는 것입니다. 지속적인 대화를 통해 신뢰를 쌓고, 아이가 스스로 공부의 중요성을 깨닫게 도와주세요. ☺

**Perplexity**

**지시문** 앞의 ChatGPT와 같음

출처

- 초등학생의 게임 중독 문제를 어떻게 예방하고 해결할 수 있을까요? — khousenews
- 게임에 빠진 아이, 게임으로 공부하게 만드는 3가지 방법 - YouTube — youtube
- 게임 중독 의심된다면? : 초등학생 위한 3가지 전략 - 꾸그 — gguge
- 모두 표시

답변

게임에 빠져 있는 초등학생 자녀에게 접근할 때는 이해와 소통이 중요합니다. 다음과 같은 방법으로 자녀와 대화를 시도해 보세요:

1. 자녀의 관심사를 인정하세요: "네가 게임을 좋아하는 걸 알아. 게임의 어떤 점이 그렇게 재미있니?"
2. 게임의 긍정적인 면을 활용하세요: "게임을 만드는 것에 대해 생각해 본 적 있니? 네가 좋아하는 게임을 직접 만들어볼 수 있어." 1 2
3. 함께 게임을 해보세요: "네가 좋아하는 게임을 나한테 가르쳐줄 수 있니? 우리 함께 해보자." 2
4. 대안 활동을 제안하세요: "이번 주말에 우리가 함께 할 수 있는 재미있는 활동을 생각해보자. 네가 좋아할 만한 걸로." 1
5. 시간 관리의 중요성을 설명하세요: "게임도 좋지만, 다른 중요한 일들을 위한 시간도 필요해. 우리 함께 시간 계획을 세워볼까?" 1
6. 학습과 게임을 연결시켜보세요: "게임 개발자가 되려면 어떤 공부가 필요한지 알아? 수학이나 과학, 영어가 정말 중요하대." 2
7. 게임 ...지를 제안하...: "우리 함께 ... 얼마나 게임... 하는지 기록... 이렇게 ...

(이하 생략)

여러 제안 중에서 상호 소통할 수 있는 것을 선택하면 효과가 있을 것이다. 이 문제는 결코 감정적으로 대응하면 안 된다. 아이 자신이 죄의식 안에 있기 때문에 성급하게 해결하려고 들면 안 된다. 만일 자녀가 국영수 학과목에 자신감을 보인다면 그렇게 크게 걱정하지 않아도 될지도 모른다. 아마도 게임 플레이어에서 게임 개발자로 유도할 수 있으리라. AI나 빅데이터에 호기심도 줄 수 있을 것이다. 실제로 IT 기업의 연구실장들은 어릴 때 게임 경험이 많았다고 고백한다. 이것은 미래 이야기이고 현재가 걱정되므로 부모는 해결 방안을 잘 읽고 판단해야 한다.

# 032 영업직 면접 시험 준비하기

**목표** — 면접 시험에서 구체적으로 잘 준비하고 담대하게 나아간다.

Claude

지시문 ERP 시장에서 제2위인 A회사의 영업직에 면접을 보려고 해. 먼저 면접 회사의 의도를 파악하는 방법을 알려 줘. 그리고 예상되는 어려운 면접 질문 5개 만들어줘. 이에 대한 답도 함께 제시해 줘.

ERP 시장의 제2위 회사 면접에서 회사의 의도를 파악하는 방법과 예상 질문에 대해 상세히 알려드리겠습니다.

회사의 의도 파악 전략:

1. 사전 조사

- 회사 연례보고서 철저히 분석
- 최근 미디어 보도 및 인터뷰 검토
- 기업 문화와 핵심 가치 파악
- 현재 시장 포지셔닝 및 성장 전략 이해

2. 비즈니스 인텔리전스 수집

- 경쟁사 대비 차별화 포인트 파악
- 최근 기술 투자 및 혁신 트렌드 확인
- 주요 고객사 및 성공 사례 분석

3. 면접관 관찰 포인트

- 면접관의 질문 의도 세밀하게 분석
- 비언어적 커뮤니케이션 주의 깊게 관찰
- 회사가 원하는 핵심 역량 파악

예상 어려운 면접 질문 및 모범 답변:

1. Q: "우리 회사가 시장 2위인 상황에서 어떻게 1위 기업을 추월할 수 있다고 생각하나요?"

A: "혁신과 고객 중심 접근이 핵심입니다. 단순히 기술적 우위만이 아니라, 고객의 실제 Pain Point를 해결하는 맞춤형 솔루션 개발이 필요합니다. 예를 들어, 데이터 기반 고객 맞춤형 서비스와 AI 통합 등을 통해 차별화된 경쟁력을 확보할 수 있습니다."

**2. Q:** "최근 **ERP** 시장의 가장 큰 도전 과제는 무엇이라고 생각하나요?"

**A:** "클라우드 마이그레이션, 사이버 보안, 실시간 데이터 통합이 핵심 도전 과제입니다. 특히 중소기업의 디지털 전환 **needs**에 맞는 유연하고 비용 효율적인 솔루션 개발이 중요합니다. 이를 위해서는 지속적인 기술 혁신과 고객 중심 접근이 필요합니다."

**3. Q:** "영업에서 실패를 경험했을 때 어떻게 대처하나요?"

**A:** "실패는 학습의 기회라고 생각합니다. 구체적으로 고객과의 소통 과정에서 미흡했던 점을 분석하고, 다음 영업 전략에 반영합니다. 예를 들어, 한 고객 유치에 실패했을 때 피드백을 받아 제안서의 약점을 개선하고 맞춤형 접근 방식을 수정했습니다."

**4. Q:** "우리 회사의 기술적 한계를 알고 있다면 무엇이라고 생각하나요?"

**A:** "객관적 분석 결과, 현재 레거시 시스템의 통합 문제와 실시간 데이터 처리 속도에서 개선의 여지가 있어 보입니다. 이는 동시에 혁신의 기회이기도 합니다. 마이크로서비스 아키텍처 도입과 클라우드 네이티브 접근으로 이러한 한계를 극복할 수 있을 것입니다."

**5. Q:** "5년 후 **ERP** 시장에서 본인의 역할을 어떻게 그려보나요?"

**A:** "기술 컨설턴트이자 전략적 파트너로 성장하고 싶습니다. 단순 제품 판매를 넘어 고객의 디지털 혁신을 실질적으로 지원하는 전문가가 되겠습니다. **AI**, 빅데이터 분석 역량을 키워 고객에게 진정한 가치를 제공하는 영업 전문가로 성장하겠습니다."

추가 팁:

- 자신감 있고 진실된 태도 유지
- 구체적이고 데이터 기반의 답변
- 회사에 대한 깊은 이해와 열정 보여주기
- 지속적인 학습 의지와 성장 마인드셋 강조

이러한 접근으로 면접에서 회사의 의도를 정확히 파악하고, 성공적인 면접을 진행할 수 있을 것입니다.

면접 장소에 들어갈 때 회사 근무 분위기를 눈여겨 보기 바란다. 뭔가 분위기에 따뜻함이 묻어 있는 회사라면 합격하기를 소원하라. 면접에서 지나치게 위축되거나 떨지 않는 자세가 중요하다. 떤다고 면접관이 봐주는 것이 아니다. 허리 펴고 좀 더 온화한 그리고 자신감 있는 자세로 대응하는 노력이 중요하다.

**참고** 회사 면접관도 면접 문제를 이렇게 준비하면 도움을 얻을 수 있을 것이다.

# 033 재취업 준비하기

**목표** — 취업에 필요한 정보 또는 지식을 얻는다.

ChatGPT

지시문 회사 퇴직 후 전통시장에서 분식집을 오픈하려고 하는데, 분식 사업에 대한 최신 뉴스를 알려 줘.

전통시장에서 분식집을 창업하려는 계획을 가지고 계시군요. 최근 분식업계와 전통시장에 대한 몇 가지 중요한 소식을 전해드립니다.

① 식재료 가격 상승과 분식집 경영 어려움

최근 밀가루, 식용유, 설탕 등 주요 식재료의 가격이 급등하면서 분식집 운영에 어려움을 겪는 사례가 늘고 있습니다. 한 분식집 사장은 "김밥·떡볶이 팔아 남는 게 없다"며 경영의 어려움을 토로했습니다. 이러한 상황으로 인해 동네 분식집들이 점차 사라지고 있다는 보도도 있습니다. MUNHWA.COM

② 전통시장의 고령화와 청년 상인 유입 노력

전통시장의 상인 평균 연령이 60.2세로 고령화가 심각한 수준입니다. 정부는 청년 상인 유입을 위해 수백억 원을 투입했지만, 효과는 미미한 것으로 나타났습니다. 청년 상인들의 지속적인 참여와 성공적인 정착을 위한 추가적인 지원과 전략이 필요합니다. NEWSIS.COM

③ 성공적인 경영 개선 사례

한편, 경영난으로 폐업을 고려하던 분식집이 '희망리턴패키지 경영개선 지원'을 통해 메뉴 개발과 매장 리모델링 등의 전략을 이행한 결과, 4개월 만에 월 매출 2,000만 원을 달성한 사례도 있습니다. 이는 적절한 지원 프로그램 활용과 경영 전략 개선이 성공적인 분식집 운영에 큰 도움이 될 수 있음을 보여줍니다. NEWS.MT.CO.KR

④ 위생 관리의 중요성

과거 분식집 약 5,000곳을 점검한 결과, 51곳이 위생 관리 규정을 위반한 것으로 나타났습니다. 이는 전체의 약 1%에 해당하며, 유통기한 경과 제품 보관 등이 주요 위반 사항이었습니다. 분식집 운영 시 철저한 위생 관리가 중요합니다. YNA.CO.KR

⑤ 기상 상황에 따른 대비 필요성

전통시장은 지대가 낮아 집중 호우 시 침수 피해를 입기 쉬운 구조입니다. 한 분식집 사장은 "비 온다는 소리 들리면 가슴이 철렁한다"며 우려를 표했습니다. 따라서 기상 상황에 따른 대비책 마련이 필요합니다. NEWSIS.COM

분식집 창업을 계획하실 때, 이러한 최신 동향과 사례를 참고하여 철저한 준비와 전략을 세우시길 바랍니다.

## 알면 소용있는 프롬프트

- 그래픽 디자인과 브랜딩에 5년의 경험이 있는데 어떤 직업을 고려해 볼 수 있는지 각 직업의 특성과 함께 알려 줘(이력서 첨부와 함께).
- 요리사에서 사업 전략가로 전환하려는데 어떤 스킬이 필요하며 그것을 어디서 배울 수 있는지 알려 줘.
- 다음은 비즈니스 분석가의 역할에 대한 직무설명서야. 내 이력서와 커버레터를 어떻게 맞추면 좋을지 알려 줘(직무설명서 첨부).
- 팀장의 통상적인 면접 내용은 무엇이며 어떻게 응대해야 하는지 알려 줘.
- 우리 집에서 어린 진돗개 수컷 한 마리를 기르고 있어. 이름을 5개 만들고 그 이유도 말해 줘.
- 톨스토이의 "전쟁과 평화"를 세 가지 요약해 줘(조지 오웰의 동물농장 등).
- 수학 과목 공부의 중요성과 GenAI 활용법을 알려 줘.
- 중학교 3학년 학생에게 겨울방학 동안 혼자서 실행할 스타디 플랜을 세워 줘.
- 중3 수학의 핵심 개념 10가지와 OX 문제 20개를 만들고 별도로 해답도 알려 줘.
- 나는 60대 가정주부로 퇴직한 남편과 둘이 살아. 남편은 매일 집에 머무르면서 나에게 옛날처럼 일을 명령하고 있어. 어느 정도 남편을 이해하지만 가끔 불만이 생겨. 나의 행복을 위해 남편과 어떻게 협상하면 좋을지 알려 줘.

GenAI 120

# 제6장
# 취미 생활 즐기기

건전한 취미 생활은 자신을 깨우치고 인생의 의미를 알게 한다.

[ChatGPT] 다음을 이미지로 보여 줘: "독서 동아리 50대 한국 여성들 여러 명이 큰 테이블에서 AI 책과 노트북을 앞에 놓고 함께 앉아 있다. 그리고 도우미로 휴머노이드 로봇이 서 있고, 사방 벽 화면에는 인공지능 관련 차트가 있고, 정면에는 〈Reader & Leader〉 보드가 있다. 이 미지에 기반한 실습 활동과 토론을 포함해 줘."

# 034 취미 생활 추천받기

**목표** — 여러 취미 생활 중에서 자신의 성향에 맞는 것을 선택한다. 훗날 이것을 전문가 기술로 발전시킬 수 있다.

**Claude**

**지시문** 개인 취미 생활 10가지 추천해 줘.

다양한 취미 활동을 추천해드리겠습니다. 누구나 시작하기 쉽고 흥미롭게 즐길 수 있는 취미들입니다:

1. 독서 시간과 장소에 구애받지 않고 즐길 수 있으며, 지식을 쌓으면서 상상력도 기를 수 있습니다. 전자책이나 오디오북으로도 즐길 수 있어 더욱 편리합니다.
2. 홈 가드닝 실내에서 작은 화분으로 시작할 수 있습니다. 식물을 키우면서 정서적 안정을 얻

(이하 생략)

추가로, 요리와 베이킹, 사진 촬영, 필사와 캘리그라피, 악기 연주, 그림 그리기, 퍼즐 맞추기, 일기 쓰기나 블로깅, 요가나 명상을 추천한다.

**지시문** 여러 명이 함께 할 수 있는 취미 생활 10가지 추천해 줘.

여럿이 함께 즐기면서 친목도 다질 수 있는 취미 활동을 추천해드리겠습니다:

1. 보드게임 모임 다양한 장르의 보드게임을 즐기면서 전략적 사고도 기르고 대화도 나눌 수 있습니다. 카페나 집에서 편하게 즐길 수 있어 접근성이 좋습니다.
2. 독서 토론 모임 한 달에 한 권씩 책을 정해서 읽고 의견을 나누는 활동입니다. 다양한 시각을 접하면서 더 깊이 있는 독서가 가능합니다.

(이하 생략)

추가로, 등산 동호회, 쿠킹 클래스, 합창 또는 밴드 활동, 댄스 클래스, 사진 출사 모임, 공예 워크샵, 봉사활동 모임을 추천한다.

# 035 독서 동아리 모임

**목표** — 여러 사람이 모이는 모임은 규칙을 정하고 준수한다.

Claude

지시문 친구 8명이 모여서 독서 동아리를 만들기로 했어. 앞으로 원활한 진행을 위해 필요한 내용을 알려 줘. 그리고 동아리 이름도 5개 만들어 줘.

---

독서 동아리를 만들기 위해 고려해야 할 중요한 내용들을 알려드리겠습니다:

동아리 운영 구조

회장, 부회장 등 기본 역할 분담

회의 진행 방식과 의사결정 방법 정하기

월별/분기별 모임 일정 확정

운영 규칙

정기 모임 일시와 장소 선정

독서 도서 선정 방법 (투표, 순번제 등)

참석 규칙 (불참 시 사전 연락, 참여 의무 등)

독서 활동 계획

월별 읽을 도서 선정 방법

독서 후 토론 방식 (주제 발표, 자유 토론 등)

독서 기록 방법 (독서록, 감상문 등)

기타 고려사항

회비 책정 및 운영 방법

온/오프라인 소통 채널 개설

추가 활동 (저자 강연, 문학 기행 등) 계획

독서 동아리 이름 제안 5개:

책愛(책사랑) 클럽

페이지 워커스

문장의 숲

글빛 동아리

북 커넥션

이 제안들을 참고하여 친구들과 함께 구체적인 계획을 세워보세요. 원활한 소통과 즐거운 독서 활동을 위해 모두의 의견을 존중하는 것이 가장 중요합니다!

지시문 위의 중요한 내용에 대해 더 상세하게 설명해 줘.

지시문 제안해 준 동아리 이름 5개에 대해 의미를 부여해 줘.

지시문 이 동아리의 사명, 비전, 핵심가치를 제시해 줘.

이 지시문들의 답변을 HWPX 파일에 정리하고 나서 [파일] 〉 [pdf로 저장하기] 한다(결과 생략).

# 036 PPT 만들기

**목표** — PPT(power point) 만들기와 발표 능력을 키운다.

여기서는 023절에 사용한 〈즐거운 생활하기.pdf〉 파일을 활용하여 PPT를 만들어 본다.

## ChatGPT

지시문

즐거운 생활하기.pdf
PDF

이 파일을 이용하여 ppt를 만들어 줘.

---

**[슬라이드 구성안]**

1. **표지**
   - 제목: 즐거운 생활하기
   - 부제(선택): "일상 속에서 찾는 작은 행복"
2. **즐거운 생활하기란? (정의)**
   - 일상 속 기쁨과 만족을 찾는 습관
   - 삶의 의미와 행복감을 스스로 만들어가기
3. **즐거운 생활의 중요성**
   - 스트레스 해소
   - 건강 증진
   - 관계 향상
   - 자기 성장
   - 삶의 만족도 상승
4. **즐거운 생활 만드는 방법**
   - 감사하는 마음 갖기
   - 자신만의 취미 찾기
   - 일상에 작은 목표 세우기

- 주변 사람들과 좋은 시간 보내기
- 긍정적인 자기 대화
- 새로운 경험 시도하기

5. **한마디로 정리**
   - "특별한 일이 아니라, 매일 순간 속에서 기쁨을 찾는 연습"
6. **마무리 슬라이드**
   - 인용구 혹은 따뜻한 메시지 삽입

**곧 실제 PPT 파일로 만들어드릴게요.**
바로 제작 시작할까요? (혹시 표지에 들어갈 부제나 특별히 원하는 스타일이 있으면 알려주세요!) 🌟
예: "따뜻한 느낌으로", "깔끔한 미니멀 스타일로" 등.

**지시문** 따뜻한 느낌의 PPT로 만들어줘.

요청하신 **따뜻한 느낌**의 PPT도 완성했습니다!
아래 링크를 눌러 다운로드하실 수 있어요:

👉 즐거운_생활하기_따뜻한스타일.pptx

또 다른 스타일이나 추가 요청도 언제든 말씀해 주세요! 🌷
혹시 배경 색도 따뜻한 베이지톤으로 살짝 바꿔볼까요? (필요하면 말씀해 주세요!)

(결과 생략)

추가로 다음 지시문에서 슬라이드의 설명문을 만들어 달라고 요청한다.

**지시문** 발표 시간이 10분 주어졌어. 각 슬라이드를 설명할 원고를 만들어 줘.

(결과 생략)

### Gamma

[1단계] pdf 원고를 준비한다.

[2단계] 〈크롬〉에서 gamma.app/create 입력하고 클릭한다.

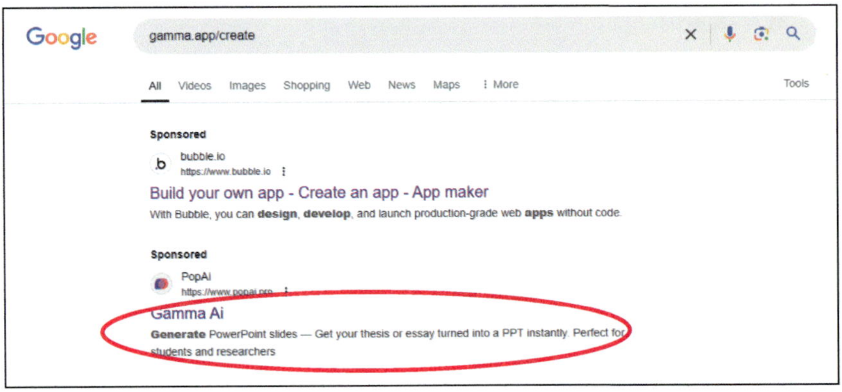


[3단계] 새로 만든다.

[4단계] 〈파일 또는 URL 가져오기〉에 pdf 파일을 업로드한다.

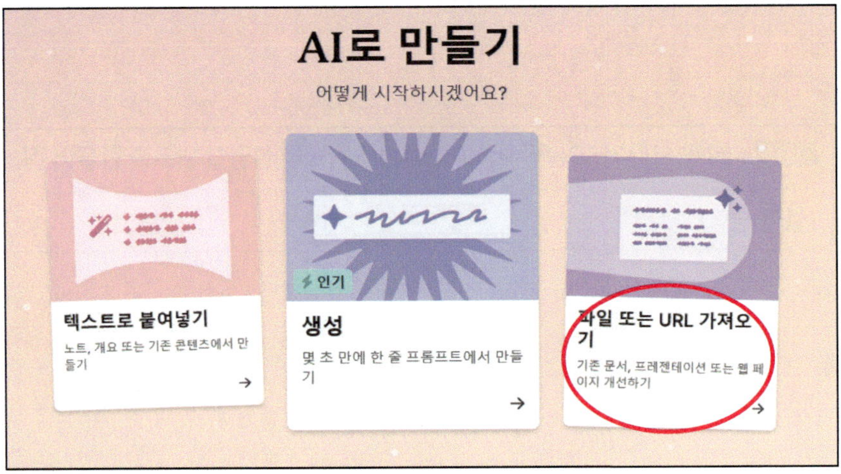

[5단계] 〈원고 파일 업로드〉를 한다.

[6단계] 〈프리젠테이션〉 선택하고 〈계속〉을 누른다.

[7단계] 〈프롬프트 편집기〉 검토하고 〈계속〉을 누른다.

[8단계] 프리젠테이션 방식을 정한다.

결과는 생략한다.

[도표 6-1] 무료 PPT 발표용 GenAI

| 용도 | GenAI |
|---|---|
| PPT 자동 생성 AI | Tome, Gamma, Beautiful.ai |
| PPT 디자인 & 슬라이드 콘텐츠 생성 | Canva AI, Visme, Slidesgo |
| 발표 자료 요약 & 대본 작성 AI | ChatGPT, Claude, Gemini, QuillBot, Scribe |
| 발표용 AI 음성 & 애니메이션 제작 | Murf.ai, Synthesia, D-ID |

출처: ChatGPT.

만약 PPT 자동 생성이 필요하면 Tome, Gamma, Beautiful.ai을 추천하고, 디자인을 신경 쓴다면 Canva, Visme을, 발표 대본이나 요약이 필요하면 ChatGPT, QuillBot을 활용하면 좋다.

# 037 로고 만들기

**목표** — 로고를 이용하여 단체의 정체성을 공유한다.

## Design.com

[1단계] 〈크롬〉에서 "Design.com"을 입력하고 엔터하면 다음 초기화면이 나온다. "글빛 동아리"를 입력하고 〈Create Logos〉를 클릭한다.

[2단계] 다음 화면에서 〈Keywords〉에 사명 문구를 입력하고 〈Search〉를 클릭한다. 그러면 엄청난 수의 로고가 나온다. 이 중에서 붉은 원의 것을 선택한 후에 계속 작업하여 완성한다.

[3단계] 완성된 작품으로 활용할 방법(예컨대, 소액자, 티셔츠, 머그 등에 부착)을 생각해 본다.

# 038 재미있게 책 읽기에 대한 아이디어

**목표** — 회원들에게 지적 흥미와 동기부여를 일으킨다.

ChatGPT

지시문 "재미있게 책 읽는 방법"을 10가지 알려 줘.

---

독서 동아리에서 책을 재미있게 읽는 방법을 다음과 같이 제안해 볼게요:

**1. 책 속 캐릭터 롤플레이**

- 책 속 주요 캐릭터를 맡아 특정 장면을 연기하며 이야기를 재현합니다.

**2. 테마에 맞는 드레스 코드**

- 책의 배경에 맞는 의상을 입고 모임을 개최합니다. 예: 고전문학은 시대 의상, SF 소설은 미래지향적 스타일.

**3. 책 퀴즈 대회**

- 책 내용을 기반으로 퀴즈를 만들어 맞힌 사람에게 작은 선물을 줍니다.

**4. 책 속 레시피 따라하기**

- 책에 나온 음식이나 음료를 함께 만들어 먹는 활동을 곁들입니다.

**5. 서프라이즈 챕터 선정**

- 각 회원이 특정 챕터나 장면에 대해 깜짝 발표를 준비하고 함께 토론합니다.

**6. 책과 음악 결합**

- 책의 분위기나 내용을 반영한 플레이리스트를 함께 듣거나 공유합니다.

**7. 책 DIY 프로젝트**

- 책에서 영감을 받아 간단한 공예품을 만들어 봅니다. 예: 엽서, 책갈피, 미니 다이어리.

**8. 대체 엔딩 쓰기**

- 원작과는 다른 엔딩을 상상해 쓰고, 각자의 버전을 공유합니다.

(이하 생략)

# 039 아이디어 탐색을 위한 SCAMPER 기법

**목표** — 브레인스토밍에서 토의할 사항을 단계별로 이해한다.

**Perplexity**

지시문 SCAMPER 기법에 대해 설명해 줘.

SCAMPER 기법은 창의적 아이디어를 발상하기 위한 대표적인 체크리스트 기반의 브레인스토밍 도구입니다. 이 기법은 문제나 과제에 대해 다양한 시각에서 접근할 수 있도록 도와주며, 구체적이고 실행 가능한 아이디어 도출에 효과적입니다. SCAMPER는 다음 7가지 질문의 앞글자를 딴 것으로, 각 단계별로 아이디어를 탐색합니다.

<SCAMPER의 7가지 단계>

| 단계 | 영어 | 의미 | 질문 예시 |
|---|---|---|---|
| S | Substitute | 대체하기 | 다른 재료나 방식으로 바꿀 수 있는가? |
| C | Combine | 결합하기 | 두 가지 이상을 결합하면 어떤가? |
| A | Adapt | 응용하기 | 다른 분야의 요소를 적용할 수 있는가? |
| M | Modify (Magnify/Minify) | 수정 · 확대 · 축소하기 | 크기, 색, 형태 등을 바꿔보면? |
| P | Put to other uses | 다른 용도로 사용하기 | 원래 용도 외에 다른 용도로 쓸 수 있는가? |
| E | Eliminate | 제거하기 | 불필요한 부분을 빼면 어떻게 될까? |
| R | Rearrange/ Reverse | 재배치 · 반대로 하기 | 순서나 구조를 바꾸거나, 반대로 해보면? |

**각 단계별 예시**

대체(Substitute): 컵의 재질을 도자기에서 종이로 바꿔 종이컵을 만듦

결합(Combine): 복사기, 팩스, 스캐너 기능을 결합한 복합기

응용(Adapt): 벨크로(찍찍이)는 산우엉 씨앗의 갈고리 구조에서 착안
수정·확대·축소(Modify): 안경을 변형해 선글라스를 만듦, 컴퓨터를 소형화해 스마트폰 개발
다른 용도로 사용(Put to other uses): 베이킹파우더를 청소 세제로 활용
제거(Eliminate): 선이 없는 무선 마우스
재배치·반대로 하기(Rearrange/Reverse): 김밥의 김과 밥 위치를 바꾼 누드김밥

**SCAMPER 기법의 활용 방법**

문제 정의: 해결하고자 하는 주제나 문제를 명확히 정의합니다.
질문 적용: 7가지 SCAMPER 질문을 순서대로 적용하며 다양한 아이디어를 도출합니다.
아이디어 기록: 각 단계에서 나온 아이디어를 모두 기록하여, 이후 검토 및 실행 가능한 대안을 선정합니다.

**특징 및 장점**

다양한 관점에서 문제를 바라볼 수 있어 창의적이고 혁신적인 아이디어 도출에 용이합니다.
브레인스토밍보다 구체적이고 실행 가능한 아이디어를 얻는 데 유리합니다.
개인 또는 팀 단위로 모두 활용할 수 있으며, 제품 개발, 서비스 개선, 문제 해결 등 다양한 분야에 적용 가능합니다.

SCAMPER 기법은 단순한 아이디어 발상 도구를 넘어, 창의적 문제 해결을 위한 실질적이고 체계적인 방법론으로 널리 활용되고 있습니다.

**관련 질문**

SCAMPER 기법을 실제 프로젝트에서 어떻게 적용할 수 있을까
SCAMPER 기법과 브레인스토밍 기법의 차이점은 무엇일까
SCAMPER 기법의 각 단계별로 어떤 아이디어를 도출할 수 있을까
SCAMPER 기법을 사용할 때 주의해야 할 점은 무엇일까
SCAMPER 기법을 활용한 성공 사례가 있을까

# 040 모임 활성화를 위한 브레인스토밍과 브레인라이팅

**목표** — 의견 수렴 방법을 이해한다.

조직에서 말로 하면 불만이고 글로 쓰면 제안이라고 한다. 두 가지를 합하면 좋은 의견으로 수렴할 수 있다. 말로 아이디어를 즉석에서 발표하는 구두 중심 방식을 브레인스토밍(brain storming)이라고 하며, 종이/포스트잇에 아이디어를 서면으로 기록하는 비언어적 방식을 브레인라이팅(brain writing)이라고 부른다. 여기서는 두 방식을 혼합한 하이브리드 방식을 설명한다.

Perplexity

지시문 독서 모임 활성화를 위해 브레인스토밍과 브레인라이팅의 특징과 혼합한 하이브리드 방식을 알려 줘.

**답변**

브레인스토밍과 브레인라이팅은 각기 다른 장단점을 가진 아이디어 발상 기법입니다. 두 방법의 특징을 비교하면 다음과 같습니다:

| 특징 | 브레인스토밍 | 브레인라이팅 |
|---|---|---|
| 소통 방식 | 구두 발표 중심 | 서면 작성 중심 |
| 참여 활성화 | 외향적 성향 우세 | 내향적 성향 우세 |
| 아이디어 생성 속도 | 즉각적 반응 가능 | 숙고 시간 보장 |
| 그룹 역학 | 리더십 편중 가능성 | 평등한 기회 제공 |

| 우선순위 | 아이디어 | 담당자 | 실행 시기 |
| --- | --- | --- | --- |
| 1 | 모임 전 사전 질문 배포 | A | 다음 모임 전 |
| 2 | 디지털 포트폴리오 구축 | B | 2개월 내 |

② 지속적 개선 메커니즘
매 모임 종료 후 익명 설문조사 실시
아이디어 실행 결과를 다음 모임 시작 시 공유

**[성공 요인]**

① 역할 분담 구조화
내향적 성향: 브레인라이팅 단계에서 심층적 사고 기회 제공
외향적 성향: 브레인스토밍 단계에서 리더십 발휘 기회 부여

② 기술 융합
물리적 모임: 포스트잇 + 화이트보드 조합
온라인 모임: Padlet 가상 벽면 활용 아이디어 시각화

③ 토론 촉진 전략
"경험 공유" 시간을 통해 책 내용과 개인적 이야기 연결
"인상 깊은 구절" 발표 시 서로의 관점에 피드백 추가

이 방법은 브레인라이팅의 구조화된 사고 과정과 브레인스토밍의 창의적 상호작용을 독서 모임의 특성에 맞게 재구성한 것으로, 참여자들의 적극성과 아이디어 구체성을 동시에 확보할 수 있습니다.

### 알면 소용있는 프롬프트

- 브레인스토밍과 브레인라이팅을 혼합한 하이브리드 방식이 아이디어 창출에 미치는 영향은 무엇일까?
- 브레인스토밍과 브레인라이팅의 하이브리드 방식을 나의 팀에서 어떻게 적용할 수 있을까?
- 동아리 홍보를 위해 인스타그램 만드는 법을 알려 줘.
- 무료 브레인스토밍 GenAI 도구를 알려 줘.

# 041 무료 브레인스토밍 GenAI 도구

**목표** — 도구 수단을 숙지하여 회의에서 리더십을 발휘한다.

브레인스토밍에 적합한 GenAI는 창의적이고 다양한 아이디어를 빠르게 제안할 수 있으며, 특정 주제나 문제를 확장하거나 심화시킬 수 있는 도구들이다. 다음은 브레인스토밍에 적합한 주요 GenAI 도구의 무료 버전 제공 여부와 용도를 정리한 것이다(ChatGPT).

**※ 완전 무료 사용 가능한 도구**

- ChatGPT: 다양한 주제에 대해 빠른 아이디어 생성 및 정리
- Perplexity: 정보 기반 브레인스토밍 및 확장
- Wrtn: 정보 기반 브레인스토밍 및 확장
- Canva Magic Write: 디자인 및 콘텐츠 브레인스토밍

**※ 무료 체험 후 유료 플랜 도구**

- Jasper AI: 마케팅, 콘텐츠 아이디어, 슬로건 브레인스토밍
- Writesonic: 블로그, 마케팅 콘텐츠 아이디어 브레인스토밍
- Notion AI: 생산성 도구와 결합된 아이디어 정리
- AI Dungeon: 창의적이고 자유로운 상상력 자극
- Miro AI: 협업 브레인스토밍 및 시각적 아이디어 정리
- DALL · E: 시각적 브레인스토밍
- Sudowrite: 창의적 글쓰기 및 아이디어 확장

**※ 추천 도구 조합**

- 문제 해결 및 구체적 아이디어 확장: ChatGPT + Notion AI
- 창의적 스토리텔링: AI Dungeon + Sudowrite
- 디자인 및 시각적 구상: Canva Magic Write + DALL·E
- 협업 및 팀 프로젝트: Miro AI + Jasper AI

GenAI 120

# 제7장
# 사업경영에 적용하기

영리단체는 이익을, 비영리단체는 존경과 신뢰를 추구한다. 두 단체 모두 경영 지식을 쌓아야 성공할 수 있다. 경영은 사업에서 탁월함을 달성하는 기술이다. 이 기술은 다음 경영 프레임워크를 이해함으로써 가능하다. 무엇보다도 먼저 철학적 사고인 경영 플랫폼을 구축해야 한다. 이 경영 플랫폼은 사명, 비전, 핵심가치로 구성되어 있다. 사명은 조직의 존재 이유(why)이며 비전은 최고의 꿈(what)을 갖는 것이다. 그리고 핵심가치는 이를 성취하려는 믿음과 원칙이며, 간단히 말해서 조직원이 일하는 방식(how)이다.

그러고 나서 매출이나 고객만족에 대한 경영 목표를 세운다. 이 목표를 달성하는 방법론이 전략이며 이것이 사업 게임의 플랜이 된다. 조직원들은 자신의 부서에서 실천하며, 이 과정을 운영이라고 부른다. 사업에 성과를 내려면, 전략은 크게 생각하고 운영은 작게 행동해야 한다.

[도표 7-1] 경영 프레임워크

# 042 경영 플랫폼 구축: 사명, 비전, 핵심가치

**목표** — 사업에서 사명, 비전, 핵심가치의 중요성을 인식한다.

Perplexity

지시문 나는 망원전통시장에서 분식집을 경영하고 있어. 주메뉴는 떡볶이, 어묵, 순대 등이고 주류도 팔고 있어. 최근 매출이 계속 떨어지고 있어서 새롭게 혁신하려고 해. 먼저 사명과 비전 그리고 핵심가치를 세워 줘.

---

사명, 비전, 핵심가치

**사명 (Mission)**

"우리는 망원전통시장에서 고객들에게 정성과 맛으로 가득한 분식을 제공하며, 따뜻한 추억과 즐거움을 선사합니다. 지역사회와 함께 성장하며, 모두가 편안히 즐길 수 있는 공간을 만들어갑니다."

**비전 (Vision)**

"전통과 현대를 아우르는 분식 문화의 선두주자로 자리 잡아, 망원전통시장을 대표하는 맛집이 되고, 고객들에게 지속적으로 사랑받는 브랜드로 성장합니다."

**핵심가치 (Core Values)**

1. **정성 (Dedication):** 모든 메뉴에 정성과 최고의 품질을 담아내며, 고객 만족을 최우선으로 합니다.
2. **혁신 (Innovation):** 전통적인 분식 메뉴에 창의적인 변화를 더해 새로운 맛과 경험을 제공합니다.
3. **지역사회 연대 (Community):** 지역사회와 협력하며, 전통시장의 활성화와 지속 가능한 발전에 기여합니다.
4. **친환경 (Sustainability):** 환경을 고려한 재료 사용과 운영 방식을 통해 지속 가능한 미래를 지향합니다.
5. **환대 (Hospitality):** 따뜻하고 친근한 서비스로 모든 고객에게 특별한 경험을 제공합니다.

이러한 사명, 비전, 핵심가치를 기반으로 사업을 혁신하고 새로운 방향성을 제시할 수 있을 것입니다.

# 043 사업 목표 세우기

**목표** — 사업에서 목표 세우기를 이해한다.

**Perplexity**

지시문 사업 목표를 어떻게 세워야 하는지 알려 줘.

출처

사업 목표 설정를위한 6 단계 - 업무용 - 티스토리
bizfile.tistory

비즈니스 목표 설정, 성공적인 비즈니스로 향하는 첫 단계
asana

SMART 목표란 무엇이며 나만의 SMART 목표 세우는 방법
tableau

모두 표시

답변

사업 목표를 세우기 위해서는 다음과 같은 단계를 따르는 것이 좋습니다:

1. 구체적이고 측정 가능한 목표 설정
   - 정확히 달성하고자 하는 바를 정의합니다 1.
   - SMART 기준(Specific, Measurable, Achievable, Relevant, Time-bound)을 활용하여 목표를 구체화합니다 3.
2. 실행 계획 수립
   - 목표 달성을 위한 세부적인 로드맵을 작성합니다 1.
   - 단기 목표와 장기 목표를 구분하여 설정합니다 2.
3. 목표 공유 및 책임 부여
   - 팀원들과 목표를 공유하고 책임감을 부여합니다 1.
   - 이해관계자들과 협력하여 목표를 수립합니다 2.
4. 기한 설정
   - 목표 달성을 위한 현실적인 기한을 정합니다 1.
5. 진행 상황 모니터링
   - 정기적으로 목표 달성 진행 상황을 체크합니다 1.
6. 보상 체계 마련
   - 목표 달성 시 자신과 팀원들에게 적절한 보상을 제공합니다 1.

목표 설정 시에는 회사의 가치와 미션을 고려하고, 장기적인 비전을 염두에 두어야 합니다 2. 또한, 목표는 유연성을 가지고 필요에 따라 조정될 수 있어야 합니다.

**지시문** 고객만족에 대한 목표는 구체적으로 어떻게 세워야 하는지?

출처

- 비즈니스 목표 설정을 위한 3가지 팁! — brunch.co
- 당신이 알아야 할 7가지 고객만족도 지표 — medallia
- KPI의 예시: 전략적 목표를 계획하는 방법과 직무별 활용법 — blog.clap
- 모두 표시

답변

고객만족에 대한 목표를 구체적으로 세우기 위해서는 다음과 같은 방법을 활용할 수 있습니다:

1. SMART 기준 적용
   - Specific(구체적): "고객 만족도 조사에서 90% 이상의 긍정적인 응답 획득" 3
   - Measurable(측정 가능): 1-5점 척도로 측정 4
   - Achievable(달성 가능): 현실적인 목표 설정, 예: "한 달 내 매출 10% 증가" 1
   - Relevant(관련성): 비즈니스 목적과 일치하는 목표 설정 1
   - Time-bound(기한): "2024년 12월 31일까지"와 같이 구체적인 기한 설정 1
2. 주요 고객 만족도 지표 활용
   - CSAT 설문조사를 통해 주기적으로 고객 만족도 측정 4
   - 결과를 지속적으로 추적하고 분석하여 개선점 파악

이러한 방법을 통해 구체적이고 측정 가능한 고객만족 목표를 수립할 수 있습니다.

공유 다시 쓰기

관련

- 고객 만족도 지표 중 가장 중요한 것은 무엇인가요 +
- 고객 만족도 지표를 설정할 때 어떤 데이터를 사용해야 하나요 +
- 고객 만족도 지표를 측정할 때 어떤 도구를 활용하는 것이 좋을까요 +
- 고객 만족도 지표를 활용해 비즈니스 전략을 어떻게 개선할 수 있나요 +
- 고객 만족도 지표를 설정할 때 시간적 제한을 어떻게 설정해야 하나요 +

목표는 매출, 매출원가, 직원만족, 고객만족 등으로 나누어서 세운다. 이에 대한 것은 GenAI와 함께 공부하기 바란다.

# 044 경영전략 세우기(1): PEST 분석

**목표** — [PEST] 분석에서는 경영전략을 세우기 위해 외부의 환경요인들을 먼저 이해한다.

경영전략은 목표를 달성하는 방법론이다. [도표 7-2]에서 보는 바와 같이 조직의 외부 환경과 내부 자원을 분석하여 방법론을 정한다.

[도표 7-2] 경영전략의 개념도

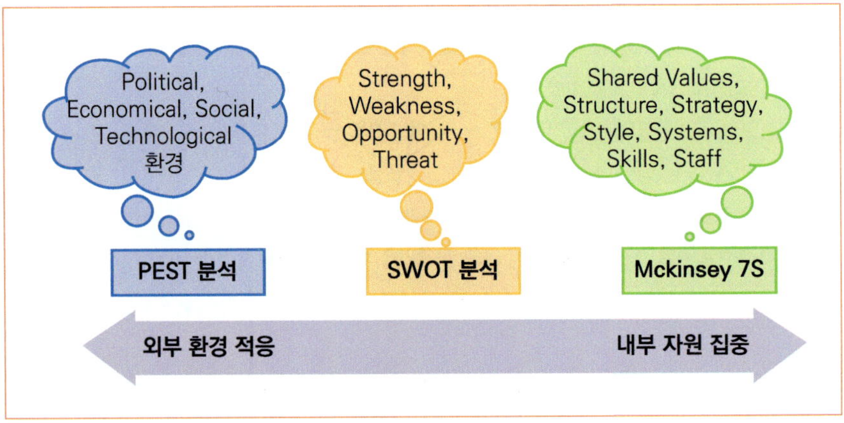


Perplexity

지시문 경영 전략을 세우기 위한 [PEST] 분석에 대해 알려 줘.

PEST 분석은 정치(Political), 경제(Economic), 사회(Social), 기술(Technological) 환경을 체계적으로 분석하여 경영전략 수립에 도움을 주는 도구입니다. 망원전통시장 분식집(떡볶이, 어묵, 순대, 주류) 관점에서 최근 시장 변화와 트렌드를 반영하여 분석하면 다음과 같습니다.

정치적(Political) 요인: 식품 안전 및 위생 규제 강화, 노점상 및 전통시장 규제, 현금 결제 중심에서 카드·모바일 결제 확대 정책

경제적(Economic) 요인: 원자재 및 인건비 상승, 경기 둔화 및 소비 위축, 주류 시장 성장, 편의점·온라인 유통 채널 경쟁

사회적(Social) 요인: 1인 가구 및 맞벌이 증가, 건강 및 웰빙 트렌드, 현대적 소비 패턴 변화,

**K-컬처와 한류 영향**

기술적(Technological) 요인: 자동화·디지털화 도입, 온라인 마케팅 및 SNS 활용, 배달 및 포장 서비스 강화

**요약 및 시사점**

1. 현대 소비자 니즈(간편함, 건강, 경험, 디지털 결제)에 맞춘 메뉴 및 서비스 혁신이 필요하다.
2. 카드·모바일 결제, 키오스크 등 디지털 인프라 도입으로 고객 편의성을 높여야 한다.
3. SNS 및 온라인 마케팅, 트렌디한 메뉴 개발, K-컬처와 연계된 공간 연출 등으로 차별화 전략을 추진해야 한다.
4. 건강한 재료, 소포장, 배달·포장 메뉴 확대 등 새로운 소비 트렌드에 적극 대응해야 한다.

이러한 PEST 분석을 바탕으로, 망원전통시장 분식집의 혁신 전략을 구체화할 수 있다.

**관련**

최근 매출이 낮아진 이유는 무엇일까

경영전략을 혁신하기 위해 어떤 변화가 필요한지

고객의 현재 식습관과 선호도는 어떻게 변하고 있을까

경쟁사와의 차별화된 전략은 무엇이 있을까

새로운 메뉴 아이디어는 어떤 것들이 있을까

# 045 경영전략 세우기(2): SWOT 분석

**목표** — 모든 조직은 SWOT 분석을 통해 전략 수립 기법을 이해한다.

이 기법은 내부자원의 강점(Strength)과 약점(Weaknesse), 외부 환경의 기회(Opportunity)와 위협(Threat) 인식을 통하여 목표 달성 방법을 수립하는 도구이다. 다음 두 가지 도표를 포함한다.

[도표 7-3] SWOT 분석의 두 가지 도표

**(1) SWOT 항목 나열**

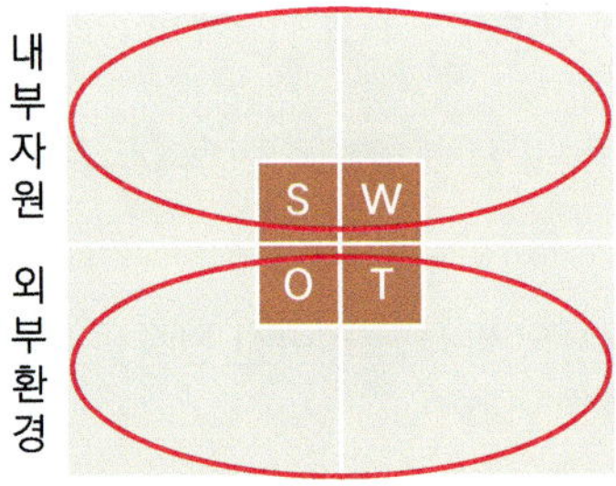


**(2) SWOT 교차 전략**

| | S | W |
|---|---|---|
| O | SO 전략 (경쟁우위전략) | WO 전략 (약점보완전략) |
| T | ST 전략 (기회탐색전략) | WT 전략 (생존/철수) |

## ① SWOT 항목 도표

**Perplexity**

**지시문** 전략 수립을 위해 SWOT 분석을 해 줘.

출처

- [PDF] 2013 공공서비스디자인 혁신사업 최종보고 — designdb
- 김밥집이 줄어드는 이유? 젊은 층의 변화가 만든 '분식집의 위기' — youthassembly
- 고창전통시장 근처 떡볶이 맛집 고창 풍년당 | 전라북도 고창군 - 웰로 — welfarehello
- 모두 표시

답변

망원전통시장 분식집의 SWOT 분석을 다음과 같이 제시합니다:

강점 **(Strengths)**

- 전통시장 내 위치로 인한 높은 접근성 1
- 오랜 기간 운영으로 쌓인 단골 고객층
- 다양한 분식 메뉴와 주류 판매로 폭넓은 고객층 확보 가능
- 저렴한 가격 경쟁력 1

약점 **(Weaknesses)**

- 젊은 층의 쌀 소비 감소로 인한 분식 수요 감소 2
- 인건비 상승으로 인한 운영 부담 증가 2
- 위생 및 원산지에 대한 소비자 요구 증가 1

- 편의점, 카페 등 대체 식사 옵션의 증가 2
- 건강식, 다이어트 트렌드로 인한 전통 분식 수요 감소 2
- 대형마트 및 생협으로의 고객 이탈 1

전략 제안

1. **메뉴 다각화**: 건강식 분식 메뉴 개발 (예: 현미 떡볶이, 채소 튀김)
2. **위생 강화**: 원산지 표시 강화 및 조리 과정 공개로 신뢰도 향상 1 3
3. **마케팅 강화**: SNS를 활용한 젊은 층 대상 홍보 및 망원시장 투어 코스 참여 1
4. **서비스 개선**: 배달 서비스 도입 및 포장 옵션 강화
5. **관광객 유치**: 외국어 메뉴판 제작 및 특색있는 한식 분식 개발
6. **운영 효율화**: 자동화 설비 도입으로 인건비 절감 및 효율성 증대 2

이러한 전략을 통해 기존의 강점을 살리면서 새로운 고객층을 유치하고, 변화하는 시장 환경에 적응할 수 있을 것입니다.

### ② SWOT 교차 전략

SO(우선 수행 과제), ST(리스크 해결 과제), WO(우선 보완 과제), WT(장기 보완 과제) 전략 수립하기 위해 위의 SWOT 항목을 가장자리에 배치한다.

**Perplexity**

**지시문** SO, ST, WO, WT 전략을 세워 줘.

출처

SWOT분석 : 우리는 무엇을 해야 하는가?
hotcoca.tistory

SWOT분석으로 64가지 전략만들기 - 브런치스토리
brunch.co

SWOT 분석 : 가장 대중적인 전략 수립 툴, 개인 영역에도 활용해 보자
insprarc.tistory

모두 표시

답변

망원전통시장 분식집의 SO, ST, WO, WT 전략을 다음과 같이 제시합니다:

**SO 전략 (강점-기회)**

- 전통시장의 특색을 살린 SNS 마케팅으로 젊은 층과 관광객 유치 1 3
- 다양한 분식 메뉴와 주류를 결합한 특별 세트 메뉴 개발로 시장 확대 2

**ST 전략 (강점-위협)**

- 단골 고객 대상 멤버십 프로그램 도입으로 고객 충성도 강화 1
- 전통 분식의 현대적 재해석을 통한 건강식 트렌드 대응 3

**WO 전략 (약점-기회)**

- 젊은 층 취향에 맞는 새로운 분식 메뉴 개발 (예: 퓨전 떡볶이) 2
- 위생 관리 강화 및 원산지 표시 개선으로 소비자 신뢰도 향상 3

**WT 전략 (약점-위협)**

- 비용 절감을 위한 효율적인 재고 관리 시스템 도입 2
- 배달 서비스 확대로 편의점, 카페 등과의 경쟁력 확보 4

이러한 전략들을 통해 내부의 강점을 활용하고 약점을 보완하며, 외부의 기회를 포착하고 위협에 대응할 수 있을 것입니다.

공유 다시 쓰기

# 046 경영전략 세우기(3): McKinsey 7S 모델

**목표** — 경영전략을 세우기 위해서 조직 내부 요소의 균형과 연계성에 대해 이해한다.

Perplexity

지시문 McKinsey 7S 모델에 대해 설명해 줘.

McKinsey 7S 모델은 7가지 요소(Strategy, Structure, Systems, Shared Values, Skills, Style, Staff)의 상호작용을 분석해 전략 실행력을 높이는 프레임워크이다. 분식집 특성에 맞춘 구체적 적용 방안은 다음과 같다.

**1. 전략(Strategy)**

현재 전략 진단: 기존 "저가 대량 판매" 전략이 최근 건강 트렌드와 소비자 니즈 변화(소포장, 프리미엄화)와 괴리될 가능성이 있음.

개선 방향: K-푸드 프리미엄화: 떡볶이 재료를 천연 조미료·유기농 떡으로 업그레이드하고, 주류와의 세트 메뉴 개발(예: 매콤한 떡볶이 + 전통주 페어링).

디지털 통합: 배달앱 연동, SNS 예약 주문 시스템 도입으로 오프라인 매장과 온라인 채널 통합.

**2. 구조(Structure)**

문제점: 소규모 점포 특성상 역할 분담이 불분명해 주문 처리 지연 발생 가능성.

재설계 방안:

역할 명확화: 조리·서빙·결제 담당자를 구분하고, 피크 시간대에 임시 인력 투입 시스템 구축.

플랫 구조 채택: 의사결체 체계 단순화(예: 직원 → 점주 직접 보고).

**6. 스타일(Style)**

리더십 개선 방향:

참여형 경영: 직원 아이디어를 메뉴 개발/홍보 전략에 반영(예: 주간 아이디어 회의).

고객 인터랙션 강화: 점주가 주 2회 직접 카운터에서 피드백 수집.

**7. 스태프(Staff)**

인적 자원 전략:

역량 기반 채용: 단순 조리 인력보다 SNS 관리 가능한 다기능 인재 우선 선발.

유연근무제: 대학생 아르바이트에게 시험 기간 유연한 스케줄 제공으로 이직률 감소.

성과 공유제: 월별 매출 증가분의 1%를 직원 보너스로 지급.

**종합 실행 계획: 7S 요소 간 상호연계성을 고려한 3단계 접근**

1단계(3개월): 시스템(디지털 주문) + 스킬(교육) + 스태프(채용) 개선 → 운영 효율성 증대.

2단계(6개월): 전략(프리미엄 메뉴) + 공유가치(브랜딩) 재정립 → 차별화 구현.

3단계(12개월): 구조(역할 재정비) + 스타일(리더십) 최적화 → 지속 가능성 확보.

이 모델을 통해 내부 요소의 균형을 맞추면, 외부 PEST 요인(예: 원자재 상승, 디지털 결제 확대)에 대한 유기적 대응이 가능해진다.

**관련**

McKinsey 7S 모델의 Hard Ss와 Soft Ss의 차이점은 무엇일까
이 분식집의 현재 구조는 어떤 것일까
경영전략을 수립할 때 가장 중요한 요소는 무엇일까
이 분식집의 현재 시스템은 어떤 것들이 있을까
경영전략을 수립할 때 Shared Values를 어떻게 설정해야 할까

# 047 액션 플랜 세우기

**목표** — 전략을 세운 후, 실행 방안인 액션 플랜 만들어 실행한다.

## ① 액션 플랜 1 예시

Perplexity

**지시문** SO 전략(강점-기회)에서 "전통시장의 특색을 살린 SNS 마케팅으로 젊은 층과 관광객 유치"에 대해 액션 플랜을 세워 줘.

출처

- 전통시장 상인을 위한 인스타그램 홍보 필요성 및 전략 — mocialmc.tistory
- [PDF] 관광관련 정부정책 — tour.go
- 안동시 '전통시장 왔니껴 투어', 8월부터 1만2천명 이용 - 뉴시스 — newsis
- 모두 표시

답변

전통시장의 특색을 살린 SNS 마케팅으로 젊은 층과 관광객을 유치하기 위한 액션 플랜은 다음과 같습니다:

**1.** 인스타그램 계정 최적화

- 시장과 상점의 특징을 잘 나타내는 프로필 이미지 설정
- 상세한 소개글 작성 (위치, 영업시간, 주요 상품 등)
- 지역 특성을 반영한 해시태그 사용 (예: #망원시장, #망원동맛집)

**2.** 콘텐츠 전략 수립

- 다양한 형식의 콘텐츠 제작 (사진, 동영상, 스토리)
- 상품 제작 과정, 요리 과정 등을 보여주는 비하인드 콘텐츠 제작
- 시즌별, 이벤트별 특별 메뉴나 상품 소개

(이하 생략)

## ② 액션 플랜 2 예시

**Perplexity**

**지시문** SO 전략(강점-기회)에서 "다양한 분식 메뉴와 주류를 결합한 특별 세트 메뉴 개발로 시장 확대"에 대해 액션 플랜을 세워 줘.

---

출처

- [김영갑 교수의 상권분석과 마케팅 20] 상권분석에 기초한 메뉴계획법 — hotelrestaurant.co
- 이색떡볶이로 대박난 청년 사장의 10가지 성공 비결은? - post.naver — post.naver
- 창업 정보 나눔터 스토리채널 - 가맥집(슈퍼,술집) — story.kakao
- 모두 표시

답변

다양한 분식 메뉴와 주류를 결합한 특별 세트 메뉴 개발로 시장을 확대하기 위한 액션 플랜은 다음과 같습니다:

**1.** 메뉴 구성 분석

- 기존 인기 분식 메뉴 파악
- 주류 판매 현황 및 선호도 조사
- 경쟁업체의 세트 메뉴 벤치마킹

**2.** 세트 메뉴 개발

- 분식과 주류의 조화로운 조합 연구
- 다양한 가격대의 세트 구성 (2인, 3-4인용 등)

(이하 생략)

# 048 손익분기점(BEP) 분석

**목표** — 수익과 비용이 일치하는 수준(Break-Even-Point: BEP)의 매출액과 판매량을 계산한다.

## Perplexity

지시문 BEP의 개념과 중요성을 설명해 줘. 그리고 예시로서, 떡볶이 한 그릇에 얼마를 책정해야 하는지 BEP를 계산해 줘.

출처

[장사닷컴] 손익분기점 ( B.E.P ) 란 ? — jangsa

손익분기점 비용 손익분기점 이해: 비용 및 수익 계산 - FasterCapital — fastercapital

02 유닛 이코노믹스 분석 주요 지표 이해 (Key Metrics for Unit ... — acquiredentreprene...

모두 표시

답변

BEP(Break-Even Point)는 손익분기점으로, 총 수익과 총 비용이 일치하는 지점을 의미합니다. 즉, 이익도 손실도 발생하지 않는 매출액 또는 판매량을 나타냅니다 1 4.

BEP의 중요성:

1. 최소 성과 목표 설정: 손실 없이 운영하기 위한 최소 매출 규모를 제시합니다 4.
2. 흑자 전환 시점 파악: BEP를 넘어서는 매출은 이익으로 연결됩니다 4.
3. 위험 평가 및 전략 수립: 사업의 위험성을 평가하고 다양한 전략을 수립하는 데 활용됩니다 4.

BEP 계산식:
BEP = 고정비 / (단위 매출액 - 단위 변동비) 3

떡볶이 BEP 계산 예시:
가정:

- 월 고정비: 1,000,000원 (임대료, 인건비 등)
- 떡볶이 한 그릇 재료비(변동비): 2,000원
- 목표 판매량: 500그릇/월

BEP를 위한 떡볶이 가격 계산:
1,000,000 = 500x - 500(2,000)
1,000,000 = 500x - 1,000,000
2,000,000 = 500x
x = 4,000원

따라서, 월 500그릇 판매를 목표로 할 때 떡볶이 한 그릇의 가격을 최소 4,000원으로 책정해야 BEP에 도달할 수 있습니다. 이보다 높은 가격으로 책정하면 이익이 발생하기 시작합니다.

관련

BEP를 계산할 때 주의해야 할 주요 요소는 무엇인가요 +

BEP을 계산할 때 변동비와 고정비의 차이점은 무엇인가요 +

BEP을 계산할 때 실제 예시를 들어줄 수 있나요 +

BEP을 계산할 때 어떤 비용을 포함해야 하나요 +

BEP을 계산할 때 매출액이 변동하면 어떻게 되나요 +

[도표 7-4] 손익분기점의 이해

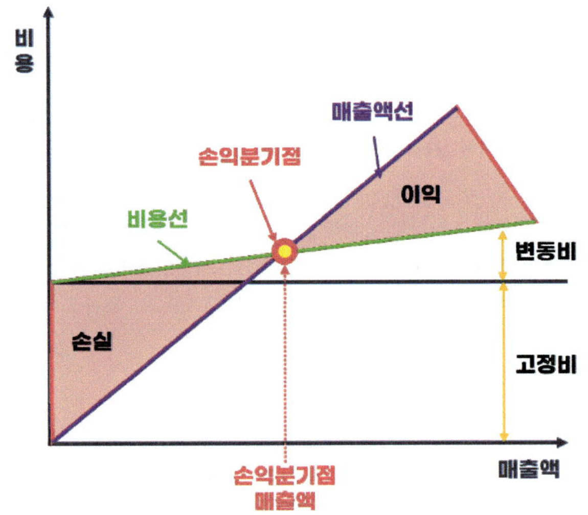


일정 기간의 매출액과 매출액을 실현하기 위해 사용된 총비용
(재료비, 노무비, 경비 등)이 일치하는 시점의 매출액을 의미

출처: Perplexity.

# 049 사업체 이름 정하기

**목표** — 네이밍의 중요성을 인식한다.

**Perplexity**

지시문 분식집의 혁신을 위해 새로운 이름을 지으려고 해. 가게 이름 5개 만들어 줘.

답변

망원전통시장에서 운영하는 분식집에 적합한 가게 이름 5개를 제안드립니다:

1. **맛의 정원**
   - 다양한 맛의 조화를 강조하며, 고객이 다양한 메뉴를 즐길 수 있는 공간이라는 의미를 담고 있습니다.
2. **떡볶이 마을**
   - 떡볶이를 중심으로 한 분식집임을 직관적으로 나타내며, 아늑하고 친근한 느낌을 줍니다.
3. **전통의 맛집**
   - 전통적인 분식의 맛을 강조하며, 신뢰감을 주는 이름입니다.

(이하 생략)

추가로 전통의 맛집, 분식과 술, 망원 분식당 등을 예시하였다. 이것들이 마음에 들지 않아 지시문을 다시 만들었다.

지시문 젊은 세대 용어를 사용하여 다시 5개 만들어줘.

떡볶이 스팟, 분식&비어, 맛집 탐험대, 푸드트럭 떡볶이, 스낵&칵테일

**지시문** 아직 멀었어. 다시 만들어 봐.

답변

젊은 세대 감성 폭발 가게 이름 5선

1. **꾸안꾸 떡볶이**
- MZ세대 사이에서 '꾸민 듯 안 꾸민 듯' 트렌드 반영
- 세련되면서도 편안한 이미지
2. **킹왕짱 분식**
- 과장된 신조어 활용
- 자신감 있고 재미있는 느낌
- 젊은 층의 입담 반영
3. **핵맛탱 식당**
- '핵'이라는 과장 표현으로 맛의 강렬함 강조
- 젊은 층 사이 유행어 활용
4. **존맛탱 포차**
- '존맛'이라는 신조어로 맛집임을 강조
- 포차 느낌으로 주류와 분식 결합
5. **별다줄 분식**
- '별걸 다 줄인다'는 밈(meme) 문화 활용
- 재미있고 기억에 남는 네이밍

**지시문** 이 이름을 사용해도 저작권법에 안 걸리는지.

답변

제안된 가게 이름들은 저작권법에 저촉되지 않습니다. 저작권법은 식당 이름과 같은 단순한 문자열을 보호하지 않습니다 [1]. 저작권법이 보호하는 것은 '내용'이지 '이름'이 아닙니다 [1].

하지만 주의할 점이 있습니다:

1. 상표권: 비록 저작권법에는 저촉되지 않지만, 다른 업체가 이미 상표등록을 한 이름이라면 문제가 될 수 있습니다 [1] [2].
2. 식별력: '꾸안꾸 떡볶이'와 같은 독특한 이름은 상표등록이 가능할 수 있지만, '핵맛탱 식당'처럼 품질이나 맛을 직접적으로 나타내는 이름은 상표등록이 어려울 수 있습니다 [1] [2].
3. 로고 활용: 이름 자체로는 보호받기 어렵지만, 독특한 로고나 이미지를 함께 사용하면 상표등록이 가능해질 수 있습니다 [1].

결론적으로, 제안된 이름들은 저작권법상 문제는 없지만, 상표권 침해 여부를 확인하고 필요시 상표등록을 고려하는 것이 좋습니다 [3].

# 050 KPI 대시보드

**목표** — 사업 수행 평가 지침서를 이해한다.

**Perplexity**

**지시문** 사업 수행 평가를 위해 KPI(Key Performance Index) 대시보드를 만들어 줘.

출처

Basic KPI 대시보드 | 루커 스튜디오 템플릿 - 데이터 스토리텔링
datastorytelling

[전국 전통시장 탐방기 ⑬ 서울 마포구 망원시장 편] MZ가 찾는 데이트 ...
newslock.co

KPI 대시보드 | 루커스튜디오 템플릿 - 데이터 스토리텔링
datastorytelling

모두 표시

답변

망원전통시장의 분식집을 위한 KPI 대시보드를 만들어 드리겠습니다. 이 대시보드는 비즈니스의 주요 지표를 확인하고 데이터 기반 의사결정에 활용할 수 있도록 설계되었습니다 1 3.

주요 KPI 지표

1. 매출 관련 지표
   - 일일/주간/월간 총매출
   - 메뉴별 매출 비중
   - 평균 객단가
2. 고객 관련 지표
   - 일일 방문 고객 수
   - 재방문율

(이하 생략)

추가로 "이것을 어떻게 만드는지 예시를 보여 줘." 지시하였다(결과 생략).

# 051 직원 모집 면접

**목표** — 조직원은 소모용이 아니라 귀중한 자산임을 인식한다. 직원을 선발할 때 인성과 능력을 판단하는 능력이 요구된다.

Perplexity

지시문 매장 직원 면접에서 어려운 질문 5개 만들어 줘.

답변

다음은 매장 사원 모집 면접에서 사용할 수 있는 매우 어려운 질문 5가지입니다:

1. "우리 매장에서 가장 비싼 메뉴와 가장 저렴한 메뉴를 주문한 고객이 동시에 있다면, 어떤 순서로 서비스하시겠습니까? 그 이유는 무엇인가요?"
2. "매장이 매우 바쁜 시간에 동료가 실수로 고객의 주문을 엎질렀습니다. 이때 당신은 어떻게 대처하시겠습니까?"
3. "우리 매장의 주력 메뉴인 떡볶이에 대해 고객이 맛이 없다고 불평합니다. 이 상황을 어떻게 해결하시겠습니까?"
4. "매장 운영 중 갑자기 정전이 되었습니다. 고객들의 안전과 매장의 손실을 최소화하기 위해 어떤 조치를 취하시겠습니까?"
5. "SNS에 우리 매장에 대한 부정적인 리뷰가 올라왔습니다. 이를 어떻게 대응하고 관리하시겠습니까?"

이러한 질문들은 지원자의 문제 해결 능력, 고객 서비스 스킬, 위기 대처 능력, 팀워크 등을 평가하는 데 도움이 될 수 있습니다.

지시문 이 질문에 대해 각각의 답을 만들어 줘.

답변

각 질문에 대한 모범 답변을 제시해 드리겠습니다:

1. "우리 매장에서 가장 비싼 메뉴와 가장 저렴한 메뉴를 주문한 고객이 동시에 있다면, 어떤 순서로 서비스하시겠습니까? 그 이유는 무엇인가요?"

답변: "주문 순서에 따라 서비스하겠습니다. 모든 고객은 동등하게 중요하며, 공정한 서비스를 제공하는 것이 우리 매장의 가치입니다. 다만, 준비 시간이 다른 경우 먼저 준비된 메뉴부터 제공하되, 고객에게 대기 시간을 미리 안내하여 이해를 구하겠습니다."

2. "매장이 매우 바쁜 시간에 동료가 실수로 고객의 주문을 엎질렀습니다. 이때 당신은 어떻게 대처하시겠습니까?"

답변: "우선 고객에게 진심 어린 사과를 드리고 상황을 설명하겠습니다. 동료를 도와 신속히 정리하고, 새로운 음식을 최우선으로 준비하겠습니다. 고객의 불편을 최소화하기 위해 대기 시간 동안 간단한 음료나 서비스 메뉴를 제공하겠습니다. 이후 동료와 함께 재발 방지 방안을 논의하겠습니다."

3. "우리 매장의 주력 메뉴인 떡볶이에 대해 고객이 맛이 없다고 불평합니다. 이 상황을 어떻게 해결하시겠습니까?"

답변: "먼저 고객의 의견을 경청하고 불만 사항을 정확히 파악하겠습니다. 맛의 문제라면 주방에 즉시 알려 품질을 확인하고, 필요시 새로 조리하여 제공하겠습니다. 고객의 개인적인 취향 문제라면, 맵기나 단맛 조절 등 고객 선호에 맞춰 조정할 수 있음을 안내하겠습니다. 또한, 다른 메뉴를 추천하거나 교환해 드리는 등 고객 만족을 최우선으로 대응하겠습니다."

4. "매장 운영 중 갑자기 정전이 되었습니다. 고객들의 안전과 매장의 손실을 최소화하기 위해 어떤 조치를 취하시겠습니까?"

답변: "첫째, 고객의 안전을 위해 비상 조명을 켜고 침착하게 상황을 안내하겠습니다. 둘째, 화기 사용 중단 등 안전 조치를 취하고 고객들의 안전한 퇴장을 돕겠습니다. 셋째, 냉장고의 식재료 보존을 위해 문을 열지 않도록 하고, 가능한 경우 비상 전원을 연결하겠습니다. 넷째, 전기 회사에 연락하여 복구 시간을 확인하고, 장기화될 경우 당일 영업 중단을 결정하겠습니다. 마지막으로, 정전 원인과 재발 방지 대책을 수립하겠습니다."

5. "SNS에 우리 매장에 대한 부정적인 리뷰가 올라왔습니다. 이를 어떻게 대응하고 관리하시겠습니까?"

답변: "먼저 리뷰 내용을 자세히 파악하고 사실 관계를 확인하겠습니다. 그 후 공개적으로 정중하고 진솔한 답변을 달아, 고객의 불만을 인정하고 개선 의지를 보여주겠습니다. 가능하다면 개인 메시지를 통해 추가적인 소통을 시도하여 문제를 해결하고 재방문을 유도하겠습니다. 이 경험을 바탕으로 서비스 개선 방안을 마련하고, 긍정적인 리뷰도 함께 관리하여 균형 잡힌 온라인 이미지를 구축하겠습니다."

공유 다시 쓰기

# 052 자주 묻는 질문(FAQ)

**목표** — 고객들의 질문을 예상하여 준비한다.

Wrtn

지시문 FAQ(Frequently Asked Questions)의 중요성을 설명해 주고 다섯 가지를 만들어 줘.

**답변**

검색 과정

FAQ(자주 묻는 질문)는 고객이나 사용자들이 자주 궁금해하는 질문과 그에 대한 답변을 정리한 것입니다. FAQ의 중요성은 다음과 같습니다:

### FAQ의 중요성

1. **고객 지원 효율성**: 자주 묻는 질문을 미리 정리해 두면 고객이 직접 정보를 찾을 수 있어, 고객 지원 팀의 부담을 줄이고 효율성을 높일 수 있습니다.
2. **정보 접근성 향상**: 고객이 필요한 정보를 쉽게 찾을 수 있도록 도와주어, 사용자 경험을 개선합니다.
3. **신뢰성 구축**: 명확하고 일관된 정보를 제공함으로써 고객의 신뢰를 얻을 수 있습니다.
4. **시간 절약**: 고객이 반복적으로 같은 질문을 하지 않도록 하여, 고객과 직원 모두의 시간을 절약할 수 있습니다.
5. **브랜드 이미지 강화**: 전문적이고 체계적인 FAQ는 브랜드의 신뢰성과 전문성을 높이는 데 기여합니다.

### 예시 FAQ

1. **Q: 떡볶이의 주요 재료는 무엇인가요?**
   - A: 저희 떡볶이는 쌀떡, 고추장, 어묵, 양파, 대파, 그리고 다양한 채소로 만들어집니다.
2. **Q: 주류는 어떤 종류가 있나요?**
   - A: 저희는 맥주, 소주, 막걸리 등 다양한 주류를 제공하고 있으며, 각 주류에 어울리는 안주도 추천해 드립니다.
3. **Q: 배달 서비스는 제공하나요?**

다음으로 이런 걸 물어볼 수 있어요

FAQ는 고객의 궁금증을 사전에 해소해줘서 상담 시간을 줄여줘. 왜 중요한 걸까? +

FAQ를 업데이트할 때 유의해야 할 점은 뭐야? +

다양한 고객층에 맞게 FAQ를 어떻게 작성하면 좋을까? +

## 알면 소용있는 프롬프트

- [분식 비즈니스를 포함한 식품 산업의 분석] 분식 비즈니스를 포함한 식품 산업의 현재 상태와 추세, 도전과제, 기회에 대해서 분석해 줘.
- [비니스 아이돌의 조언 듣기] 현대그룹 정주영 회장의 역할을 해 줘. 이 사업은 심한 경쟁 상황에 있어. 사업 성공을 위해 너의 조언을 듣고 싶어.
- [고용계약서] 나는 식당 주인이야. 학생 알바를 한 명 채용하려고 해. 최소한의 조건을 넣어서 고용계약서를 만들어 줘.
- [설문지 조사] 식당의 고객 만족도 조사를 위해 설문지를 만들고 싶어. 응답자의 신상 파악을 포함해서 문항을 간단하게 만들어 줘.

ChatGPT에서 "[사업 경영 전략 중인 회의실] 이미지를 만들고 싶어. 이에 필요한 프롬프트 세 가지를 알려 줘."라고 지시문을 입력한 뒤 결과 중에서 한 가지를 선택한다.

[Genspark] 다음에 대한 이미지를 생성해 줘. "Creative strategy session in a startup-style meeting room of a Korean company, young team members brainstorming around a table with tablets and sketchpads, colorful sticky notes on glass wall, casual attire, open laptops and coffee mugs, energetic and collaborative vibe"

이미지에는 다음과 같은 요소들이 포함되어 있다.

- 모던한 스타트업 스타일의 회의실 환경
- 젊은 팀원들이 테이블 주위에서 활발한 브레인스토밍 진행
- 태블릿과 스케치 패드를 활용한 협업
- 유리벽에 붙여진 다채로운 포스트잇 노트들
- 캐주얼한 복장의 팀원들
- 열린 노트북과 커피머그가 놓인 자연스러운 작업 환경
- 에너지 넘치고 협력적인 분위기

이 이미지는 현대적인 한국 기업의 창의적이고 역동적인 업무 문화를 잘 보여주며, 팀워크와 혁신적 사고를 강조하는 스타트업 환경을 표현하고 있다.

GenAI 120

# 제8장
# 마케팅 전략 세우기

전통적으로 마케팅은 고객에게 상품이나 서비스를 제공하는 것에 관한 운영 활동으로 정의한다. 그러나 이제는 고객(cutomer)이 아니라 청중(audience)에게 호소해야 한다. 우리 회사 제품/서비스를 한번 구매한다고 해서 "고객님"이 되는 것은 아니다. 그들은 우리 회사 소속의 직원이 아니다. 그들은 귀를 가진 청중이다. 마케팅의 이러한 전략적 사고는 매우 중요하다.

[Genspark] 한국 남성 사업가와 휴머노이드 로봇이 비즈니스 협력을 위해 악수를 나누고 있는 모습을 그려줘.

# 053 마케팅 3C 분석

**목표** — 마케팅 전략에서 3C 분석은 기업(company), 고객(customer), 경쟁자(competitor)의 세 가지 요소를 유기적으로 연결한다.

마케팅은 기업이 고객의 필요와 욕구를 이해하고, 이에 맞는 제품과 서비스를 제공하여 고객 만족을 높이고 기업의 이익을 창출하는 활동이다. 성공적인 마케팅 전략은 고객 관계, 브랜드 인지도, 경쟁력 등의 측면에서 시장 우위를 가져온다. 마케팅 전략 수립을 위해서는 경영전략을 비롯해서 외부 환경과 내부 자원 등을 기반으로 [도표 8-1]의 네 가지 개념을 이해할 필요가 있다.

[도표 8-1] 마케팅 전략 개념도

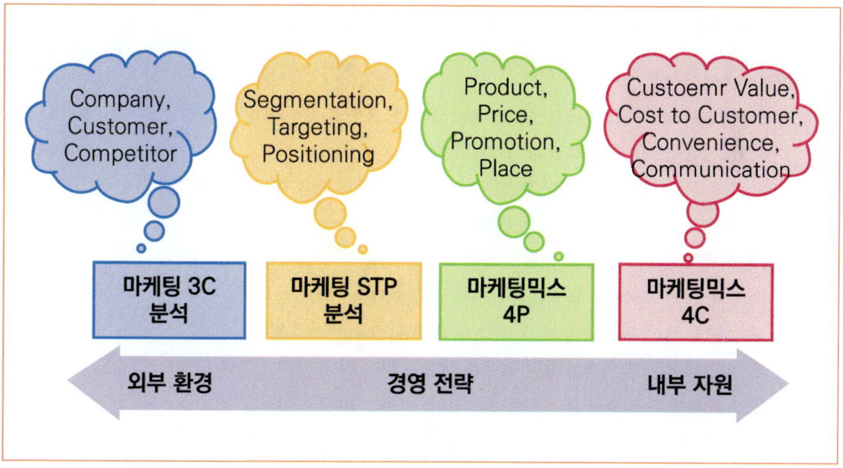

Perplexity

지시문 3C (company, customer, competitor) 전략을 세워 줘.

출처

3C 분석 알아보기: 비즈니스 전략 수립의 핵심 도구
allmeaning.tistory

3C이론으로 배달 매출을 5배 상승 시킨 사례를 공개합니다 ... - YouTube
youtube

[스보딕] 3C 분석(고객, 경쟁사, 자사)에 대해 알려드림 #shorts
youtube

모두 표시

답변

3C 전략을 다음과 같이 제안드립니다:

**Customer (고객)**

- 주 고객층: 25-40세의 도시 거주 직장인 및 대학생
- 소비 트렌드: 고품질 분식에 대한 관심 증가, 건강한 식습관 중시
- 구매 행동: 점심시간 및 저녁 시간 이용 빈도가 높음
- 고객 니즈: 빠른 서비스, 다양한 메뉴 옵션, 편안한 분위기의 매장

**Competitor (경쟁사)**

- 주요 경쟁사: 대형 분식 체인점, 로컬 프리미엄 분식 브랜드
- 경쟁사 강점: 강력한 브랜드 파워, 전국적 매장 네트워크
- 시장 트렌드: 건강한 재료 사용, 모바일 주문 서비스 확대

**Company (자사)**

- 강점: 프리미엄 막걸리 라인업, 지역 특산물을 활용한 독특한 메뉴
- 약점: 상대적으로 적은 매장 수, 브랜드 인지도 부족
- 기회: 젊은 층의 분식에 대한 새로운 관심, 온라인 판매 채널 확대 가능성
- 위협: 원재료 가격 상승, 경쟁 심화로 인한 마진 압박

이 3C 분석을 바탕으로 다음과 같은 전략적 결정을 내릴 수 있습니다:

1. 차별화 전략: 프리미엄 막걸리와 분식의 페어링 메뉴 개발
2. 고객 경험 개선: 모바일 주문 앱 개발 및 빠른 픽업 서비스 도입
3. 건강 중심 메뉴: 지역 특산물을 활용한 건강한 분식 메뉴 라인업 강화
4. 타겟 마케팅: 25-40세 도시 직장인을 겨냥한 SNS 마케팅 강화
5. 운영 효율화: AI 기반 수요 예측 시스템 도입으로 재고 관리 최적화

공유 다시 쓰기

≡± 관련

3C 분석을 통해 경쟁사에서 배울 수 있는 점은 무엇인가요 +

3C 분석을 통해 고객 니즈를 최적화하는 방법은 무엇인가요 +

3C 분석을 통해 자사 강점을 최대한 활용하는 전략은 무엇인가요 +

3C 분석을 통해 새로운 시장 진출 전략을 수립할 수 있나요 +

3C 분석을 통해 고객 만족도를 높이는 방법은 무엇인가요 +

**참고** 3C분석의 대상과 분석기준

| 구분 | 대상 | 분석기준(예시) |
|---|---|---|
| 고객<br>(Customer) | ● 현재 및 잠재 고객<br>● 조직 등 이해당사자 | ● 타깃고객은 적절한가?<br>● 성장 가능성은 있는가?<br>● 잠재수요는 어느 정도 인가? |
| 경쟁사<br>(Competitors) | ● 동종업계 경쟁사<br>● 전 후방, 대체재 산업에 속한 기업 | ● 현재 경쟁사, 잠재 경쟁사 진입 가능성은 어느 정도인가?<br>● 경쟁사와의 차별성은 있는가? |
| 자사<br>(Company) | ● 기업 내부 자원(조직, 재무 등)<br>● 수행주체가 되는 제품, 서비스, 조직 | ● 기업 내부 조직문화는 좋은가?<br>● 기술력은 어느 정도인가?<br>● 시장인지도는 어느 정도인가? |

# 054 마케팅 STP 전략

**목표** — 전략은 톱다운 사고 방식임을 이해한다.

**Perplexity**

**지시문** 이 식당의 마케팅 STP 전략에 대해 알려 줘.

답변

이 식당의 STP 마케팅 전략은 다음과 같이 구성될 수 있습니다:

세분화 **(Segmentation)**

- 연령대, 소득수준, 식사 목적 등에 따라 고객군 세분화
- 젊은 층, 직장인, 가족 단위 고객 등으로 구분
- 주류와 분식을 함께 즐기는 고객층 별도 분류

타겟팅 **(Targeting)**

- 주요 타겟: 20-30대 젊은 층과 직장인
- 부가 타겟: 가족 단위 고객, 관광객
- 주류와 분식을 함께 즐기는 고객층에 대한 특별 타겟팅

포지셔닝 **(Positioning)**

- "전통의 맛과 현대적 감각이 어우러진 프리미엄 분식"
- 고품질 한국 식자재를 사용한 건강한 분식 이미지 구축
- 주[illegible]분식의 조합[illegible]페어링을 [illegible]는 특색 있[illegible]

관련

STP 전략을 구현할 때 가장 중요한 단계는 무엇일까 +

고객 타깃을 설정할 때 고려해야 할 요소는 무엇이 있을까 +

포지셔닝을 위해 어떤 마케팅 전략을 사용할 수 있을까 +

시장 세분화 시 어떤 고객층을 주목해야 할까 +

STP 전략을 성공적으로 구현한 식당 사례가 있을까 +

(주) "이 식당"은 제7장에서 언급했던 망원전통시장의 분식집을 뜻한다.

지시문 STP 전략을 실제로 적용할 때 주의할 점은 무엇인가요?

답변

STP 전략을 실제로 적용할 때 주의해야 할 점은 다음과 같습니다:

1. 비용 대비 효과 고려: 시장 세분화와 타겟팅에 따른 비용 증가를 감안해야 합니다. 시장 조사 비용, 제품 생산 원가 상승, 특정 시장 포기에 따른 기회비용 등을 고려해야 합니다 2.
2. 시장의 안정성 확인: 선택한 세분 시장이 지나치게 변동성이 크거나 유행에 민감하지 않은지 확인해야 합니다. 마케팅 활동이 효과를 발휘하려면 어느 정도 안정적인 시장 상태가 필요합니다 2.
3. 세분화의 적절성 평가: 모든 시장을 무조건 세분화하는 것이 아니라, 시장의 특성을 고려하여 세분화가 적절한지 판단해야 합니다. 때로는 전체 시장이 유사한 특징을 가지고 있거나, 개인별로 너무 다양해서 세분화가 어려울 수 있습니다 2.
4. 지속적인 모니터링: 선택한 포지셔닝 전략이 의도한 대로 시장에서 작동하는지 지속적으로 모니터링해야 합니다. 필요한 경우 마케팅 프로그램을 조정해야 합니다 2.
5. 시장 규모와 성장성 고려: 선택한 세분 시장이 충분한 규모와 성장 잠재력을 가지고 있는지 확인해야 합니다 3.
6. 수익성 평가: 선택한 세분 시장이 다른 시장에 비해 수익성이 우수한지 평가해야 합니다 3.

이러한 점들을 주의하여 STP 전략을 적용한다면, 더욱 효과적인 마케팅 성과를 얻을 수 있을 것입니다.

공유 다시 쓰기

관련

- STP 전략을 적용할 때 가장 큰 도전은 무엇인가요 +
- STP 전략이 비용 증가를 초래할 수 있는 이유는 무엇인가요 +
- STP 전략을 성공적으로 구현하기 위한 첫 번째 단계는 무엇인가요 +
- STP 전략이 고객 참여를 증진시키는 방법은 무엇인가요 +
- STP 전략이 경쟁에서 우위를 차지하는 데 어떻게 기여하나요 +

STP는 시장을 분석하고 목표 고객의 선정을 포함하며 전략적 마케팅 계획 수립의 기초가 되는 틀이다. 이 전략적 사고는 마케팅 믹스 4P를 결정하기 전에 수행되어야 한다. 다음에서 설명하는 마케팅 믹스 4P(Product, Price, Place, Promotion)는 STP 분석을 통해 결정된 전략을 실행하기 위한 구체적인 도구이다.

# 055 마케팅 믹스 4P

**목표** — 마케팅 믹스 4P 개념의 중요성을 인식한다.

Perplexity

지시문 이 식당의 마케팅 믹스 4P를 설명해 줘.

답변

이 식당의 마케팅 믹스 4P 전략은 다음과 같이 구성될 수 있습니다:

상품 **(Product)**

- 전통 분식과 현대적 감각을 결합한 메뉴 구성
- 주류와 분식을 결합한 특별 세트 메뉴 개발
- 지속적인 메뉴 업그레이드 및 신메뉴 개발
- 비인기 메뉴 정리를 통한 효율적인 메뉴 관리

가격 **(Price)**

- 경쟁력 있는 가격 설정
- 객단가 향상을 위한 세트 메뉴 및 주류 판매 전략
- 한국 식자재 사용을 통한 프리미엄 이미지 구축으로 가격 민감도 상쇄

장소 **(Place)**

- 망원전통시장 내 위치를 활용한 접근성 및 인지도 확보
- 가게 내부 공간 최적화 및 외부 테이블 확장 고려
- 편리한 주차 공간 확보 및 안내

프로모션 **(Promotion)**

- SNS를 활용한 젊은 층 대상 홍보 강화
- 현지 맛집 앱 및 리뷰 플랫폼 활용 (예: 중국의 따종디엔핑)
- 고객 평가 및 리뷰 관리를 통한 입소문 마케팅
- 할인 쿠폰 및 이벤트를 통한 고객 유치 및 재방문 유도

이러한 4P 전략을 통해 식당의 강점을 극대화하고 시장에서의 경쟁력을 높일 수 있습니다 1 2.

# 056 마케팅 믹스 4C

**목표** — 전통적인 4P 개념에서 고객 중심의 마케팅 전략을 이해한다.

Perplexity

지시문 마케팅 믹스 4C에 대해 설명해 줘.

마케팅 4C는 전통적인 4P(제품, 가격, 유통, 촉진)를 고객 중심으로 재해석한 프레임워크로, 분식집 경영에 적용하면 다음과 같습니다.

**1. Customer Value (고객 가치)**

고객이 분식집에서 얻는 실질적 가치는 무엇인지 고민해야 합니다.

예시: 신선한 재료와 위생적인 조리, 전통시장의 정겨운 분위기, 빠른 제공 시간

트렌디한 메뉴(예: 매운 떡볶이, 프리미엄 어묵, 다양한 소스)와 주류 페어링

건강, 간편함, 가성비 등 고객이 중요하게 여기는 가치를 메뉴와 서비스에 반영

**2. Cost to Customer (고객이 부담하는 비용)**

단순히 가격만이 아니라, 시간, 노력, 이동, 대기 등 모든 비용을 고려해야 합니다.

예시: 합리적인 가격 책정과 더불어, 대기 시간 최소화(키오스크, 예약 주문 도입)

배달·포장 서비스로 접근성 향상

세트 메뉴, 할인 쿠폰, 충전식 포인트 등으로 실질적 부담 경감

### 3. Convenience (편의성)

고객이 얼마나 쉽게 분식집을 이용할 수 있는지에 초점을 맞춥니다.

예시: 시장 내 접근성 좋은 위치, 배달앱 연동, 모바일 주문·결제 시스템

포장·배달 메뉴 강화, 1인 메뉴·소포장 제공

운영 시간 확대(야간 영업, 주말 영업) 등으로 고객 편의 극대화

### 4. Communication (커뮤니케이션)

일방적 광고가 아니라, 고객과의 쌍방향 소통을 강조합니다.

예시: SNS(인스타그램, 블로그 등)로 신메뉴, 이벤트, 시장 소식 등 적극 홍보

고객 리뷰·피드백 수집 및 반영, 단골 고객과의 소통 강화

지역 커뮤니티 행사 참여, 시장 내 상인들과의 협업 마케팅

### 요약

고객 가치: 차별화된 메뉴와 서비스로 고객이 체감하는 가치를 높임

고객 비용: 합리적 가격, 시간·노력 절감 방안 마련

편의성: 배달, 포장, 모바일 결제 등 다양한 접근성 확보

커뮤니케이션: SNS, 리뷰, 지역 커뮤니티 등으로 고객과 적극 소통

이렇게 4C 믹스를 실천하면, 분식집의 경쟁력을 높이고 고객 충성도를 강화할 수 있습니다.

### 관련

4C 분석을 활용한 실제 사례는 무엇이 있을까

4C 분석과 4P 분석의 차이점은 무엇일까

4C 분석을 적용할 때 주의해야 할 점은 무엇일까

4C 분석을 통해 고객의 구매 결정 요인은 무엇일까

4C 분석을 활용하여 경쟁사와 차별화할 수 있는 방법은 무엇일까

# 057 신메뉴 개발

**목표** — 신메뉴 개발은 지속 가능한 성장을 가능하게 함을 이해한다.

ChatGPT

지시문 신메뉴 개발 전략으로 <프리미엄 잡채>에 대한 관심과 대박 매출을 원해. 제품 런치 공식(product lunch formula)을 이용해서 런칭 전략을 세워 줘. 그리고 메리트와 디메리트를 예상해 줘.

훌륭한 아이디어! 전통적인 분식에 프리미엄 잡채를 도입한다는 것은 기존 고객층은 물론 젊은 층이나 관광객에게도 매력적으로 다가갈 수 있는 전략이다.

---

✓ **제품 런칭 공식(Product Launch Formula) 기반 전략**

1. 문제 제기 (Problem)

기존 잡채는 식사보다는 반찬으로 인식되어 분식집에서 주목받지 못함
전통 분식집 이미지가 '싸고 간단한 음식'으로만 인식되어 고급 이미지 부족
다양한 소비자층(채식, 단백질 섭취자, 퓨전음식 관심자)을 만족시키는 메뉴 부족

2. 솔루션 제안 (Solution)

"프리미엄 잡채": 고기, 야채, 계란, 각종 토핑을 다양하게 커스터마이징 가능한 고급식 잡채
트러플오일, 차돌박이, 표고버섯 등 고급 재료 사용 가능
소포장 테이크아웃, 도시락형 패키징으로 점심 대체식으로도 가능

3. 제품 제공 (Product)

메뉴명: 프리미엄 잡채 시리즈
트러플 차돌 잡채
닭가슴살 웰빙 잡채

고객 후기 게시판/벽면에 부착, SNS 리그램 이벤트

6. 콜 투 액션 (CTA)

시식 이벤트: "첫 주 구매 고객에게 계란 추가 무료"

포장 & 배달 할인: 배달앱과 제휴하여 '프리미엄 잡채 런칭 기념 10% 할인'

스탬프 카드 도입: 잡채 5번 구매 시 1회 무료

---

### ✓ 예상되는 메리트(장점)

| 항목 | 내용 |
|---|---|
| 차별화 | 전통 시장에서 보기 드문 '고급 한식 분식'이라는 콘셉트로 경쟁 우위 확보 |
| 가격 프리미엄 | 기존 메뉴보다 고가 책정이 가능해 마진 상승 |
| 확장성 | 계절별, 재료별 다양한 시리즈 가능 |
| SNS 바이럴 | 색감이 화려하고 구성도 좋기 때문에 사진 찍기 좋은 '인스타 푸드' 요소 있음 |
| 건강/웰빙 이미지 | 야채 중심 + 고기 옵션 제공으로 건강식 수요 타깃 가능 |

---

### ✕ 예상되는 디메리트(단점)

| 항목 | 내용 |
|---|---|
| 기존 고객 반응 | 가격 상승에 대한 거부감 발생 가능 |
| 조리 시간 증가 | 주문 즉시 조리 시 분식 대비 시간이 오래 걸릴 수 있음 |
| 재료비 부담 | 고급 재료 사용 시 원가가 높아질 수 있음 |
| 유지 어려움 | 프리미엄 재료의 신선도, 재고 관리 등 오퍼레이션 복잡도 증가 |
| 입소문 실패 시 리스크 | 고급화 시도 실패 시 기존 이미지와 충돌 가능 |

---

### 🎯 보너스 아이디어: 런칭 이벤트 예시

이름 짓기 공모전: '프리미엄 잡채 이름을 지어주세요' SNS 이벤트

시장 내 시식 투어: 시장 상인들과 콜라보하여 잡채 + 전통주 시식 코너 운영

한복 입은 잡채: 외국인 관광객을 타겟으로 전통 포장(한지, 매듭) 활용

---

필요하시면 SNS 홍보 콘텐츠 기획안이나 비주얼 메뉴 디자인 제안도 도와드릴게요. "프리미엄 잡채"의 대박 런칭을 응원합니다! 🍜🔥

# 058 SNS 마케팅 프로모션

**목표** — SNS에 마케팅 프로모션 방법을 이해한다.

Wrtn

지시문 SNS에 "잡채버스"로 마케팅 프로모션을 하려고 해, 어떻게 하면 좋을지 알려 줘.

**답변**

검색 과정

"잡채버스"를 활용한 SNS 마케팅 프로모션은 매우 창의적이고 흥미로운 아이디어입니다! 다음은 효과적인 마케팅 전략을 위한 몇 가지 제안입니다:

**1. 콘셉트 설정**

- **주제:** "잡채버스"의 테마를 정하고, 이를 중심으로 콘텐츠를 구성합니다. 예를 들어, "잡채버스와 함께하는 맛있는 여행" 같은 주제를 설정할 수 있습니다.

**2. 비주얼 콘텐츠 제작**

- **사진 및 영상:** 잡채버스의 매력적인 비주얼을 담은 사진과 영상을 제작합니다. 다양한 잡채 요리를 소개하거나, 너구리 캐릭터와 함 재미있는 상황 내면 좋습니다

참여를 유도하 참여자에게 공합니다.

- **퀴즈 및 설문조사:** 잡채와 관련된 퀴즈를 내고, 정답자에게 소정의 상품을 제공하는 이벤트를 진행할 수 있습니다.

**4. 인플루언서 협업**

- **인플루언서 마케팅:** 관련 분야의 인플루언서와 협업하여 "잡채버스"를 소개하고, 그들의 팔로워들에게 홍보합니다. 인플루언서가 직접 잡채버스를 체험하는 모습을 담은 콘텐츠를 제작하면 효과적입니다.

**5. 커뮤니티 참여**

- **소통 강화:** 팔로워들과의 소통을 강화하기 위해 댓글에 적극적으로 답변하고, 사용자 생성 콘텐츠(UGC)를 공유합니다. 사용자들이 만든 콘텐츠를 리그램하거나 리트윗하여 커뮤니티의 참여를 유도합니다.

**6. 정기적인 업데이트**

- **콘텐츠 일정:** 정기적으로 새로운 콘텐츠를 게시하여 팔로워들이 지속적으로 관심을 가질 수 있도록 합니다. 예를 들어, 매주 특정 요일에 "잡채버스 레시피"를 공유하는 등의 일정을 설정할 수 있습니다.

이러한 전략들을 통해 "잡채버스"의 인지도를 높이고, 소비자와의 관계를 강화할 수 있을 것입니다. 성공적인 프로모션이 되길 바랍니다!

# 059 구매시점 광고

**목표** — 핵심가치에 근거한 구매시점 광고를 뜻하는 POP(Point Of Purchase)로 망설이는 고객에게 어필하는 문구를 만든다

ChatGPT

지시문 분식집 식당의 핵심가치 POP 슬로건을 만드는 방법을 말해 줘.

분식집 식당의 핵심가치 POP(Post On Paper) 슬로건은 브랜드의 정체성과 고객에게 전달하고 싶은 메시지를 간결하고 매력적으로 표현하는 것이 중요합니다. 아래는 효과적인 슬로건을 만드는 방법입니다:

### 1. 핵심가치 정의하기

먼저 분식집의 핵심가치를 정리하세요.

- 예: "신선함", "친근함", "가성비", "따뜻한 분위기", "정통 분식 맛"
  **핵심 질문:**
- 우리 식당의 가장 큰 장점은 무엇인가요?
- 고객이 식당에서 기대하는 경험은 무엇인가요?

### 2. 고객 타겟에 맞추기

슬로건은 주요 고객층의 마음을 사로잡아야 합니다.

- 예: 학생, 직장인, 가족 등
  **예시 고객별 메시지:**
- 학생: "가성비 최고! 친구들과 나누는 행복한 순간!"
- 직장인: "바쁜 하루, 따뜻한 한 끼로 채우세요."
- 가족: "아이도 어른도 좋아하는 정통 분식!"

### 3. 간결하고 기억하기 쉽게 만들기

10자 이내의 간단하고 반복하기 쉬운 문구가 효과적입니다.

- 예:

"…있다, 즐겁…이다!"

(이하 생략)

# 060 마케팅 오디언스 전략에 대하여

**목표** — 고객보다 더 넓은 오디언스의 개념을 이해한다.

Wrtn

지시문 마케팅 오디언스(audience) 전략에 대해 설명해 줘.

**답변**

검색 과정

마케팅 오디언스 전략은 특정 제품이나 서비스에 대한 타겟 고객을 정의하고, 그들의 필요와 선호에 맞춰 마케팅 활동을 조정하는 과정을 포함합니다. 효과적인 오디언스 전략은 다음과 같은 주요 요소로 구성됩니다.

1. **세분화(Segmentation)**: 시장을 다양한 기준(인구통계학적, 심리적, 행동적 등)에 따라 세분화하여 각 그룹의 특성을 이해합니다. 예를 들어, 연령, 성별, 소득 수준, 관심사 등을 기준으로 고객을 나눌 수 있습니다.
2. **타겟팅(Targeting)**: 세분화된 시장 중에서 가장 매력적이고 수익성이 높은 그룹을 선택하여 집중적으로 마케팅합니다. 이 과정에서는 각 세그먼트의 시장 규모, 성장 가능성, 경쟁 상황 등을 고려합니다.
3. **포지셔닝(Positioning)**: 선택한 타겟 오디언스에게 브랜드나 제품이 어떻게 인식되기를 원하는지를 정의합니다. 이는 경쟁 제품과의 차별성을 강조하고, 고객의 마음속에 특정 이미지를 구축하는 데 도움을 줍니다.
4. **고객 이해(Customer Understanding)**: 타겟 오디언스의 필요, 욕구, 행동 패턴을 깊이 이해하는 것이 중요합니다. 이를 위해 설문조사, 인터뷰, 데이터 분석 등을 활용할 수 있습니다.
5. **커뮤니케이션 전략(Communication Strategy)**: 타겟 오디언스와 효과적으로 소통하기 위한 메시지와 채널을 결정합니다. 각 오디언스에 맞는 맞춤형 콘텐츠를 제작하고, 소셜 미디어, 이메일, 광고 등 다양한 채널을 통해 전달합니다.
6. **성과 측정(Performance Measurement)**: 마케팅 활동의 효과를 평가하기 위해 KPI(핵심 성과 지표)를 설정하고, 캠페인의 성과를 분석합니다. 이를 통해 전략을 지속적으로 개선할 수 있습니다.

이러한 요소들을 종합적으로 고려하여 마케팅 오디언스 전략을 수립하면, 고객의 요구에 부합하는 효과적인 마케팅 활동을 전개할 수 있습니다.

다음으로 이런 걸 물어볼 수 있어요

타겟 오디언스를 어떻게 정의할 수 있을까? +

효과적인 오디언스 분석 방법에는 어떤 게 있을까? +

마케팅 전략에서 오디언스 세분화의 중요성은 무엇일까? +

지시문 타겟 오디언스를 어떻게 정의할 수 있을까?

답변

검색 과정

타겟 오디언스를 정의하는 과정은 여러 단계로 이루어지며, 다음과 같은 방법을 통해 구체화할 수 있습니다.

1. **시장 조사(Market Research):**
   - 고객의 필요와 선호를 이해하기 위해 설문조사, 인터뷰, 포커스 그룹 등을 활용하여 데이터를 수집합니다.
   - 경쟁사 분석을 통해 그들이 타겟으로 삼고 있는 고객층을 파악합니다.
2. **세분화(Segmentation):**
   - 수집한 데이터를 바탕으로 고객을 여러 기준에 따라 세분화합니다. 일반적인 세분화 기준은 다음과 같습니다:
     - **인구통계학적 세분화:** 연령, 성별, 소득, 교육 수준 등
     - **심리적 세분화:** 라이프스타일, 가치관, 성격 등
     - **행동적 세분화:** 구매 행동, 브랜드 충성도, 사용 빈도 등
     - **지리적 세분화:** 지역, 도시, 국가 등
3. **타겟 그룹 선정(Target Group Selection):**
   - 세분화된 그룹 중에서 가장 매력적이고 수익성이 높은 그룹을 선택합니다. 이 과정에서는 각 세그먼트의 시장 규모, 성장 가능성, 경쟁 상황 등을 고려합니다.
4. **고객 페르소나(Customer Persona) 개발:**
   - 선택한 타겟 오디언스를 대표하는 가상의 인물(페르소나)을 만들어 그들의 특성, 필요, 행동 패턴 등을 구체화합니다. 이는 마케팅 전략을 수립하는 데 유용한 도구가 됩니다.
5. **고객의 필요와 문제 이해:**
   - 타겟 오디언스가 어떤 문제를 가지고 있는지, 어떤 필요를 충족시키고자 하는지를 파악합니다. 이를 통해 제품이나 서비스가 어떻게 그들의 문제를 해결할 수 있는지를 명확히 할 수 있습니다.
6. **피드백 및 조정:**
   - 마케팅 활동을 진행하면서 고객의 반응을 모니터링하고, 필요에 따라 타겟 오디언스를 조정합니다. 고객의 요구와 시장 변화에 따라 유연하게 대응하는 것이 중요합니다.

이러한 과정을 통해 타겟 오디언스를 명확히 정의하면, 보다 효과적인 마케팅 전략을 수립하고 실행할 수 있습니다.

글을 자연스러운 말투로 작성해 드려요 AI 탐지 방어 바로가기

다음으로 이런 걸 물어볼 수 있어요

타겟 오디언스를 정의할 때 고려해야 할 요소는 어떤 게 있을까? +

타겟 오디언스를 조사하기 위한 좋은 방법은 뭐가 있을까? +

타겟 오디언스를 선정하고 나면 어떤 전략을 세워야 할까? +

**지시문** 타겟 오디언스를 선정하고 나면 어떤 전략을 세워야 할까?

**답변**

검색 과정

타겟 오디언스를 선정한 후에는 그들을 효과적으로 공략하기 위한 다양한 마케팅 전략을 세워야 합니다. 다음은 타겟 오디언스를 기반으로 한 전략 수립에 도움이 되는 몇 가지 주요 요소입니다.

1. **포지셔닝(Positioning):**
   - 타겟 오디언스의 필요와 기대에 맞춰 제품이나 서비스의 고유한 가치를 정의합니다. 경쟁 제품과의 차별점을 강조하여 소비자에게 어떤 이점을 제공할 것인지 명확히 합니다.
2. **메시지 개발(Message Development):**
   - 타겟 오디언스의 특성과 선호에 맞는 커뮤니케이션 메시지를 개발합니다. 고객의 언어와 감정에 맞춘 메시지를 통해 더 큰 공감을 이끌어낼 수 있습니다.
3. **채널 선택(Channel Selection):**
   - 타겟 오디언스가 주로 사용하는 커뮤니케이션 채널을 파악하고, 그에 맞는 마케팅 채널을 선택합니다. 예를 들어, 젊은 층을 타겟으로 한다면 소셜 미디어 플랫폼이 효과적일 수 있습니다.
4. **콘텐츠 전략(Content Strategy):**
   - 타겟 오디언스의 관심사와 필요에 맞는 콘텐츠를 제작합니다. 블로그, 동영상, 인포그래픽 등 다양한 형식의 콘텐츠를 활용하여 고객의 참여를 유도합니다.
5. **프로모션 전략(Promotion Strategy):**
   - 할인, 이벤트, 경품 등 다양한 프로모션을 통해 타겟 오디언스의 관심을 끌고 구매를 유도합니다. 이때, 타겟 오디언스의 행동 패턴에 맞춘 프로모션이 효과적입니다.
6. **고객 경험(Customer Experience):**
   - 고객이 제품이나 서비스를 이용하는 과정에서 긍정적인 경험을 할 수 있도록 합니다. 고객 서비스, 사용자 인터페이스, 구매 과정 등을 최적화하여 고객 만족도를 높입니다.
7. **성과 측정 및 분석(Performance Measurement and Analysis):**
   - 마케팅 활동의 성과를 지속적으로 모니터링하고 분석합니다. KPI(핵심 성과 지표)를 설정하여 캠페인의 효과를 평가하고, 필요에 따라 전략을 조정합니다.
8. **피드백 수집 및 개선(Feedback Collection and Improvement):**
   - 고객의 피드백을 적극적으로 수집하고, 이를 바탕으로 제품이나 서비스, 마케팅 전략을 개선합니다. 고객의 목소리를 반영하는 것이 중요합니다.

이러한 전략을 통해 타겟 오디언스와의 관계를 강화하고, 브랜드 충성도를 높이며, 궁극적으로 매출 증대에 기여할 수 있습니다.

# 061 청량음료수의 타켓 오디언스 전략 세우기

**목표** — 타겟 오디언스에 기반한 마케팅 개념을 이해한다.

Wrtn

**지시문** 타겟 오디언스를 기반으로 한 효과적인 마케팅 전략은 어떤 것들이 있을까? 청량음료수의 예를 들어 줘.

**답변**

검색 과정

청량음료수를 예로 들어 타겟 오디언스를 기반으로 한 효과적인 마케팅 전략을 살펴보겠습니다. 청량음료수는 다양한 소비자층을 대상으로 할 수 있으며, 각 층에 맞는 전략을 세울 수 있습니다.

**1. 타겟 오디언스 정의**

- **젊은 소비자**: 18-30세, 트렌드에 민감하고 소셜 미디어를 활발히 사용하는 세대.
- **가족 단위 소비자**: 자녀가 있는 부모, 건강과 안전을 중시하는 소비자.
- **운동 및 활동적인 라이프스타일을 가진 소비자**: 스포츠를 즐기거나 활동적인 생활을 하는 사람들.

**2. 마케팅 전략**

**A. 젊은 소비자 타겟**

- **소셜 미디어 캠페인**: 인스타그램, 틱톡 등에서 인플루언서를 활용한 캠페인을 진행하여 제품을 홍보합니다. 사용자 생성 콘텐

- **가족 친화적인 프로모션**: 가족 단위로 즐길 수 있는 패키지 상품이나 할인 이벤트를 제공합니다. 예를 들어, '가족 패키지'를 만들어 여러 개의 음료를 할인된 가격에 판매합니다.

**C. 운동 및 활동적인 소비자 타겟**

- **스포츠 스폰서십**: 지역 스포츠 팀이나 이벤트를 후원하여 브랜드 인지도를 높입니다. 운동 후 수분 보충의 중요성을 강조하며 제품을 홍보합니다.
- **건강 및 피트니스 관련 콘텐츠**: 블로그, 유튜브 등에서 운동과 관련된 콘텐츠를 제작하여 청량음료가 운동 후 수분 보충에 적합하다는 메시지를 전달합니다.

**3. 성과 측정 및 피드백**

- 각 캠페인의 성과를 분석하여 어떤 전략이 가장 효과적인지 평가합니다. 소셜 미디어의 참여도, 판매량, 고객 피드백 등을 통해 지속적으로 전략을 조정합니다.

이와 같은 다양한 마케팅 전략을 통해 청량음료수 브랜드는 타겟 오디언스의 특성에 맞춰 효과적으로 소비자와 소통하고, 브랜드 충성도를 높일 수 있습니다.

지시문 소셜 미디어를 활용한 청량음료 브랜드의 성공 사례는 뭐가 있을까?

답변

검색 과정

소셜 미디어를 활용한 청량음료 브랜드의 성공 사례는 여러 가지가 있습니다. 다음은 몇 가지 주목할 만한 사례입니다:

**1. 코카콜라 (Coca-Cola)**

코카콜라는 "Share a Coke" 캠페인을 통해 큰 성공을 거두었습니다. 이 캠페인에서는 소비자들이 자신의 이름이 적힌 코카콜라 병을 찾고, 이를 소셜 미디어에 공유하도록 유도했습니다. 소비자들은 자신의 경험을 해시태그와 함께 게시하며, 브랜드에 대한 참여와 관심을 높였습니다. 이 캠페인은 전 세계적으로 큰 인기를 끌었고, 판매량 증가로 이어졌습니다.

**2. 펩시 (Pepsi)**

펩시는 소셜 미디어에서 유명 인플루언서와 협력하여 다양한 캠페인을 진행했습니다. 특히, 유명 아티스트와의 협업을 통해 새로운 음료를 홍보하고, 그들의 팬층을 활용하여 브랜드 인지도를 높였습니다. 예를 들어, 펩시는 유명한 뮤지션과의 콜라보레이션을 통해 소셜 미디어에서 화제를 모으고, 소비자 참여를 유도했습니다.

**3. 스프라이트 (Sprite)**

스프라이트는 "Obey Your Thirst" 캠페인을 통해 젊은 소비자층을 겨냥했습니다. 이 캠페인은 소셜 미디어에서 소비자들이 자신의 갈증을 해소하는 방법을 공유하도록 유도했습니다. 스프라이트는 사용자 생성 콘텐츠를 활용하여 소비자와의 소통을 강화하고, 브랜드에 대한 긍정적인 이미지를 구축했습니다.

**4. 레드불 (Red Bull)**

레드불은 소셜 미디어를 통해 극한 스포츠와 관련된 콘텐츠를 제작하고 공유하여 브랜드 이미지를 강화했습니다. 레드불은 다양한 스포츠 이벤트를 후원하고, 이를 소셜 미디어에서 생중계하거나 하이라이트 영상을 공유함으로써 젊은 소비자층과의 연결을 강화했습니다. 이러한 전략은 레드불을 단순한 음료 브랜드가 아닌, 라이프스타일 브랜드로 자리매김하게 했습니다.

**5. 닥터 페퍼 (Dr Pepper)**

닥터 페퍼는 소셜 미디어에서 "Dr Pepper Fans"라는 커뮤니티를 만들어 소비자와의 관계를 강화했습니다. 이 커뮤니티는 팬들이 자신의 경험을 공유하고, 브랜드와 소통할 수 있는 공간을 제공했습니다. 또한, 닥터 페퍼는 팬들과의 소통을 통해 새로운 제품 아이디어를 얻고, 소비자들의 피드백을 반영하여 제품 개발에 활용했습니다.

이와 같은 사례들은 소셜 미디어가 청량음료 브랜드의 마케팅 전략에서 얼마나 중요한 역할을 하는지를 잘 보여줍니다. 각 브랜드는 소비자와의 소통을 강화하고, 참여를 유도하여 브랜드 충성도를 높이는 데 성공했습니다.

# 062 개인화 방식의 프롬프트 만들기

**목표** — 개인화된 팁으로 더 나은 결과를 얻기 위해
프롬프트의 3단계 방식을 이해한다.

**Perplexity**

## [1단계] 초기 프롬프트

**지시문** 한국의 청량 음료의 타겟 오디언스에 대한 인구통계학적인 핵심 집단을 알려 줘.

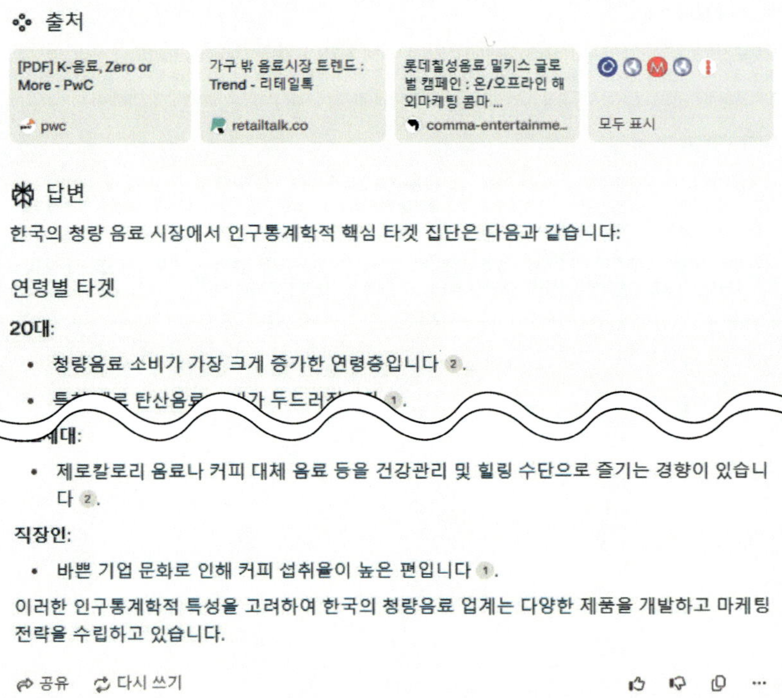

## [2단계] 개인화 프롬프트

**지시문** 한국의 경우, 나이, 성별, 소득 수준, 지리적 위치 등을 포함해서 건강 친화적인 청량 음료의 타겟 오디언스에 대한 인구통계학적인 핵심 집단을 알려 줘."

출처

[PDF] K-음료, Zero or More - PwC
pwc

한국 청소년의 가당음료 섭취실태 및 영향요인
e-jnh

[창간 28주년 특집 Ⅲ] 코로나19와 식품산업 패러다임 대전환
thinkfood.co

KS
모두 표시

답변

한국의 건강 친화적인 청량 음료의 타겟 오디언스에 대한 인구통계학적 핵심 집단은 다음과 같습니다:

연령별 타겟

1. **MZ세대 (20-30대)**
   - 제로칼로리 음료나 건강 기능성 음료 소비가 두드러집니다 1.
   - 특히 20대는 ... 탄산음료 소... 가장 크게 ... 연령층입니...

소득 수준별 타겟

- **중상위 소득층**: 프리미엄 건강 음료를 선호하는 경향이 있습니다.

지리적 위치별 타겟

- **도시 거주자**: 건강 트렌드에 민감하고 새로운 제품에 대한 접근성이 높습니다.

특별 관심사별 타겟

1. **건강 지향 소비자**
   - 제로칼로리, 저칼로리 음료를 선호합니다 1.
   - 단백질 음료, 곡류음료 등 건강 기능성 음료 소비가 증가하고 있습니다 1.
2. **웰니스 추구자**
   - 신체적, 정서적으로 건강하고 행복한 삶을 추구하는 소비자들입니다 1.
3. **환경 의식이 높은 소비자**
   - 친환경적인 패키징과 생산 과정을 중요시하는 소비자들입니다 1 3.
4. **학업 성취도가 높은 학생**
   - 주관적 학업성적이 높은 학생들이 가당음료 섭취를 줄이는 경향이 있습니다 2.

이러한 인구통계학적 특성을 고려하여 한국의 청량음료 업계는 건강 친화적인 제품을 개발하고 마케팅 전략을 수립하고 있습니다 1 3.

## [3단계] 구체적인 개인화 프롬프트

**지시문** 한국의 탄산음료 "칠성 사이다"의 타겟 오디언스에 대한 인구통계학적인 핵심 집단을 확인해 줘. 활기차면서 건강을 의식하는 10~25세 학생들을 타겟으로 하고 싶어. 그들이 선호하는 생활 방식과 정체성을 의식하며 건강을 과시하고 싶은 가치관에 대한 통찰력을 포함시켜 줘.

---

답변

칠성사이다의 새로운 타겟 오디언스인 10~25세 학생들을 위한 인구통계학적 핵심 집단과 그들의 특성은 다음과 같습니다:

연령 및 교육 수준

- 10~25세 학생층
- 중학생, 고등학생, 대학생 포함

생활 방식

- 활동적이고 에너지 넘치는 라이프스타일 추구
- 소셜 미디어를 통한 자기표현과 소통을 즐김
- 학업과 여가 활동을 병행하는 바쁜 일상

건강 의식

- 건강에 대한 관심이 높으면서도 맛있는 음료를 즐기고 싶어 함
- 칼로리와 영양 성분에 주의를 기울임

관련

- 10~25세 여자 학생들이 칠성 사이다를 선호하는 이유는 무엇인가요 +
- 칠성 사이다를 선호하는 학생들의 주요 소비 패턴은 무엇인가요 +
- 칠성 사이다를 통해 학생들이 추구하는 건강과 정체성은 어떻게 연결되나요 +
- 칠성 사이다의 마케팅 전략에서 학생들을 대상으로 한 특정 캠페인은 어떤 것들이 있나요 +
- 칠성 사이다의 제품 디자인과 학생들의 선호도는 어떻게 관련되나요 +

더 정확하고 관련성 있는 통찰력을 얻기 위해 가능한 한 많은 맥락을 제공한다. 이 맥락에서 나온 프롬프트에 기반하여 여러 후속 프롬프트를 개선하고 다듬는 작업을 진행한다. 그리고 이 프롬프트들을 결합하여 종합적인 시장 조사 보고서를 작성한다.

### 알면 소용있는 프롬프트

- 많은 2030 여인들이 한 달 안에 이 식당에 모여서 싸인하도록 <특별 할인> 정책에 대해 100자 카피를 만들어 줘.
- SEO 마케팅(Search Engine Optimization Marketing) 전략에 기반하여 검색 엔진 최적화를 통해 웹사이트의 가시성을 높이고, 검색 결과에서 상위에 노출되도록 하는 전략을 알려 줘.
- 고객만족도 조사를 위해, 응답자 신상을 포함한 설문지를 간단하게 만들어 줘.
- 다음 이메일에서 자사 실수를 고객에게 정중하게 사과하는 문구를 만들어 줘. (이메일 첨부)

[ChatGPT] 깊은 정글에서 원숭이가 휴대폰을 열심히 보고 있으며, 주변에서 동물들이 호기심 어린 눈으로 바라보고 있는 모습을 그려 줘.

# 제9장
# 영어 공부하기

063 회화 연습하기
064 문법 배우기
065 문법과 회화 사이에서
066 이솝 우화로 영어 배우기
067 영감을 주는 이솝 우화
068 구조적인 학습 플랜 세우기
069 단어 외우기
070 몰입감 있는 학습 교재 찾기
071 문장을 이중언어 표로 만들기
072 맞춤형 학습 자료 생성하기
073 실시간 뉴스 독해하기

여기서 소개하는 방식을 반복해서 실습한다면 외국어를 모국어처럼 할 수 있을 것이다. 반복이 기적을 가져온다.

[ChatGPT] 다음의 이미지를 그려 줘. "따뜻하고 아늑한 황금빛으로 가득 찬 서재에서, 목도리를 두른 학구적인 토끼가 AI 서적에 둘러싸여 책상에 앉아서 공부하고 있다. 앞에는 깃털 펜과 양피지가 놓여 있다."

# 063 회화 연습하기

**목표** — GenAI를 영어 회화 상대로 정하고 말하기를 연습하고 어색함과 두려움을 없앤다.

## ChatGPT

**지시문** 영어 말하기를 실습하려는데 나를 도와줘. 여행 주제에 대해 회화를 하고 싶어. 항상 100단어 이내로 깔끔하게 응답해 줘. 그 응답 속에 질문을 포함시켜 줘. 내가 말할 때까지 기다려 줘. 반드시 내 실수를 고쳐주고 올바른 단어나 문장의 형태로 써 줘. 내가 먼저 시작할게.

Sure! Let's practice. I'll start with a question about travel, and I'll wait for your response before continuing. Ready? Here we go:

---

**Assistant:** Where do you plan to go on your next vacation, and why did you choose that destination?

I have a plan to go to Japan.

Great! Here's a slightly improved version of your sentence:

**"I plan to go to Japan."**

Your original sentence is clear, but this version is a bit more natural and concise. Now, let's continue:

**Assistant:** That sounds exciting! What do you want to do or see in Japan?

It is not simply sightseeing. Rather, my purpose is to meet people in a town.

Nice effort! Here's a polished version of your sentence:

**"It's not just about sightseeing. Rather, my purpose is to meet people in a local town."**

Your sentence was good, but "It's not just about sightseeing" sounds more natural. Including "a local town" clarifies the type of place you want to visit.

**Assistant:** That's a wonderful purpose! Meeting local people can give you a unique experience. Do you already know which town you want to visit?

I have not jet decided. But I want to go to Shikoku.

Good job! Here's the corrected version of your sentence:

**"I haven't decided yet, but I want to go to Shikoku."**

- "Jet" → "yet" (spelling correction).
- "I have not" is correct, but "I haven't" is more conversational.

**Assistant:** Shikoku is a beautiful place! Are you interested in exploring its famous temples, nature, or something else?

Good job! Here's the corrected version of your sentence:

**"I haven't decided yet, but I want to go to Shikoku."**

- "Jet" → "yet" (spelling correction).
- "I have not" is correct, but "I haven't" is more conversational.

**Assistant:** Shikoku is a beautiful place! Are you interested in exploring its famous temples, nature, or something else?

I will think more about my travel plan. See you next time. Thank you.

You're doing great! Here's a slightly improved version of your sentence:

**"I'll think more about my travel plan. See you next time, and thank you!"**

Your original was clear, but "I'll" is more conversational, and adding "and" makes the ending flow better.

You're welcome! Have a great day, and let me know anytime you want to practice again. 😊 Safe travels!

비록 여기서는 문자로 대화를 진행했지만 어느 정도 성과가 있을 것이다. 음성으로 대화한다면 효과가 더욱 클 것이다. 회화는 언어의 두려움을 줄여주는 좋은 기회다.

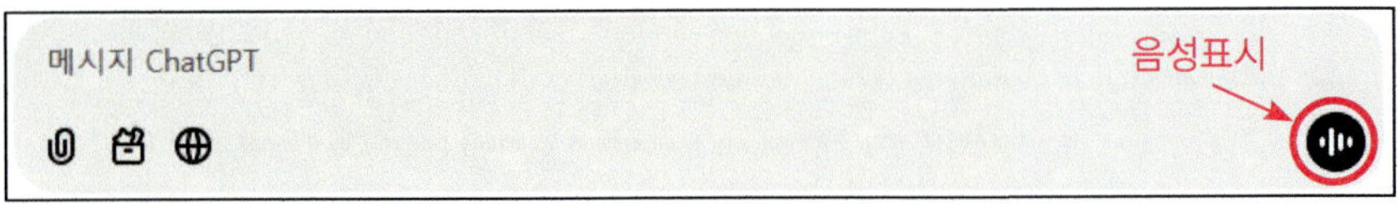

GenAI는 다양한 주제를 가지고 대화하는 기술을 가지고 있다. 무료이면서 틀려도 상관없으며 시간만 들이면 계속 실력이 늘어난다. 다음을 주제로 연습해 보자.

지시문 Let's practice a job interview scenario in English

① job interview

② relationship

③ hobby

---

[답변 예시 ①]

답변

Sure! Let's simulate a job interview scenario. I will play the role of the interviewer, and you can respond as the candidate. Feel free to answer the questions as you would in a real interview. If you'd like feedback or suggestions, just let me know!

**Interview Scenario**

**Interviewer:** Good morning! Thank you for coming in today. Can you start by telling me a little about yourself and your background? (You can respond here, and I will continue with the next question based on your answer!)

참고 Act as a Spoken English Teacher and Improver

I want you to act as a spoken English teacher and improver. I will speak to you in English and you will reply to me in English to practice my spoken English. I want you to keep your reply neat, limiting the reply to 100 words. I want you to strictly correct my grammar mistakes, typos, and factual errors. I want you to ask me a question in your reply. Now let's start practicing, you could ask me a question first. Remember, I want you to strictly correct my grammar mistakes, typos, and factual errors.

## 알면 소용있는 프롬프트

① 퀴즈 생성: 학습한 내용을 바탕으로 퀴즈를 만들어달라고 요청하여 자가 테스트를 한다.

- "Create a quiz about irregular verbs"
- "Make a multiple-choice test on present continuous tense"
- "Design a vocabulary quiz about food and cooking"

② 다양한 표현 학습: "Do you know any other way to say..." 를 사용하여 특정 표현의 다양한 영어 버전을 요청한다.

- "Do you know any other way to say 'very good'?"
- "What are alternative expressions for 'I'm tired'?"
- "Give me different ways to say 'I understand'"

③ 영어 작문 연습: 특정 주제에 대해 영어로 글을 작성한 후, 피드백을 요청한다.

- "Review my paragraph about my hometown"
- "Provide feedback on my email draft"
- "Suggest improvements for my essay introduction"

④ 단계별 설명 요청: "Let's think step by step"이라는 문구를 사용하여 복잡한 영어 문법이나 개념에 대해 단계별 설명을 요청한다.

- "Let's think step by step about present perfect tense"
- "Explain the difference between 'will' and 'going to'"
- "Break down the usage of phrasal verbs"

⑤ 발음 학습: 특정 단어나 문장의 발음에 대해 질문하고, IPA(국제 음성 기호)로 설명을 요청합니다.

- "How do I pronounce 'squirrel'?"
- "Explain the pronunciation of 'colonel'"
- "Break down the sounds in 'comfortable'"

⑥ 문화적 맥락 이해: 영어 표현이나 관용구의 문화적 배경에 대해 질문하여 더 깊이 있는 이해를 도모한다.

- "Why do Americans say 'break a leg'?"
- "Explain the cultural context of 'it's raining cats and dogs'"
- "What's the origin of 'piece of cake'?"

출처: Perplexity

# 064 문법 배우기

**목표** — 언어 배우기에서는 먼저 문법 구조를 파악한다.

Wrtn

지시문 나는 영어 완전 초보인데 문법을 먼저 알고 싶어. 이것을 배우기 위한 로드맵을 만들어 줘.

**답변**

검색 과정

영어 문법을 배우기 위한 로드맵을 아래와 같이 제안합니다. 단계별로 진행하면 기초부터 차근차근 이해할 수 있습니다.

### 1단계: 기본 개념 이해

- **영어 알파벳과 발음**: 영어 알파벳을 익히고 각 글자의 발음을 연습합니다.
- **기본 문장 구조**: 주어(S), 동사(V), 목적어(O)의 기본 구조를 이해합니다. 예: "I (S) eat (V) an apple (O)."

### 2단계: 품사 배우기

- **명사(Nouns)**: 사람, 장소, 사물의 이름.
- **동사(Verbs)**: 행동이나 상태를 나타내는 단어.
- **형용사(Adjectives)**: 명사를 수식하는 단어.
- **부사(Adverbs)**: 동사, 형용사, 다른 부사를 수식하는 단어.
- **전치사(Prepositions)**: 명사와 다른 단어의 관계를 나타내는 단어.

### 3단계: 기본 문법 규칙

- **주어와 동사의 일치**: 주어의 수에 따라 동사의 형태가 달라지는 규칙.
- **시제(Tenses)**: 현재, 과거, 미래 시제의 기본 개념과 사용법.
- **의문문과 부정문**: 질문을 만들고 부정문을 만드는 방법

글을 자연스러운 말투로 수정해 드려요 AI 탐지 방어 바로가기

다음으로 이런 걸 물어볼 수 있어요

영어 기초 문법을 배우기 위한 첫 단계를 어떤 식으로 시작해야 할까? +

기초 문법을 배우면서 꼭 알아야 할 영단어는 어떤 게 있을까? +

문법을 배우면서 병행할 수 있는 영어 학습 자료는 어떤 게 있을까? +

# 065 문법과 회화 사이에서

**목표** — 문법을 기초로 영어 회화를 잘할 수 있는 방법을 터득한다.

Wrtn

지시문 문법을 배우면서 영어 회화도 잘할 수 있는 방법은 뭐가 있을까?

답변

검색 과정

영어 문법을 배우면서 동시에 회화 능력을 향상시키기 위한 몇 가지 방법을 제안합니다. 이 방법들은 서로 보완적이어서 문법 지식을 실제 대화에 적용하는 데 도움이 됩니다.

### 1. 문법과 회화 통합 학습

- **문법 규칙을 대화에 적용하기**: 배운 문법 규칙을 사용하여 간단한 대화를 만들어 보세요. 예를 들어, 현재 시제를 배우고 나면 일상적인 활동에 대해 이야기해보는 것입니다.
- **문법 연습과 회화 연습 병행**: 문법 연습 문제를 푼 후, 그 내용을 바탕으로 친구나 튜터와 대화해보세요.

### 2. 영어로 생각하기

- **일상적인 상황에서 영어로 생각하기**: 주변에서 일어나는 일이나 자신의 생각을 영어로 표현해보세요. 예를 들어, "지금 무엇을 하고 있는가?"를 영어로 생각해보는 것입니다.
- **일기 쓰기**: 매일 영어로 일기를 쓰면서 문법을 연습하고, 자신의 생각을 표현하는 연습을 합니다.

### 3. 대화 연습

- **언어 교환 ... 찾기**: 영어를 ...고자 하는 사람과 ... 교환을 통해 서로 ... 언어를 연습합니... 법을 배우면서 ...

### ...양한 자료 활...

- **영어 드라마나 영화 시청**: 자막을 켜고 영어 드라마나 영화를 보면서 자연스러운 대화 표현과 문법 구조를 익힙니다. 대사를 따라 말해보는 것도 좋은 연습입니다.
- **팟캐스트나 오디오북 듣기**: 다양한 주제의 영어 팟캐스트나 오디오북을 듣고, 문법적 표현을 자연스럽게 익힙니다.

### 5. 반복 학습

- **복습과 반복**: 배운 문법을 자주 복습하고, 그 문법을 사용한 대화를 반복적으로 연습합니다. 반복은 기억을 강화하는 데 도움이 됩니다.
- **문법과 회화의 연결**: 특정 문법 규칙을 배운 후, 그 규칙을 사용한 대화 주제를 정해 연습합니다. 예를 들어, 과거 시제를 배운 후, 지난 주의 활동에 대해 이야기해보는 것입니다.

이 방법들을 통해 문법을 배우면서 동시에 회화 능력을 향상시킬 수 있습니다. 중요한 것은 꾸준한 연습과 실제 사용입니다.

지시문 영어 팟캐스트란 무엇이며, 예를 들어줘.

**답변**

검색 과정

영어 팟캐스트는 주로 영어로 진행되는 오디오 프로그램으로, 다양한 주제에 대해 이야기하거나 정보를 제공하는 형식입니다. 팟캐스트는 인터넷을 통해 다운로드하거나 스트리밍할 수 있으며, 사용자가 원하는 시간에 들을 수 있는 장점이 있습니다. 주제는 뉴스, 교육, 문화, 기술, 자기계발 등 매우 다양합니다.

### 영어 팟캐스트의 특징

- **주제 다양성**: 다양한 주제를 다루며, 특정 분야에 대한 깊이 있는 정보나 의견을 제공합니다.
- **접근성**: 스마트폰이나 컴퓨터를 통해 쉽게 접근할 수 있으며, 언제 어디서나 들을 수 있습니다.
- **학습 도구**: 영어 학습자에게는 듣기 연습과 어휘 확장에 유용한 자료가 될 수 있습니다.

### 예시 팟캐스트

1. **"ESL Pod"**: 영어를 배우는 사람들을 위한 팟캐스트로, 일상적인 대화와 상황을 다루며, 각 에피소드에서 어휘와 문법 설명을 제공합니다.
2. **"The English We Speak"**: BBC에서 제공하는 팟캐스트로, 일상 영어 표현과 관용구를 소개합니다.
3. **"Stuff You Should Know"**: 다양한 주제에 대한 정보를 제공하는 팟캐스트로, 영어 듣기 연습에 좋습니다.
4. **"TED Radio Hour"**: TED 강연을 기반으로 한 팟캐스트로, 다양한 아이디어와 주제를 다룹니다.

이러한 팟캐스트를 통해 영어를 듣고 이해하는 능력을 향상시킬 수 있으며, 흥미로운 주제를 통해 학습의 재미를 더할 수 있습니다.

글을 자연스러운 말투로 작성해 드려요 AI 탐지 방어 바로가기

다음으로 이런 걸 물어볼 수 있어요

영어 팟캐스트를 시작하는 데 필요한 장비는 뭐가 있을까? +

영어 팟캐스트를 활용한 효과적인 학습 방법은 어떤 게 있을까? +

인기 있는 영어 팟캐스트 추천할 수 있어? +

# 066 이솝 우화로 영어 배우기

**목표** — 흥미있는 짧은 이야기를 통해 영어 배우기의 부담을 줄인다.

## ChatGPT

**지시문** 이솝 우화의 이야기 제목을 영어로 10개 만들어 줘.

다음은 이솝 우화에서 영감을 얻은 영어 제목 10가지입니다.

1. **The Fox and the Grapes**
2. **The Tortoise and the Hare**
3. **The Ant and the Grasshopper**
4. **The Lion and the Mouse**
5. **The Boy Who Cried Wolf**
6. **The Goose That Laid Golden Eggs**
7. **The Wolf in Sheep's Clothing**
8. **The Crow and the Pitcher**
9. **The Dog and the Shadow**
10. **The Wind and the Sun**

이 제목들은 각 이야기에 담긴 교훈을 상징적으로 표현하며, 원래의 우화 주제를 잘 나타냅니다. 이솝 우화를 영어로 쓰거나 소개할 때 활용하기 좋을 거예요. 😊

**지시문** 이솝 우화 "the Fox and the Grapes"를 영어로 써주고, 영어로 3개 질문으로 해 줘.

### The Fox and the Grapes

One hot summer day, a fox was strolling through a vineyard when he saw a bunch of ripe, juicy grapes hanging from a vine. His mouth watered as he imagined how delicious they would taste.

The fox jumped up to grab the grapes, but they were too high. He tried again and again, leaping with all his strength, but no matter how hard he tried, he couldn't reach them.

Finally, tired and frustrated, the fox walked away, saying, "Those grapes are probably sour anyway."

The moral of the story: It's easy to despise what you cannot have.

### Questions

1. Why did the fox decide that the grapes were sour?
2. What does this fable teach us about human behavior?
3. If the grapes had been reachable, how might the story have ended differently?

Let me know if you'd like further details or additional questions! 😊

**지시문** 세 영어 질문에 대해 각각 답을 알려 줘.

### Answers to the Questions

**1. Why did the fox decide that the grapes were sour?**
**Answer:** The fox decided the grapes were sour because he couldn't reach them after trying multiple times. This was his way of coping with failure and justifying why he gave up.

**2. What does this fable teach us about human behavior?**
**Answer:** The fable teaches us that people often devalue or criticize things they cannot obtain, rather than admitting their inability to achieve or possess them.

**3. If the grapes had been reachable, how might the story have ended differently?**
**Answer:** If the grapes had been reachable, the fox would have eaten them and enjoyed their sweetness. The story would no longer highlight the concept of "sour grapes" or rationalizing failure.

Let me know if you'd like more in-depth explanations! 😊

**지시문** Make ten OX quizzes about "the Fox and the Grapes" with explanations.

---

Here are ten OX (True/False) quizzes about "The Fox and the Grapes" with explanations for each answer:

---

**1. The fox wanted to eat the grapes because they were low-hanging and easy to reach.**
**Answer:** ❌ (False)
**Explanation:** The grapes were high up on a vine, making them difficult for the fox to reach.

**2. The fox tried several times to reach the grapes but failed.**
**Answer:** ⭕ (True)
**Explanation:** The story mentions that the fox made repeated attempts to jump and grab the grapes but couldn't succeed.

**3. The fox eventually decided the grapes were not worth eating because they were sour.**
**Answer:** ⭕ (True)
**Explanation:** This reflects the moral of the story, where the fox convinces himself the grapes are ... ecause he c... t obtain the...

**9. A diff... rsion of t... y involves ... successfu... g the gra...**
**Answer:** ❌ (False)
**Explanation:** In all traditional versions, the fox fails to get the grapes and leaves with the excuse that they are sour.

**10. The story is one of Aesop's fables, known for teaching life lessons through animal characters.**
**Answer:** ⭕ (True)
**Explanation:** "The Fox and the Grapes" is a classic Aesop's fable that uses animals to deliver moral lessons.

---

Let me know if you'd like more OX quizzes for other fables or topics! 😊

**지시문** Make five multiple-choice questions for the fable.

---

(결과 생략)

GenAI 도움으로 받은 문제를 풀다 보면 영어에 대한 이해력도 늘어날 것이다.

# 067 영감을 주는 이솝우화

**목표** — 이솝우화 중에서 영감을 주는 주제로 영어 공부한다.

ChatGPT

지시문 이솝 우화에서 영감을 주는 제목 10가지를 영어로 찾아 줘.

다음은 이솝 우화에서 영감을 얻은 제목 10가지입니다. 각 제목은 이야기의 핵심 주제나 교훈을 바탕으로 만들어졌습니다.

1. **Chasing the Impossible**
2. **The Strength in Small Acts**
3. **The Price of Greed**
4. **The Mask of Deception**
5. **When Words Lose Their Power**
6. **The Power of Patience**
7. **The Illusion of Pride**
8. **The Gift of Kindness**
9. **Wisdom Over Strength**
10. **The Consequences of Laziness**

지시문 "the price of greed"에 해당하는 이솝 우화를 찾아줘.

"The Price of Greed" corresponds well to **"The Goose That Laid the Golden Eggs"**, one of Aesop's classic fables.

### Summary of the Fable

A farmer and his wife owned a goose that laid a golden egg every day. They became very wealthy, but their greed grew. They thought the goose must have a treasure of gold inside its body and decided to kill it to get all the gold at once.

When they cut the goose open, they found nothing inside. The goose was now dead, and they ...heir so... ...lth.

(이하 생략)

# 068 구조적인 학습 플랜 세우기

**목표** — 파레토(8대2) 법칙이 습관을 실천하는 좋은 수단임을 이해한다.

Copilot

지시문 나는 영어 수준이 거의 초보자야. 10년 동안 사용하지 않았기 때문에 거의 잊어 먹었어. 앞으로 6개월 동안 기초를 다시 공부하고 싶어. 매일 아침 1시간 동안 공부할 수 있어. 8대2의 법칙(파레토 법칙)으로 학습 계획을 세워줘. 80%는 회화, 20%는 단어 위주로 실행해 줘. 이솝 우화를 교재로 하고 싶어. 첫 번째 이야기를 하나 들어 주고 나에게 질문 세 가지 해 줘.

영어를 다시 공부하려는 결심을 응원해요! 8대2의 법칙을 적용한 학습 계획을 세워드릴게요.

### 학습 계획

**매일 아침 1시간**

- **회화 연습 (48분)**
  - **이솝우화 읽기 (20분):** 이솝우화 한 편을 읽고, 발음과 억양에 신경 쓰며 소리 내어 읽어보세요.
  - **이솝우화 요약 및 토론 (20분):** 읽은 이야기를 요약하고, 그 이야기에 대해 생각해보세요. 스스로 질문을 만들어 답해보거나, 친구나 가족과 토론해보세요.
  - **실생활 회화 연습 (8분):** 일상 대화에서 자주 쓰이는 표현을 연습해보세요. 예를 들어, 인사, 자기소개, 쇼핑, 식당에서 주문하기 등.
- **단어 학습 (12분)**
  - **단어 카드 만들기 (6분):** 이솝우화에서 모르는 단어를 찾아 카드에 적고, 뜻과 예문을 함께 적어보세요.

- **단어 복습 (6분)**: 만든 단어 카드를 이용해 복습하고, 단어를 문장 속에서 사용해보세요.

### 첫 번째 이야기: "The Tortoise and the Hare"

Once upon a time, there was a hare who boasted about how fast he could run. Tired of hearing him brag, the tortoise challenged him to a race. All the animals in the forest gathered to watch. The hare ran down the road for a while and then paused to rest. He looked back at the tortoise and cried out, "How do you expect to win this race when you are walking along at your slow, slow pace?" The hare stretched himself out alongside the road and fell asleep, thinking, "There is plenty of time to relax." The tortoise walked and walked, never ever stopping until he came to the finish line. The animals who were watching cheered so loudly for the tortoise that they woke up the hare. The hare stretched and yawned and began to run again, but it was too late. The tortoise had already crossed the finish line. "Slow and steady wins the race," the tortoise said.

### 질문 3가지

1. Why did the tortoise challenge the hare to a race?
2. What did the hare do after running for a while?
3. What lesson can we learn from this story?

이 계획을 따라가면서 꾸준히 연습하면 영어 실력이 향상될 거예요. 화이팅! 💪

질문에 내가 먼저 영어로 답을 해보고 나서, AI에게 정답을 부탁한다.

지시문 질문 세 가지에 답을 줘.

물론이죠! 여기 질문에 대한 답변입니다:

1. **Why did the tortoise challenge the hare to a race?**
   - The tortoise challenged the hare to a race because he was tired of hearing the hare boast about how fast he could run.
2. **What did the hare do after running for a while?**
   - After running for a while, the hare paused to rest and eventually fell asleep, thinking he had plenty of time to relax.
3. **What lesson can we learn from this story?**
   - The lesson we can learn from this story is that "slow and steady wins the race." Consistency and perseverance can lead to success, even if you are not the fastest or the most talented.

이제 이 이야기를 바탕으로 회화 연습을 해보세요! 더 궁금한 점이 있으면 언제든지 물어보세요. 😊

지시문 여기서 어려운 단어 10개 말해 줘.

물론이죠! "The Tortoise and the Hare" 이야기에서 어려운 단어 10개를 골라봤어요:

1. **boasted** - 자랑하다
2. **challenged** - 도전하다
3. **gathered** - 모이다
4. **paused** - 멈추다
5. **expect** - 기대하다
6. **stretched** - 기지개를 켜다
7. **relax** - 휴식하다
8. **cheered** - 응원하다
9. **steady** - 꾸준한
10. **perseverance** - 인내

이 단어들을 단어 카드에 적고, 뜻과 예문을 함께 적어보세요. 그리고 문장 속에서 사용해보는 연습을 해보세요. 도움이 필요하면 언제든지 물어보세요! 😊

지시문 각 단어에 대해 예문을 들어 줘.

물론이죠! 여기 각 단어에 대한 예문입니다:

1. **boast** - He likes to boast about his achievements.
2. **challenge** - She decided to challenge herself by learning a new language.
3. **gather** - Every Sunday, we gather at the park for a picnic.
4. **pause** - Please pause the video while I answer the phone.
5. **expect** - I expect to finish my homework by tonight.
6. **stretch** - Every morning, I stretch my arms and legs.
7. **relax** - After a long day, I like to relax with a good book.
8. **cheer** - The crowd began to cheer when the team scored a goal.
9. **steady** - He kept a steady pace throughout the marathon.
10. **perseverance** - Her perseverance helped her overcome many obstacles.

이 예문들을 참고하여 단어를 문장 속에서 사용해보는 연습을 해보세요. 도움이 필요하면 언제든지 물어보세요! 😊

그리고 동사를 원형으로 수정해 달라고 한 후에 지시한다.

눈과 입으로 공부하지 말고 노트에 옮겨 적으면 더 효과적일 것이다. 적자생존의 법칙이 있다. 농담이지만, 적는 자만이 생존한다. 노트에 집중할 수 있기 때문에 실력이 향상될 것이다.

지시문 나의 영어 단어 수준을 테스트하는 방법을 알려 줘.

(결과 생략)

# 069 단어 외우기

**목표** — 외국어는 단어 외우기부터 시작한다.

Copilot

지시문 나는 중학생 수준의 영어 단어를 마스터하고 싶어. 알파벳 순서로 1,000개 주요 단어를 목표로 하고 있어. 매일 10개씩 외우려고 해. 오늘 먼저 10개 단어를 표에 만들어 줘. 단어와 예문을 함께 부탁해. 그리고 [단어의 한국말 뜻]은 다른 표에 만들어 줘.

좋아요! 중학생 수준의 영어 단어를 알파벳 순서로 1,000개 목표로 하는 것은 훌륭한 계획이에요. 오늘 첫 10개 단어를 표로 만들어드릴게요.

**영어 단어와 예문**

| 단어 | 예문 |
|---|---|
| Ability | She has the ability to solve complex problems. |
| Absent | He was absent from school yesterday. |

(중략)

**단어의 한국말 뜻**

| 단어 | 한국말 뜻 |
|---|---|
| Ability | 능력 |
| Absent | 결석한 |
| Accept | 받아들이다 |

(이하 생략)

지시문 위의 표 "단어의 한국말 뜻"에서 "한국말 뜻"을 앞에 먼저, "단어"를 그 다음에 써 줘.

물론이죠! 여기 수정된 표입니다:

**단어의 한국말 뜻**

| 한국말 뜻 | 단어 |
|---|---|
| 능력 | Ability |
| 결석한 | Absent |
| 받아들이다 | Accept |
| 사고 | Accident |
| 성취하다 | Achieve |
| 건너편에 | Across |
| 행동 | Action |
| 활동적인 | Active |
| 배우 | Actor |
| 실제의 | Actual |

이제 이 단어들을 외우고, 예문을 통해 문장 속에서 사용해보세요. 도움이 필요하면 언제든지 물어보세요! 😊

단어장을 만들 때, 한국어를 먼저 쓰고 영어를 나중에 쓰는 것이 더 효과적이다. 우리는 한글로 먼저 추론하기 때문에 그것에 맞는 영어 단어를 매치시키는 것이 더 나아 보인다. 그리고, 다음 날 Actual 이후의 영어 단어 10개를 다시 부탁한다.

# 070 몰입감 있는 학습 교재 찾기

**목표** — 자신이 흥미를 느끼는 교재 선택 방법을 이해한다.

영어를 잘 하려면 자신을 맥락 속에 몰입시킬 필요가 있다. 지속적으로 자신을 영어에 노출시키면 듣기 이해력, 발음, 자신감 등을 향상시키는 데 도움이 된다.

## Perplexity

지시문 나는 생활 영어 배우는 데에 관심이 많아. 영어에 완전히 몰입하고 싶어. 영어 실력을 향상시킬 수 있는 영화, 연속극, 유튜브 채널, TV쇼, 70-80년도 팝송 등을 소개해 줘.

답변

영어 실력 향상을 위한 다양한 콘텐츠를 소개해 드리겠습니다. 일상 생활에서 영어에 완전히 몰입할 수 있는 방법들을 알려드리겠습니다.

영화 및 연속극

**영화 추천**

1. The Intern (인턴): 일상 영어와 비즈니스 상황에서의 대화를 배울 수 있는 따뜻한 영화입니다 2.
2. Forrest Gump (포레스트 검프): 간결하고 명확한 대사로 초보자도 쉽게 이해할 수 있으며, 미국 문화와 역사도 함께 배울 수 있습니다 2.

**연속극 추천**

넷플릭스나 디즈니 플러스의 영어 드라마 시리즈를 활용하면 효과적입니다. 실제 대화에서 사용되는 표현을 자연스럽게 익힐 수 있습니다 1.

유튜브 채널

**초보자를 위한 채널**

1. Easy British English
2. Easy American English

이 채널들은 일상적인 주제에 대해 길거리 인터뷰를 진행하며, 실제 사용되는 영어를 들을 수 있고 자막도 제공됩니다 3⊕.

**TV 쇼**

TED Talks: 다양한 주제의 강연을 통해 고급 영어 표현과 전문 용어를 배울 수 있습니다 1.

**70-80년대 팝송**

이 시대의 팝송은 가사가 명확하고 발음이 깔끔해 영어 학습에 도움이 됩니다. 몇 가지 추천 곡:

1. "Hotel California" - Eagles
2. "Stayin' Alive" - Bee Gees
3. "Bohemian Rhapsody" - Queen
4. "Dancing Queen" - ABBA

추가 학습 방법

1. 언어 교환 앱 활용: Tandem, HelloTalk, Speaky 등을 통해 원어민과 대화 연습을 할 수 있습니다 1.
2. 영어로 일기 쓰기: Penzu, Day One, Journey 같은 앱을 활용해 매일 영어로 일기를 쓰며 표현력을 향상시킬 수 있습니다 1.
3. 멀티미디어 콘텐츠 활용: 넷플릭스, 디즈니 플러스 등의 스트리밍 서비스를 통해 영어 콘텐츠를 즐기며 학습할 수 있습니다 1.

이러한 방법들을 조합하여 일상 생활에서 영어에 완전히 몰입하면, 자연스럽게 영어 실력이 향상될 것입니다. 꾸준히 실천하면서 즐겁게 학습하세요!

공유 다시 쓰기 ...

관련

어떤 영화가 영어 실력을 향상시키기 가장 효과적인지 궁금해 +

유튜브 채널 중 영어 학습에 가장 추천하는 채널은 어디야 +

70-80년대 팝송이 영어 학습에 도움이 되나 +

어떤 드라마가 영어 표현을 쉽게 배울 수 있는지 알려줘 +

영어를 배우기 위해 추천하는 TV 쇼는 뭐가 있어 +

지시문 유튜브 채널 중 영어 학습에 가장 추천하는 채널을 알려 줘.

(결과 생략)

# 071 문장을 이중언어 표로 만들기

**목표** — CEFR(the Common European Framework of Reference)을 활용하여 영어를 배운다.

ChatGPT

**지시문** 100단어(영어 기준)의 짧은 이야기를 영어와 한국어로 써 줘. 이 이야기를 문장으로 분리한 후 두 언어를 양쪽으로 나란히 표에 보여 줘. 영어는 CEFR B1 수준으로 해 줘.

Here's a 100-word story in both English and Korean, followed by a side-by-side table of the sentences.

**English Story:** Tom loved to read books. Every evening, he would sit by the window with a cup of tea. One day, he found a book he had never seen before. It was old and dusty, but it caught his attention. As he opened the book, he saw a map. The map showed a hidden treasure in the forest. Tom decided to follow the map. The next morning, he packed his bag and went into the forest. After a long search, he found the treasure chest. Inside, there were gold coins and jewels.

**Korean Story:** 톰은 책을 읽는 것을 좋아했습니다. 매일 저녁, 그는 차 한 잔과 함께 창가에 앉곤 했습니다. 어느 날, 그는 전에 본 적이 없는 책을 발견했습니다. 그 책은 오래되고 먼지가 쌓여 있었지만 그의 관심을 끌었습니다. 책을 펼쳤을 때, 그는 지도를 보았습니다. 그 지도는 숲 속에 숨겨진

| | |
|---|---|
| One day, he found a book he had never seen before. | 어느 날, 그는 전에 본 적이 없는 책을 발견했습니다. |
| It was old and dusty, but it caught his attention. | 그 책은 오래되고 먼지가 쌓여 있었지만, 그의 관심을 끌었습니다. |
| As he opened the book, he saw a map. | 책을 펼쳤을 때, 그는 지도를 보았습니다. |
| The map showed a hidden treasure in the forest. | 그 지도는 숲 속에 숨겨진 보물을 보여주고 있었습니다. |
| Tom decided to follow the map. | 톰은 그 지도를 따라가기로 결심했습니다. |
| The next morning, he packed his bag and went into the forest. | 다음 날 아침, 그는 가방을 챙기고 숲으로 갔습니다. |
| After a long search, he found the treasure chest. | 긴 탐험 끝에 그는 보물 상자를 찾았습니다. |
| Inside, there were gold coins and jewels. | 그 안에는 금화와 보석이 있었습니다. |

지시문 이 표에서 English와 Korean의 좌우 위치를 바꾸어 줘.

Here's the table with the English and Korean columns swapped:

| Korean Sentence | English Sentence |
|---|---|
| 톰은 책을 읽는 것을 좋아했습니다. | Tom loved to read books. |
| 매일 저녁, 그는 차 한 잔과 함께 창가에 앉곤 했습니다. | Every evening, he would sit by the window with a cup of tea. |
| 어느 날, 그는 전에 본 적이 없는 책을 발견했습니다. | One day, he found a book he had never seen before. |
| 그 책은 오래되고 먼지가 쌓여 있었지만, 그의 관심을 끌었습니다. | It was old and dusty, but it caught his attention. |
| 책을 펼쳤을 때, 그는 지도를 보았습니다. | As he opened the book, he saw a map. |
| 그 지도는 숲 속에 숨겨진 보물을 보여주고 있었습니다. | The map showed a hidden treasure in the forest. |
| 톰은 그 지도를 따라가기로 결심했습니다. | Tom decided to follow the map. |
| 다음 날 아침, 그는 가방을 챙기고 숲으로 갔습니다. | The next morning, he packed his bag and went into the forest. |
| 긴 탐험 끝에 그는 보물 상자를 찾았습니다. | After a long search, he found the treasure chest. |
| 그 안에는 금화와 보석이 있었습니다. | Inside, there were gold coins and jewels. |

참고 CEFR

CEFR stands for the Common European Framework of Reference for Languages. It is a standardized system used internationally to describe language proficiency levels for learning, teaching, and assessment. The CEFR has six levels: A1(Beginner), A2, B1, B2, C1, C2(Proficient).

출처: ChatGPT.

자국어(한국어) 수준에 맞는 이중언어 이야기를 만들면 더 효과적으로 외국어를 배울 수 있다. 수준 있는 새로운 단어나 문법 구조를 익힐 수 있다. 외국어 왕초보는 A1 수준을 선택해야 한다. 매일 습관을 들여서 이야기를 읽고 새로운 단어를 노트에 필기하면서 공부하라. 시작하고 나서 수 주일이 지나면 몰라보게 향상될 것이다.

# 072 맞춤형 학습 자료 생성하기

**목표** — 자신의 수준에 맞는 영어 학습 자료를 만든다.

Perplexity

지시문 ① "Create an English lesson for beginner level about daily routines"

② "Make a vocabulary list for intermediate learners about technology"

③ "Design a grammar worksheet focusing on conditional sentences"

[답변 예시 ②]

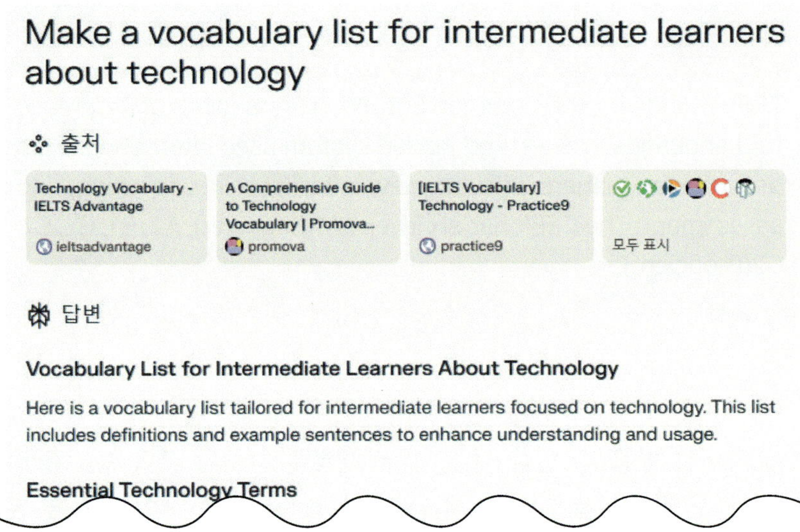


(이하 생략)

# 073 실시간 뉴스 독해하기

**목표** — GenAI의 실시간 웹 검색 기능을 활용하여 최신 영어 뉴스를 읽고 근황을 이해한다.

**Perplexity**

지시문 ① "Summarize today's tech news in simple English"
② "Explain a recent global event using beginner-friendly language"
③ "Break down a complex news article into easier sentences"

[답변 예시 ①]

## Summarize today's tech news in simple English

출처

- Tech News Roundup for the Week Ending Sept. 20, 2024 - Spiceworks — spiceworks
- Semiconductor Industry News - December 2024 Update - Sourcengine — sourcengine
- News Archive | December 2024 - TechRadar — techradar
- 모두 표시

답변

- **Qualcomm and Intel Rumors**: Qualcomm is rumored to be considering acquiring Intel, which is facing challenges in the chip manufacturing market. Intel has recently announced layoffs after reporting significant financial losses. This potential merger could help both companies compete better against NVIDIA, a leader in AI technology.
- **California's New AI Laws**: California has introduced new regulations on artificial intelligence. These laws include measures against the misuse of deepfake technology, such as illegal blackmail using AI-generated images. This legislation is among the first in the U.S. to establish rules for AI use, but it raises questions about enforcement and compliance.
- **Cybersecurity Issues**: Several cybersecurity incidents were reported, including a

(이하 생략)

[ChatGPT]　로뎅의 〈생각하는 사람〉의 의미심장함과 그것이 현대 철학과 예술에 미친 영향을 표현해 주는 이미지를 그려 줘.

GenAI 120

# 제10장
# 텍스트의 음성 변환 및 외국어 번역

이 장에서는 텍스트2음성 변환 및 번역을 공부한다.

[Cpilot] 다음 이미지를 그려줘: "미래 카페에서 한국 여성이 미소를 띠며 종업원 휴머노이드 로봇과 커피의 풍미와 추천 음료에 대해 서로 활기차게 대화를 나누고 있다."

# 074 텍스트2음성 변환하기(1)

**목표** — ElevenLabs의 작동을 경험해본다.

## ElevenLabs

[1단계] 브라우저(크롬)에 ElevenLabs를 입력하고 클릭한다.

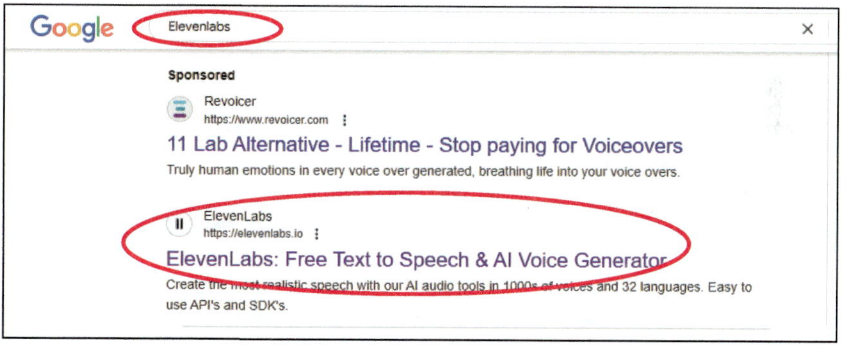


[2단계] 초기화면이 나온다.

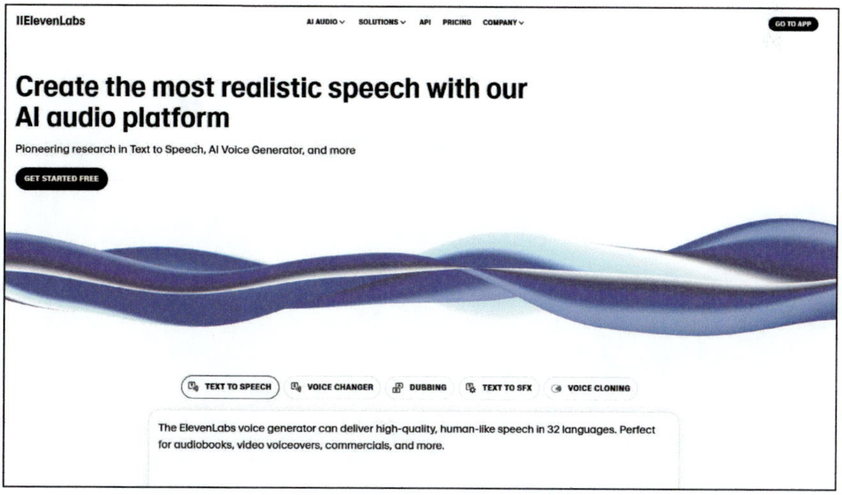

[3단계] 다음을 초기화면 하단에 입력한다.

> The Fox and the Grapes:
>
> One hot summer day, a fox was strolling through a vineyard when he saw a bunch of ripe, juicy grapes hanging from a vine. His mouth watered as he imagined how delicious they would taste.
>
> The fox jumped up to grab the grapes, but they were too high. He tried again and again, leaping with all his strength, but no matter how hard he tried, he couldn't reach them.
>
> Finally, tired and frustrated, the fox walked away, saying, "Those grapes are probably sour anyway."

[4단계] 화면 좌하단은 BRIAN(남자) 음성을 보여주고 우측은 현재 입력 글자의 수(공백 포함)를 보여주고 시작 버튼을 누르면 음성이 나온다.

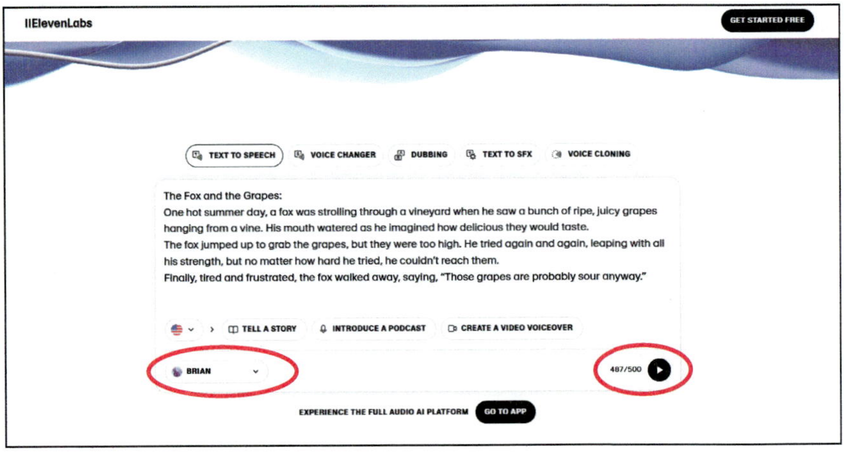

**참고** 정식 무료 버전을 사용하려면 계정을 열면 된다.

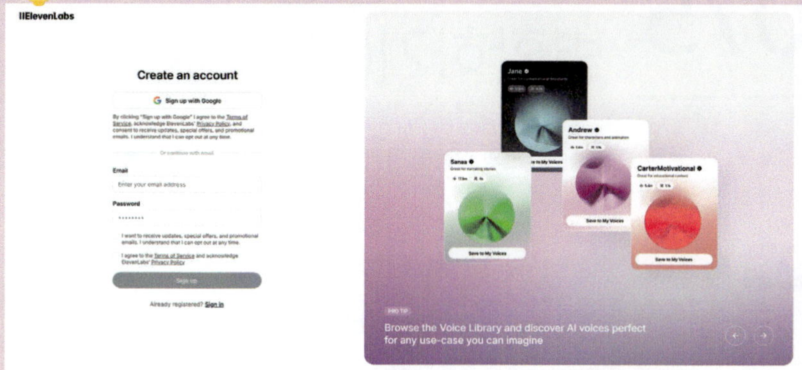


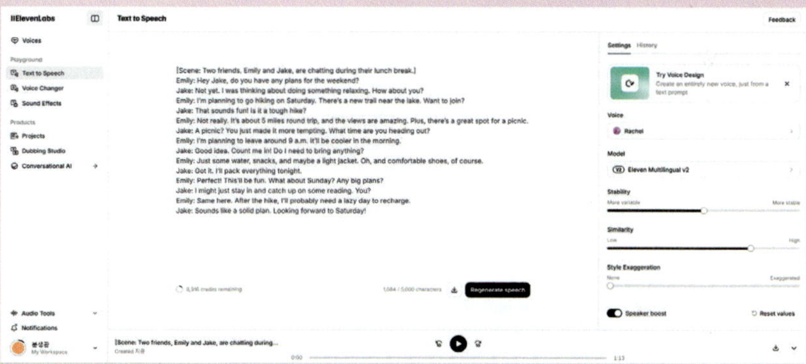


**지시문** ElevenLabs의 용도를 알려줘.

(결과 생략)

# 075 텍스트2음성 변환하기(2)

**목표** — Murf의 작동을 경험하고, ElevenLabs와 기능을 비교해본다.

## Murf

[1단계] 브라우저에서 Murf를 입력한다.

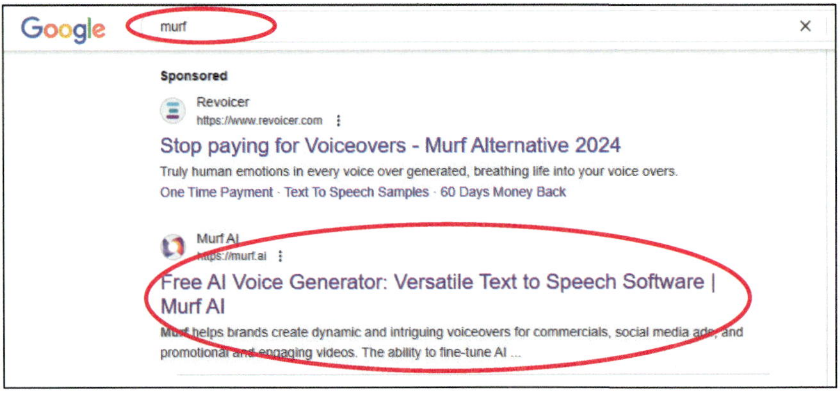


[2단계] 〈Open Studio〉 클릭한 후 그 다음을 계속 진행한다. 여기에서도 "The Fox and the  Grapes"를 이용한다.

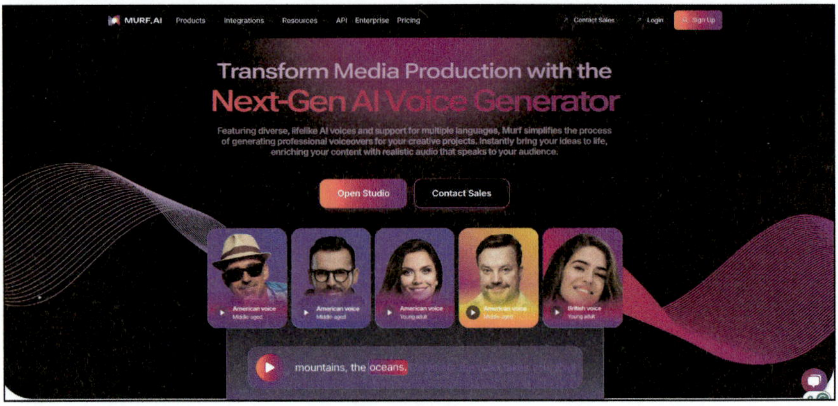

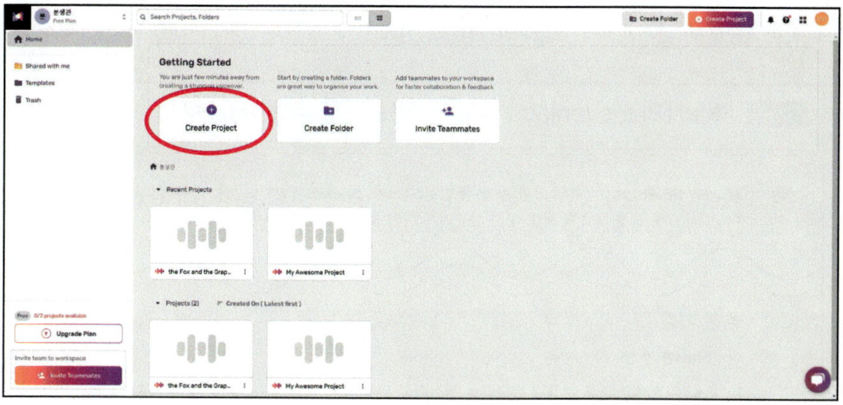


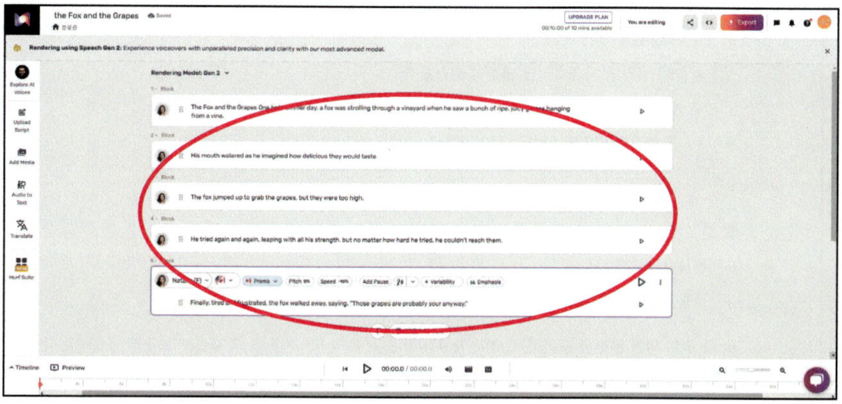


**지시문** Murf의 용도를 알려 줘.

(결과 생략)

### 참고 Murf와 Elevenlabs의 비교(ChatGPT)

**지시문** Murf와 Elevenlabs 중에서 어느 것을 추천하겠는지.

**Murf**와 **ElevenLabs**는 모두 고급 **AI 음성 합성(Text-to-Speech, TTS)** 도구로, 목적에 따라 선택해야 합니다. 두 툴을 비교해 보고 어떤 상황에서 어떤 도구를 추천할 수 있는지 알려드릴게요.

**추천 기준**

- **Murf를 추천:**
  - 직관적인 UI로 빠르게 콘텐츠를 제작하고 싶을 때.
  - **교육, 프레젠테이션, 마케팅** 콘텐츠 제작이 주목적일 때.
  - 예산이 제한적이거나 다기능 플랫폼을 원할 때.
- **ElevenLabs를 추천:**
  - 초고품질의 자연스러운 음성이 필요할 때.
  - **오디오북, 감정 표현 콘텐츠, 음성 클로닝** 같은 고급 음성 작업이 필요할 때.
  - 더 정교한 맞춤형 음성 제작이 중요한 경우.

**결론**

- **실용성 중시 → Murf**
- **품질 중시 → ElevenLabs**

**둘 다 무료 체험 옵션을 제공**하니, 먼저 사용해 보고 본인의 프로젝트에 더 적합한 도구를 선택하는 것을 추천합니다. 😊

(주) 두 GenAI의 장단점을 제시하는 것은 생략한다.

### 참고 회의 음성을 텍스트로 변환(ChatGPT)

회의 음성을 텍스트로 변환하려면 자동 음성 인식(Automatic Speech Recognition: ASR) AI를 사용해야 한다. 대표적인 AI 서비스와 도구는 다음과 같다.

① 클라우드 기반 AI 서비스: 다음 서비스는 정확도가 높고 다국어 지원이 가능

- OpenAI Whisper: 오픈소스 기반으로 강력한 ASR 모델 제공
- Google Cloud Speech2Text: 실시간 및 파일 기반 음성 인식 가능
- Microsoft Azure Speech to Text: 다국어 지원 및 문맥 분석 기능
- Amazon Transcribe: 실시간 및 배치 처리가 가능하고, 회의 음성에도 적합

② 오픈소스 ASR 모델

- Whisper (OpenAI): 무료 사용 가능, 로컬에서도 실행 가능
- Kaldi: 고급 사용자용, 연구 및 개발에 적합
- VOSK: 가벼운 모델, 로컬 환경에서도 잘 작동

③ 회의 및 협업 툴 내장 ASR

- Zoom 자동 자막: 실시간 자막 기능 제공
- Microsoft Teams: 실시간 문자 변환 및 회의록 생성 기능 제공
- Otter.ai: AI 기반 실시간 회의록 작성

만약 한국어 지원이 중요한 경우, Naver CLOVA Speech나 Kakao Speech API 같은 국내 서비스도 고려할 만하다. 원하는 방식(실시간 vs. 녹음 파일 변환, 로컬 vs. 클라우드 등)에 따라 추천이 달라질 수 있다.

# 076 컴퓨터 지원 번역(CAT) 도구 소개하기

**목표** — 번역의 효율성과 정확성을 높여 생산성을 높인다.

컴퓨터 지원 번역(Computer-Assisted Translation; CAT) 도구는 외국어 번역의 효율성과 정확성을 높여 번역가가 더 빠르고 더 나은 품질의 작업을 수행할 수 있도록 도와준다. 반복적인 작업에 드는 시간을 줄이고, 철자, 문법, 번역 일관성 등을 자동으로 검사하여 오류를 최소화한다. 따라서 창의적인 번역 작업에 더 많은 시간을 할애할 수 있다.

CAT 도구는 두 가지 방식으로 인간 번역의 전문성을 보조한다. 번역 메모리(Translation Memory; TM)와 기계 번역(Machine Translation; MT)은 서로 다른 방식으로 번역 작업을 지원하며, 주요 차이점은 [도표 10-1]과 같다.

[도표 10-1] 번역 메모리와 기계 번역

| | 번역 메모리(TM) | 기계 번역(MT) |
|---|---|---|
| 기반 | 이전에 번역한 문장이나 단락을 저장한 데이터베이스를 기반으로 작동 | 신경망 기반 알고리즘 등을 사용하여 소스 텍스트를 자동으로 번역 |
| 강점 | 유사한 텍스트를 반복해서 번역할 때 일관성을 유지 | 번역 작업을 자동화하여 빠르게 번역한 결과를 제공 |
| 사용자 개입 | TM 시스템이 제안한 번역을 검토하고 수정하며, 새로운 번역을 TM에 추가 | 번역가는 MT 시스템이 생성한 번역을 사후 편집(Post-Editing)하여 번역 품질을 향상시킴 |
| 적용 분야 | 대량의 반복적인 텍스트가 포함된 문서, 기술 문서, 법률 문서 등에 유용 | 일상 대화, 실시간 번역, 다양한 언어쌍 간의 번역 등에 유용 |

출처: **Perplexity.**

번역가는 상황에 따라 적절한 도구를 선택하여 사용할 수 있다. 몇 가지 무료 CAT 도구에 대해 알아보자. 이 무료 도구들은 예산이 제한된 개인 번역가나 소규모 팀에 유용하다(Wrtn).

① Smartcat: 클라우드 기반의 CAT 도구로, 회원 가입 후 매달 10,000 smartwords까지 무료로 사용할 수 있다. 번역 메모리, 용어 관리, 기계 번역 통합 등의 기능을 제공한다. 사용자 친화적인 인터페이스로 번역가와 프로젝트 매니저가 쉽게 사용할 수 있다.
② Wordfast Anywhere: 웹 기반의 CAT 도구로, 무료로 사용할 수 있으며, 번역 메모리와 용어 관리 기능을 제공한다. 다양한 파일 형식을 지원하여 번역가들이 다양한 콘텐츠를 쉽게 처리할 수 있다. 협업 기능이 뛰어나 여러 팀원과의 작업이 용이하다.
③ MateCat: 무료로 제공되는 오픈 소스 CAT 도구로, 번역 메모리와 기계 번역 기능을 통합하여 제공한다. 사용자가 번역 작업을 실시간으로 진행할 수 있도록 지원하며, 다양한 언어를 지원한다. 클라우드 기반으로 언제 어디서나 접근할 수 있다.
④ OmegaT: 무료 오픈 소스 CAT 도구로, 다양한 파일 형식을 지원한다. 번역 메모리와 용어 관리 기능이 포함되어 있으며, 사용자 정의가 가능하다. Windows, Mac, Linux 등 다양한 운영 체제에서 사용할 수 있다.
⑤ QuillBot Translator: 최대 5,000자까지 번역할 수 있는 무료 번역 도구로, 45개 언어를 지원한다. 간단한 인터페이스로 사용이 용이하며, 텍스트를 빠르게 번역할 수 있다.

이상의 무료 도구를 부담 없이 각자 실행해 보기 바란다.

[ChatGPT] 다음을 읽고 이미지를 만들어 줘: "연한 파스텔 톤으로 묘사된 시암 고양이와 푸들이 함께 앉아 있는 〈픽셀 아트〉 스타일의 만화 화풍의 그림. 고양이는 우아하고 끝이 짙은 색의 귀와 발을 가지고 있으며, 개는 온화한 표정을 짓고 있다."

GenAI 120

# 제11장
# 텍스트와 이미지의 상호 변환

GenAI를 이용하면 텍스트로 이미지를 그릴 수 있으며, 또한 이미지로 텍스트를 생성할 수 있다. GenAI는 글과 그림이 서로 소통할 수 있게 해 준다.

[ChatGPT] 다음 프롬프트를 기반으로 이미지를 그려 줘. "두 대의 인간형 로봇이 화분이 있는 파티오에 서서 미래적이면서도 평온한 풍경과 화려한 일몰 하늘 아래 빛나는 호수를 감상하는 모습을 고전적인 유화로 표현한다."

# 077 아침 식사하는 모습 그리기

**목표** — 적절한 텍스트 프롬프트로 원하는 이미지를 생성하며,
반대로 이미지에서 텍스트를 만든다.

Copilot

지시문 한국인 30대 부부가 즐겁게 아침 식사하는 모습을 그려 줘.

(주) "한국인" 지정이 없으면 일반적으로 "백인"으로 표현한다.

ChatGPT에서도 동일한 프롬프트로 시도해 보고, 두 GenAI의 결과물을 비교해 보자.

# 078 사실적 묘사의 프롬프트로 이미지 그리기

**목표** — 상황을 사실적으로 복잡하게 묘사하여 이미지를 그린다.

ChatGPT

지시문 다음 프롬프트를 기반으로 이미지를 그려 줘. "두 대의 인간형 로봇이 화분이 있는 파티오에 서서 미래적이면서도 평온한 풍경과 화려한 일몰 하늘 아래 빛나는 호수를 감상하는 모습을 고전적인 유화로 그려 줘. 이 장면은 반 고흐를 연상시키는 로맨틱하고 인상주의적인 붓 놀림 스타일로 표현한다."

아날로그적인 상상력 그리고 이미지 스타일(예: 인상주의, 사실주의, 초현실주의, 미니멀리즘 등)을 이해한다면 멋진 이미지를 생성할 수 있을 것이다.

# 079 시와 이미지를 연결하기

**목표** — 시 쓰기 실력을 높이고 이미지로 연결한다.

ChatGPT

지시문 나는 내년 졸업을 앞두고 취업 준비를 하고 있어. IT 회사에 취직하려는데, 나에게 열정과 자존감을 심어주는 시를 한편 부탁해. 시의 제목은 <미래를 향한 발걸음>으로 해 줘.

---

**<미래를 향한 발걸음>**

한 걸음, 또 한 걸음 / 내딛는 발자국마다 / 나는 나를 그려간다. /
이 길 끝엔 무엇이 있을까? / 그 답은 오직 내가 써 내려갈 뿐.

넘실거리는 불안의 파도 속에서도 / 내 안의 작은 빛은 꺼지지 않는다. /
그 빛은 나의 열정, / 그리고 스스로를 믿는 자존감.

누군가는 말한다 / "너무 높은 곳을 꿈꾸지 마." / 하지만 나는 안다

그 말은 내가 도달할 높이를 / 그들이 헤아리지 못하기에 나온다는 것을.

실패의 그림자조차 / 내 발을 묶지 못한다. /
넘어지더라도 일어나는 법을 알기에 / 나는 더 강해진다.

내가 향하는 길은 / 그저 취직의 문을 넘어 / 세상에 나만의 흔적을 새기는 길.

그 길 위에 핀 꽃들은 / 내 노력의 결실이 될 것이다.

오늘도 나는 걸음을 뗀다. / 확신과 설렘을 품고, /
미래를 향한 나만의 발걸음으로.

---

이 시가 당신의 여정에 작은 응원이 되길 바랍니다. 꿈을 향해 나아가는 당신을 진심으로 응원합니다.

ChatGPT

지시문 <미래를 향한 발걸음> 시를 읽고 낭만적이고 희망찬 이미지를 하나 그려 줘.

여기 시 **<미래를 향한 발걸음>**을 바탕으로 그린 이미지입니다. 밝은 미래를 향해 걷는 당신의 여정을 따뜻하게 담아보았습니다. 이 그림이 당신의 꿈에 힘이 되기를 바랍니다! 😊

무료 ChatGPT는 3번째 그림을 나니 "오늘은 여기까지"를 선언한다.

**이미지 생성 한도에 도달했습니다.**
ChatGPT Plus로 업그레이드하거나 내일 AM 9:43 후에. 다시 시도하세요. Plus 이용하기 ×

비록 이미지 생성은 내일 시도해야 하지만, 계속해서 이 시를 영어로 번역해 달라고 하니 한 편의 영시를 써 준다(결과 생략).

# 080 색칠용 흑백 이미지 그리기

**목표** — 이미지를 인쇄하여 색칠하기를 배운다.

Copilot

지시문 다음을 이미지로 그려 줘. "장난스러운 강아지가 나비를 쫓는 아이들을 위한 색칠 페이지, 최소한의 디자인, 선명한 흑백 선, 배경 없음, 음영 없음."

지시문 다음을 이미지로 그려 줘. "가을 산에 떨어지는 나뭇잎과 시냇물 흐르는 어른용 색칠 페이지. 선명한 흑백 윤곽선, 음영 없음."

**지시문** 이 이미지를 어떻게 색칠하면 좋을까?

이 아름다운 가을 산 색칠 페이지를 어떻게 색칠할지 고민되시나요? 몇 가지 아이디어를 드릴게요!

나뭇잎: 다양한 가을 색상으로 나뭇잎을 색칠해 보세요. 예를 들어, 빨강, 주황, 노랑, 갈색 등이 있어요.

시냇물: 물을 시원하게 느껴지게 하기 위해 파란색 계열로 색칠하는 게 좋을 것 같아요. 연한 파란색과 하늘색을 사용하면 자연스럽고 아름답게 표현될 거예요.

바위와 흙: 시냇물 옆에 있는 바위와 흙은 회색이나 갈색을 사용해 색칠해 보세요.

하늘: 하늘 부분이 있다면 푸른색으로 색칠해 주셔도 좋고, 좀 더 예술적인 느낌을 주고 싶다면 노란색이나 핑크색을 섞어 일몰의 느낌을 표현해도 좋아요.

추가 장식: 별과 작은 꽃들을 추가 색칠하여 디테일을 더해보는 것도 재미있을 거예요!

---

이 색칠 페이지를 통해 가을의 아름다움을 마음껏 표현해보세요! 🍂🎨

혹시 다른 색칠 페이지 아이디어나 색칠 방법이 궁금하시면 언제든지 말씀해주세요.

# 081 이미지2텍스트 그리고 텍스트2이미지

**목표** — 복잡한 이미지에 대해 정교한 프롬프트를 얻는다.

## ① 프롬프트 하나를 요청한 경우

**지시문** 아래 그림을 ChatGPT에 붙인 후 "이 그림에 대해 <하나의 프롬프트>를 만들어 줘."라고 한다.

(주) 김미경 제공, 파스텔

다음과 같은 프롬프트를 사용할 수 있어요:

"가을 숲속의 풍경을 그린 아름다운 그림. 붉은 낙엽이 깔린 숲길을 따라 키 큰 나무들이 늘어서 있고, 노란빛과 주황빛이 감도는 햇살이 나뭇잎 사이로 스며든다. 부드러운 붓터치와 따뜻한 색감이 조화를 이루며 몽환적인 분위기를 자아낸다."

---

이렇게 하면 AI가 비슷한 느낌의 그림을 생성할 수 있을 거예요. 원하는 느낌이 있다면 더 구체적으로 수정할 수도 있어요! ☺

### ② 여러 프롬프트를 요청한 경우

**지시문** 이 그림을 기반으로 <여러 프롬프트>를 만들어 줘.

이 그림을 기반으로 다양한 스타일과 분위기의 프롬프트를 만들어봤어요.

① 사실적 묘사 프롬프트

"가을의 숲속 풍경. 붉게 물든 낙엽이 촘촘히 깔린 숲길이 펼쳐져 있고, 키 큰 나무들이 줄지어 서 있다. 나뭇가지 사이로 황금빛 햇살이 스며들며 숲 전체를 따뜻한 분위기로 감싼다. 깊이감 있는 원근법이 적용되어 있어 길 끝까지 시선이 이어진다."

② 몽환적/판타지 스타일

"마법의 숲 한가운데, 붉은 카펫처럼 깔린 낙엽길이 끝없이 펼쳐진다. 나무들은 부드러운 황금빛 아우라를 띠며 은은한 빛을 발하고, 공기 중에는 반짝이는 작은 빛의 알갱이들이 떠다닌다. 신비로운 존재가 숨어 있을 것 같은 환상적인 분위기의 풍경."

③ 인상주의 스타일

"강렬한 붉은색과 따뜻한 노란색이 조화를 이루는 인상주의 스타일의 숲 풍경. 짧고 거친 붓터치로 표현된 나무들은 생동감이 넘치며, 빛과 그림자가 어우러져 숲의 깊이를 강조한다. 색채의 대비와 빛의 흐름이 강조된 감성적인 장면."

④ 감성적인 서정적 풍경

"고요한 가을 숲길, 붉게 물든 땅 위를 부드러운 바람이 스쳐 지나간다. 햇살이 나뭇가지 사이를 타고 흘러내리며 따뜻한 분위기를 연출한다. 이곳을 걸으면 마치 시간마저 멈춘 듯한 평온함이 느껴지는, 자연이 주는 따뜻한 안식처."

⑤ SF/디스토피아적 변형

"이상한 색조의 숲, 바닥은 붉은빛으로 물들고 나무들은 기묘하게 뒤틀려

(이하 생략)

다섯 가지 이미지를 그려 보면 다음과 같다.

## ① 사실적 묘사

**지시문** 이 프롬프트를 기반으로 이미지를 그려 줘. "가을의 숲속 풍경. 붉게 물든 낙엽이 촘촘히 깔린 숲길이 펼쳐져 있고, 키 큰 나무들이 줄지어 서 있다. 나뭇가지 사이로 황금빛 햇살이 스며들며 숲 전체를 따뜻한 분위기로 감싼다. 깊이감 있는 원근법이 적용되어 있어 길 끝까지 시선이 이어진다."

여기에 요청하신 가을 숲의 멋진 풍경을 이미지로 표현했어요. 깊이감 있는 원근법과 황금빛 햇살이 따뜻한 분위기를 자아냅니다. 😊

나머지 이미지도 동일한 방법으로 시도한다.

② 몽환적/판타지 스타일

③ 인상주의 스타일

④ 감성적인 서정적 풍경

⑤ SF/디스토피아적 변형

여러 프롬프트 중에서 어느 것을 선택할지는 자신의 안목과 취향에 달려 있다. 그리고 영문 프롬프트를 얻을 수도 있고, 이것을 직접 혹은 한국어로 번역해서 사용한다.

# 082 이미지에서 수필 쓰기

**목표** — 제시한 이미지에서 짧은 글 쓰기를 시도한다.

**Claude**

지시문

BS 이 그림을 보고 수필 **500**자 써 줘.

아이들의 세계는 얼마나 순수하고 아름다운지요. 골판지 상자 하나로 만든 아늑한 공간에서, 두 소녀가 인형들과 함께 차 파티를 즐기고 있습니다. 하얀 테이블보 위에 놓인 작은 찻잔과 쿠키, 그리고 그들의 가장 소중한 친구인 인형들이 이 특별한 순간을 함께합니다.

상자 한쪽에는 'THIS END UP'이라는 글씨가 선명하게 보이지만, 아이들의 상상력 속에서 이 공간은 이미 화려한 성의 티룸이 되어있습니다. 천장을 덮은 하얀 천과 물방울무늬 커튼은 마치 구름 위의 비밀 정원같은 분위기를 자아냅니다. 옆에 놓인 장난감 주방세트는 이들의 환상적인 티 파티를 더욱 완벽하게 만들어주는 소품이 되었습니다.

그림 속 아이들의 표정에서는 진지함이 엿보입니다. 마치 진짜 귀빈을 대접하듯 예의 바르게 차를 마시는 모습이 어찌나 사랑스러운지요. 인형들 역시 아이들의 상상력 속에서는 살아있는 친구가 되어, 이 특별한 오후의 티타임을 함께 즐기고 있는 듯합니다.

이처럼 아이들은 평범한 일상의 물건들을 가지고도 얼마든지 특별한 세계를 만들어낼 수 있습니다. 골판지 상자 하나가 아름다운 성이 되고, 물과 과자 한 조각이 최고급 다과가 되는 마법 같은 순간. 이것이 바로 우리가 잃어버린, 혹은 잊고 있던 순수한 동심의 힘이 아닐까요?

이 그림을 보고 있노라면, 우리도 모르게 입가에 미소가 번집니다. 그리고 문득 우리의 어린 시절도 이처럼 소박하지만 행복했던 순간들로 가득했다는 것을 떠올리게 됩니다.

Steven Dohanos(1907~1994, 미국)는 소꿉놀이 파티를 진지한 모습으로 그려서 보여준다. 예전에 합판 상자는 냉장고 운반용으로 사용되었다. AI는 상자 외곽에 세로 글자인 REFREGERATOR를 판독하지 못하고 단순 골판지로 설명하고 있다.

이미지를 보고 글을 쓰려면 집중해서 보는 눈을 가지고 있어야 가능하다. 관찰력을 키운다면 글 쓰기가 향상될 것이다.

# 083 Bing Image Generator에서 이미지 만들기

**목표** — Bing Image Generator에서 이미지 생성을 경험한다.

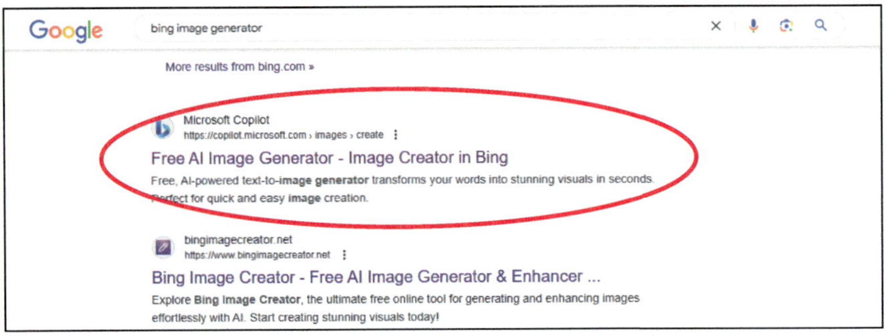


**지시문** A dark-haired woman in her thirties playing the piano on the tropical beach.

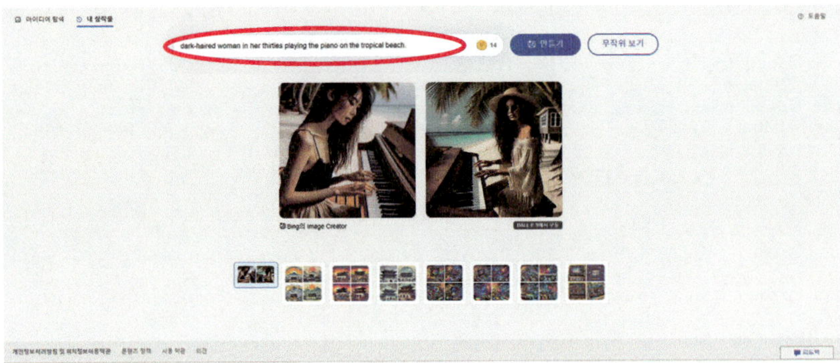


(주) DALLE-3이 서비스된다.

지시문 아래 참조(앞에서 만든 "미래를 향한 발걸음" 시를 입력한 후 클릭)

Bing Image Generator의 이미지 서비스는 동시에 여러 개를 제공하지만 무료 횟수는 제한적이다. 이 외에, 무료 체험 이미지 GenAI를 추천하면 다음과 같다: Playground, Canva, Flux.

# 084 Pixabay에서 무료 이미지 얻기

**목표** — pixabay.com의 무료 이미지 서비스를 경험한다.

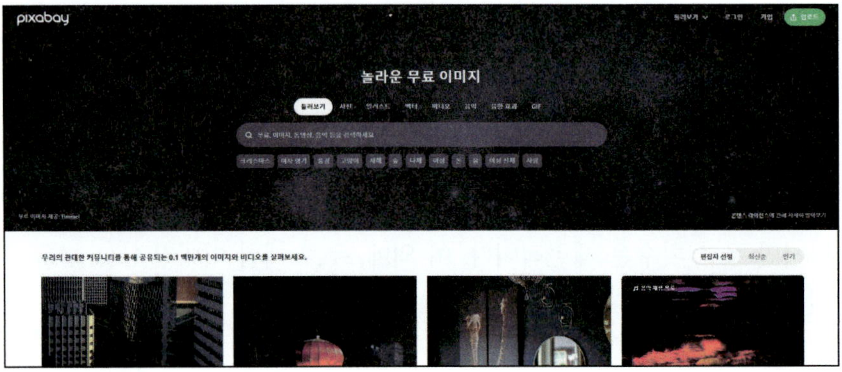


검색어: AI

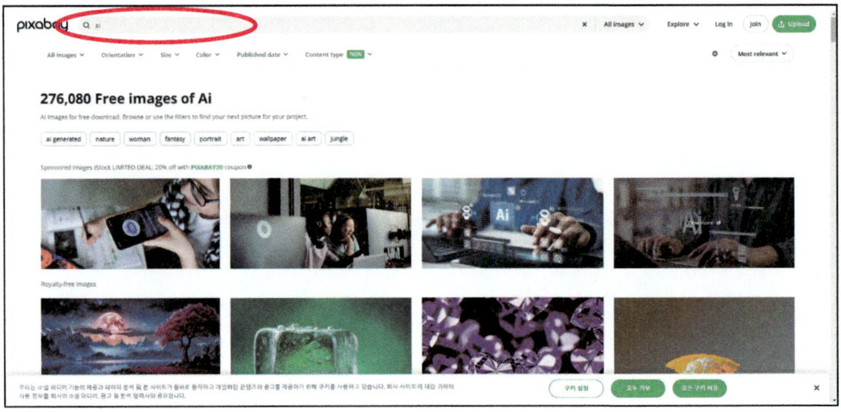


무료 그림을 다운받아서 프롬프트를 만든다면 더 좋은 이미지를 만들 수 있을지도 모르겠다. 다음은 무료 이미지 가능한 사이트이다: Unsplash, Pinterest, Pexels, Freepik, Burst by Shopify.

GenAI 120

# 제12장
# 영상 만들기

여기서는 Text2Video(TTV 또는 T2V)는 텍스트 기반의 영상(또는 동영상)을 생성한다. 이 TTV는 동적이어서 시간적 일관성을 유지하면서 연속성을 보여주어야 하기 때문에 복잡한 기술을 필요로 한다. 이미지 기반의 영상도 유사한 과정이다.

[Copilot] 다음을 지브리(ghibli) 스타일로 그려 줘. "주황색 셔츠를 입고 노트북으로 작업 중인 짧은 갈색 머리의 대학생이 있다. 그 옆에는 가슴에 "AI"라고 적힌 파란색 로봇이 있다. 그림 상단에 파란 하늘 배경을 두고 강아지, 꽃, 책 등을 나타내는 아이콘들이 떠 있다."

# 085 텍스트 기반 영상

**목표** — 텍스트로 영상을 만든다.

## Invideo AI

[1단계] 브라우저에 Invideo ai를 입력한다.

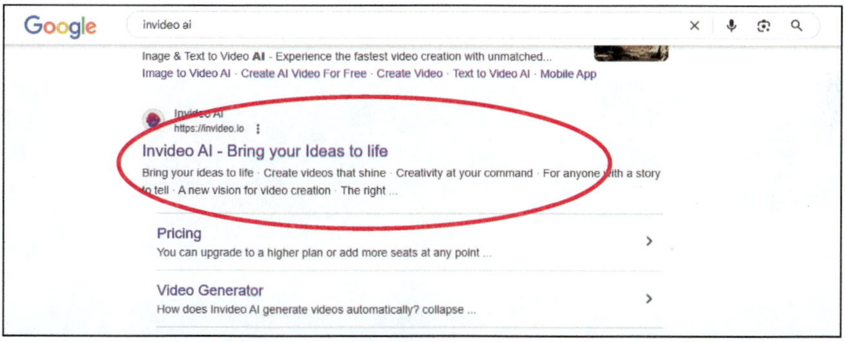


[2단계] 〈Try Invideo AI〉를 클릭한다.

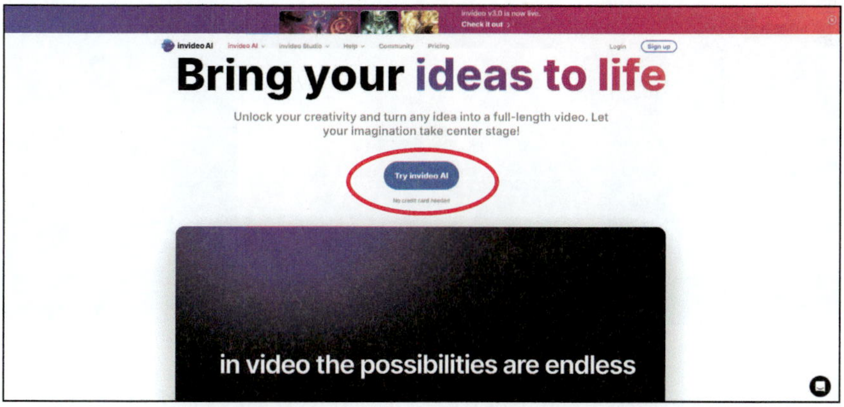

[3단계] "노을 지는 들판에서 여러 명의 친구들이 활기차게 산책하는 영상을 만들어 줘."라고 지시문을 입력한다.

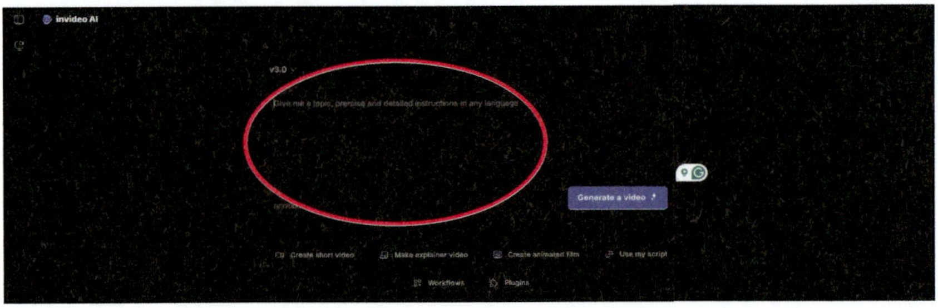


[4단계] 〈Generate〉를 클릭하고, 완성되면 다음 화면에서 무료 버전 [Stock Media]을 선택하고 [Continue]를 누른다.

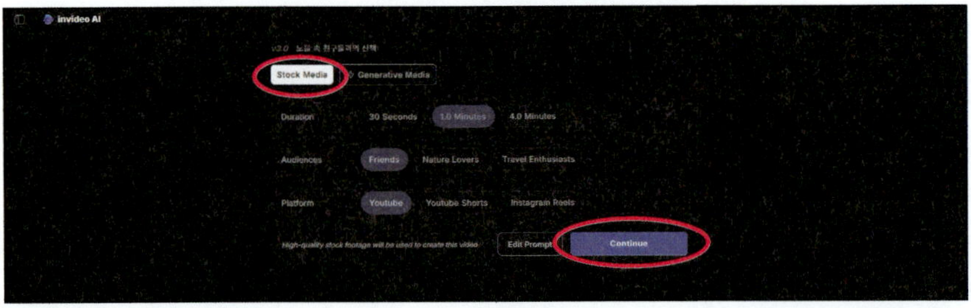


[5단계] 조금 기다리면 결과물이 나오고 [시작 버튼]을 클릭한다.

추가로 Skyreels.ai, Kapwing, VidnozAI를 시도해 보기 바란다.

# 086 이미지 기반 영상

**목표** — 정적인 이미지에서 영상을 만든다.

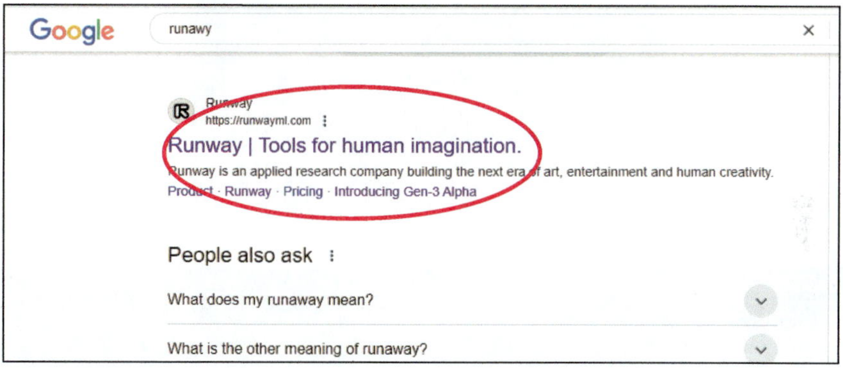


[1단계] 웹 브라우저에서 runaway 입력, 아래 화면에서 〈Try Runaway〉 클릭한다.

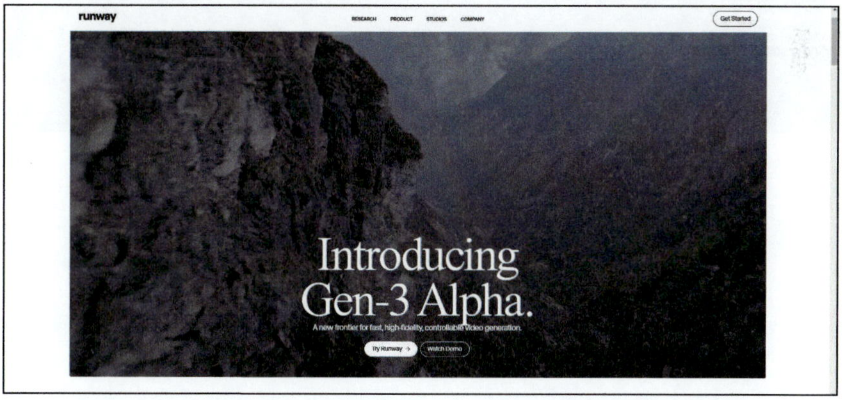

[2단계] 다음 화면에서 Try it now 〈Try It Now〉 클릭하면, 아래 화면이 나온다. 여기에서 이미지(Rockwell Kent 작품)를 로드하고, 그 우측에 제목을 입력한다.

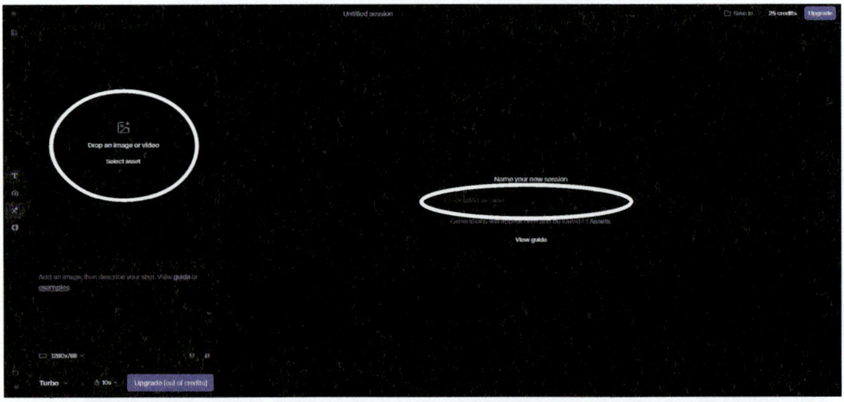

[3단계] 아래 우측에 영상이 생성되면 우하단의 〈Crop〉을 누른다.

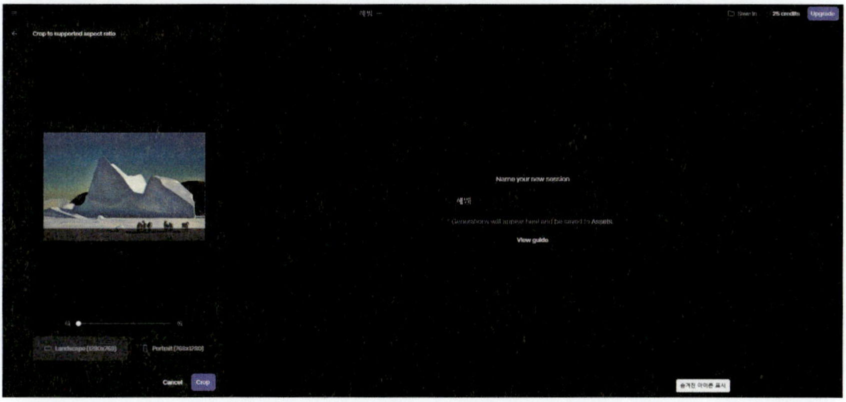


[4단계] 작품을 활성화시키면, 펭귄이 왔다갔다 한다(10초 영상).

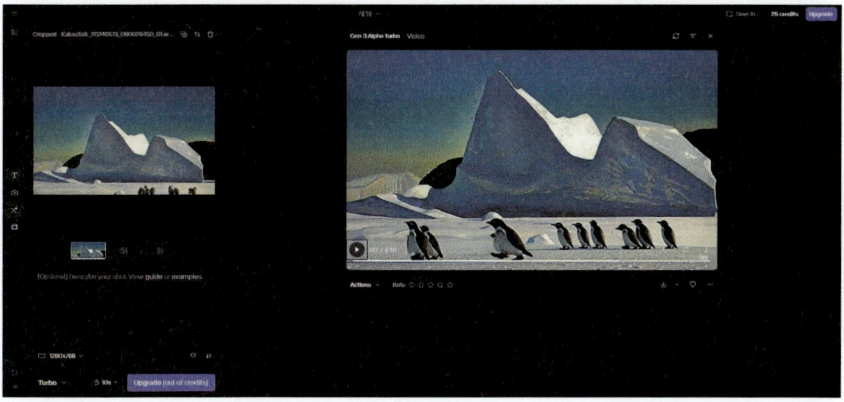


원래 그림은 개 썰매 광경인데 펭귄 모습으로 바뀌어서 보여주기도 한다. 이렇게 Runway ML은 고급스런 AI 창의성을 보여준다. 이 GenAI는 AI 기반의 독특하고 실험적인 이미지와 비디오를 생성한다. 창의적인 애니메이션 도구이며 초보자도 쉽게 접근할 수 있다.

# 087 아바타 기반 영상

**목표** — 아바타와 음성을 생성하여 영상을 제작한다.

Synthesia는 120개 이상의 언어 및 134개 AI 음성을 지원한다. 한국어의 경우 현재 남성, 여성 각각 1개씩의 AI 음성을 제공하고 있다. 또한 140여 개 스타일의 아바타를 제공하고 있으며, 음성과 입모양 Sync를 지원한다.

[1단계] 브라우저에서 [Synthesia] 입력한다.

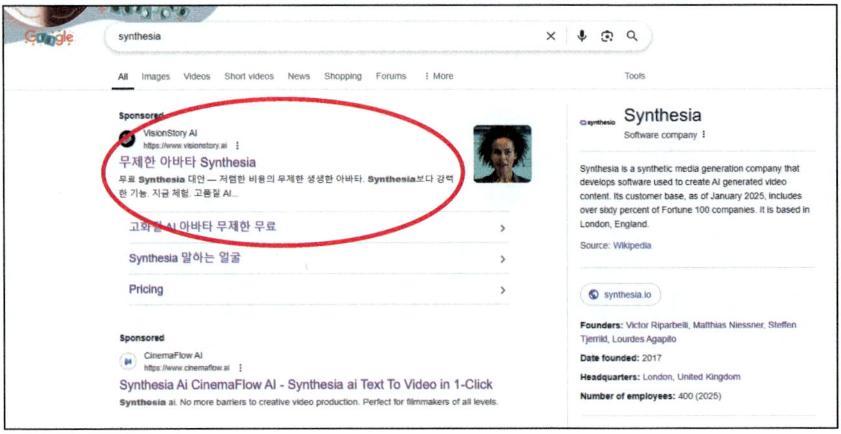

[2단계] [무료 시작하기]를 누른다

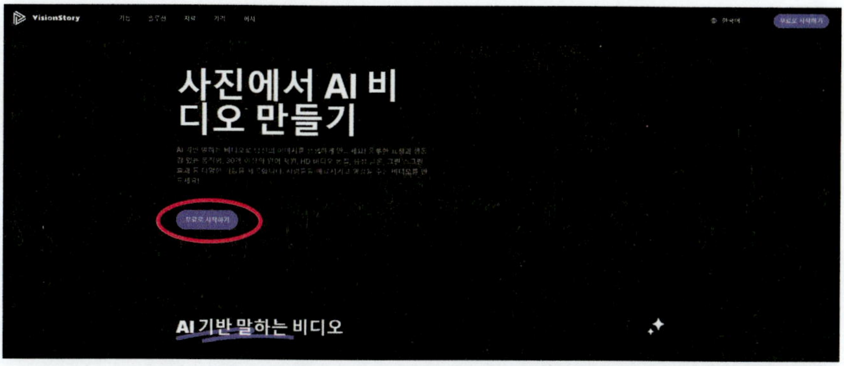


[3단계] 아바타를 선택한다.

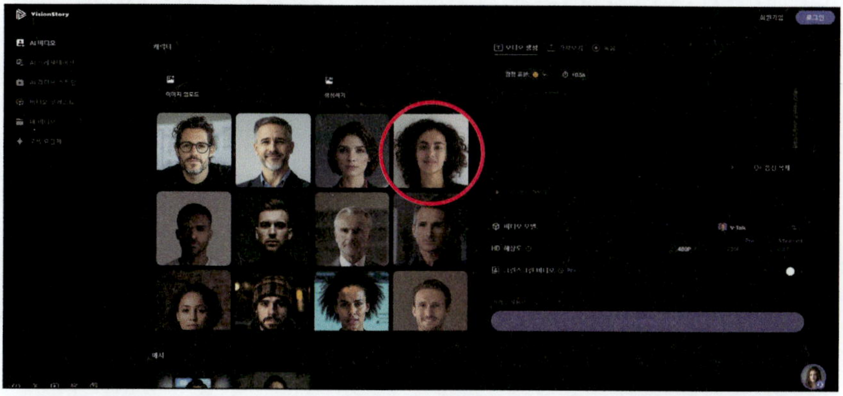


[4단계] 다음과 같이 [지시문]을 한국어로 준비하고 복붙한다(영어도 물론 가능).

> 김소월의 진달래꽃을 낭송합니다.
>
> 나 보기가 역겨워 / 가실 때에는 / 말없이 고이 보내 드리우리다
>
> 영변에 약산(藥山) / 진달래꽃 / 아름 따다 가실 길에 뿌리우리다
>
> 가시는 걸음걸음 / 놓인 그 꽃을 / 사뿐히 즈려밟고 가시옵소서
>
> 나 보기가 역겨워 / 가실 때에는 / 죽어도 아니 눈물 흘리우리다

[5단계] [보이스오버 영상 만들기]를 실행한다.

[6단계] 위 화면 하단 [오늘 작업]의 아바타를 클릭 실행한다.

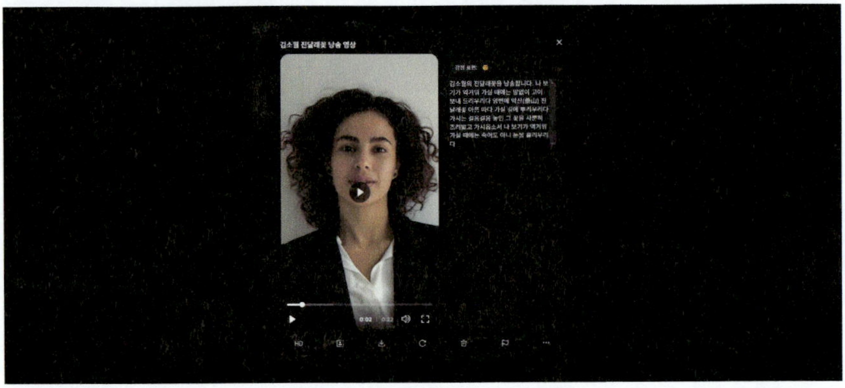

영어로 쓰여진 [이솝우화]의 한 주제를 복붙하고 실행하면 흥미있는 경험을 하게 될 것이다.

### 참고 영상 GenAI 안내

GenAI를 이용한 영상 생성 방식은 다양하며, 주요 기술과 도구를 조합하여 독창적이고 효율적인 결과를 생성할 수 있다. 다섯 가지 주요 방식과 도구를 알아보자(ChatGPT).

① 텍스트 기반 영상 생성

입력한 텍스트 스크립트를 기반으로 영상을 생성한다. 텍스트를 장면으로 분할, 이미지 또는 영상 클립을 AI로 생성 및 조합하여 스토리를 시각화한다. TTS(Text2Speech)를 통해 내레이션 추가도 가능하다.

- 활용 사례: 광고, 마케팅, 교육용 비디오 제작.
- GenAI 도구: Runway Gen-2, Pika Labs 등

② 이미지에서 영상으로 확장

단일 이미지에서 모션을 추가하여 영상으로 확장한다. 이미지의 객체에 애니메이션을 생성하거나 카메라 패닝 효과를 구현한다.

- 활용 사례: 디지털 초상화, 역사적 이미지의 복원.
- GenAI 도구: D-ID, Deep Nostalgia 등

③ 스타일 변환 및 비디오 편집

기존 영상에 특정 예술적 스타일을 적용한다. 현실 영상을 애니메이션화하거나 특정 아트 스타일로 변환할 수 있다.

- 활용 사례: 영화 제작, 게임 디자인.
- GenAI 도구: DeepArt.io, First Order Motion Model

④ AI 캐릭터 생성 및 애니메이션

AI로 생성된 가상 캐릭터에 음성 및 표정을 추가하여 영상을 제작한다. 실제 배우의 연기를 대체하거나 보완한다.

- 활용 사례: 게임 캐릭터, 가상 인플루언서 제작.
- GenAI 도구: Reallusion Character Creator, Ziva Dynamics 등

⑤ 음성과 텍스트를 결합한 자동 영상

음성 데이터 또는 대화 텍스트를 기반으로 장면과 화면 전환을 자동 생성한다. CLIP(Contrastive Language-Image Pre-training) 기반 모델을 활용한다.

- 활용 사례: 프레젠테이션, 유튜브 콘텐츠 자동 제작.
- GenAI 도구: Descript, Synthesia

**참고** 영상 GenAI 안내 (계속)

TTV 응용 사례로 마케팅(제품 설명 영상, 짧은 광고 클립 제작), 교육(인터랙티브한 교육 콘텐츠 제작), 엔터테인먼트(게임 캐릭터 애니메이션, 영화 특수효과), 개인화 콘텐츠(생일 축하 메시지, 기념 영상) 등이 있다. GenAI를 활용하면 상상력을 영상으로 구현하는 것이 이전보다 훨씬 쉬워졌다.

끝으로 제한적이지만 무료 사용이 가능한 GenAI를 열거하면 다음과 같다. 하나씩 사용해 보면서 경험해 보자. 대부분 고급 기능을 활용하려면 유료 구독이 필요하다.

ChatGPT, Canva, Fotor, InVideo, Clipchamp, Lumens5, 라이프와이어, Stable Diffusion, DALL-E 2, Synthesia, Elai.IO, Steve.AI, Kapwing

**참고** 비디오 자막 작업(ChatGPT)

AI 기술을 활용하면 비디오 자막 작업(subtitling)의 자동화가 가능하며, 유튜브, OTT(Over-the-top media service, 기업 홍보 영상 등 다양한 분야에서 활용할 수 있다. 그 과정은 크게 ① 스크립트 작성 ② 타임코드 설정 ③ 번역 ④ 스타일 조정 ⑤ 적용 및 출력의 순서를 거친다. 비디오 자막 작업을 위한 주요 도구 찾기와 실습은 각자 해보기 바란다.

# 제13장
# 음악으로 즐거움 나누기

음악은 말로 표현하지 못하는 감정에 가치를 더하며 미적인 즐거움을 제공한다. 그리고 개인과 개인, 문화와 사회를 연결해 주면서 사회적 정체성 통합에 기여한다. 여기서 소개하는 Suno를 배우면, 음악 이론 지식이 없어도 노래를 만들 수 있다. 가사(프롬프트)만 넣고 노래를 즐길 수 있다.

[ChatGPT] 꽃과 역사적인 건축물로 둘러싸인 가운데에서 기타를 연주하는 인간형 로봇의 평화로운 순간의 이미지를 그려 줘.

# 088 GenAI 프롬프트로 노래 만들기

**목표** — Suno 구조를 이해한다.

## [1단계] 먼저 프롬프트를 준비해 놓는다.

**Perplexity**

지시문 Suno 작곡을 위해 프롬프트 5개 만들어 줘.

답변

Suno AI를 위한 5가지 작곡 프롬프트를 한국어로 만들어 드리겠습니다:

1. "한여름 밤의 꿈을 연상시키는 몽환적인 피아노 멜로디와 부드러운 신스 사운드가 어우러진 로파이 힙합 트랙을 만들어주세요."
2. "전통 국악 악기의 음색과 현대적인 일렉트로닉 비트가 조화를 이루는 퓨전 K-pop 스타일의 곡을 작곡해주세요. 후렴구에서는 파워풀한 보컬이 돋보이도록 해주세요."
3. "1980년대 레트로 신스팝 느낌의 업템포 댄스 트랙을 만들어주세요. 펑키한 베이스라인과 화려한 신스 리드가 특징적으로 들어가면 좋겠습니다."
4. "비 오는 날 카페에서 듣기 좋은 재즈 피아노 트리오 곡을 작곡해주세요. 부드러운 브러시 드럼과 걷는 베이스가 특징적으로 들어가면 좋겠습니다."
5. "우주를 탐험하는 듯한 웅장하고 신비로운 분위기의 앰비언트 일렉트로니카 트랙을 만들어주세요. 광활한 공간감과 점진적으로 발전하는 구조가 돋보이는 곡으로 작곡해주세요."

이 프롬프트들은 Suno AI의 작곡 능력을 다양하게 활용할 수 있도록 서로 다른 장르와 스타일, 분위기를 요청하고 있습니다. 각 프롬프트에는 원하는 악기, 사운드, 구조 등에 대한 구체적인 지시사항이 포함되어 있어 AI가 더 정확하게 원하는 스타일의 음악을 생성할 수 있도록 돕습니다.

관련

Suno 작곡을 위해 어떤 멜로디가 좋을까 +

Suno 작곡 시 어떤 리듬을 사용하는 것이 좋을까 +

Suno 작곡을 위해 어떤 악기 조합이 적합할까 +

Suno 작곡 시 어떤 분위기를 표현하는 것이 좋을까 +

Suno 작곡을 위해 어떤 가사 테마가 적합할까 +

이 다섯 가지 중에서 ④번을 선택한다.

[2단계] Suno 초기화면에 들어가기: 〈크롬〉에서 Suno를 입력 클릭하고 회원 가입한다. 다음 초기 화면에서 〈Create〉 선택한다.

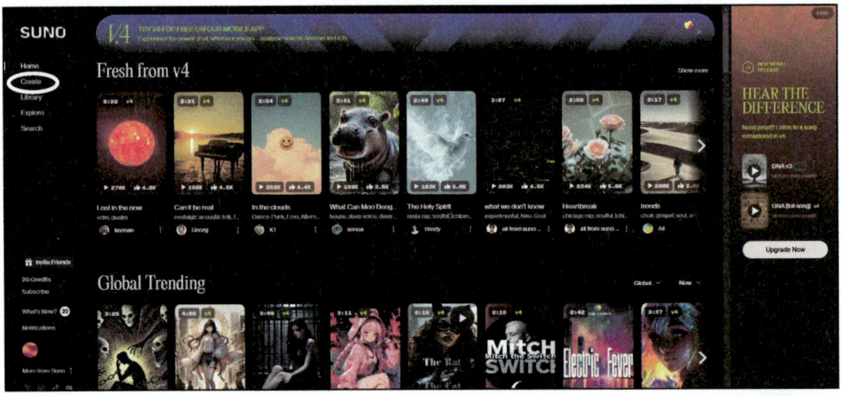


[3단계] 준비된 ④번을 〈Song description〉에 복붙한 후 

클릭하면 음악이 두 곡이 생성된다.

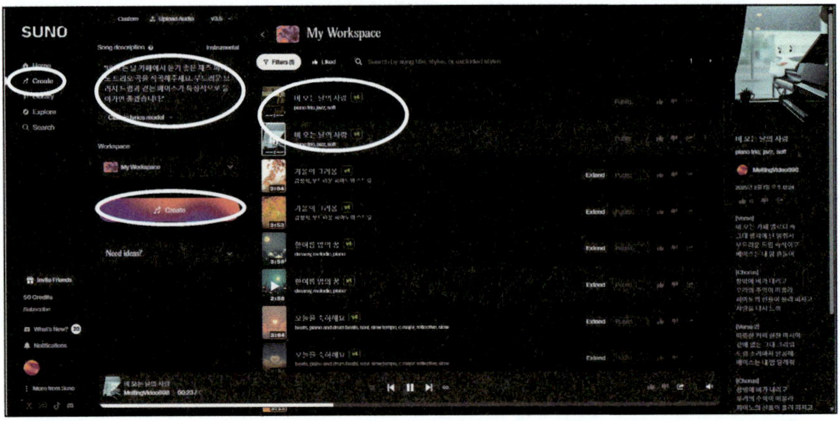

**[4단계]** 위 화면 우측에서는 노래 가사를 만들어 준다.

비 오는 날의 사랑
piano trio, jazz, soft
Profile avatar
MeltingVideo898
2025년 2월 1일 오후 12:24

[Verse 1] 비 오는 카페 멜로디 속/ 그대 생각에 난 멈춰서/
부드러운 드럼 속삭이고/ 베이스는 내 맘 흔들어

[Chorus] 창밖에 비가 내리고/ 우리의 추억이 떠올라/
피아노의 선율이 울려 퍼지고/ 사랑을 다시 느껴

[Verse 2] 따뜻한 커피 한잔 마시며/ 곁에 없는 그대 그리워/
드럼 소리마저 달콤해/ 베이스는 내 맘 달래줘

[Chorus] 창밖에 비가 내리고/ 우리의 추억이 떠올라/
피아노의 선율이 울려 퍼지고/ 사랑을 다시 느껴

[Bridge] 우산 속의 둘만의 시간/ 우리가 다시 만날 그날/
피아노와 함께한 순간/ 영원히 머물 거야

[Chorus] 창밖에 비가 내리고/ 우리의 추억이 떠올라/
피아노의 선율이 울려 퍼지고/ 사랑을 다시 느껴

(주) 도입(Verse), 후렴(Chorus), 클라이맥스(Bridege) 등으로 가사를 구조화한다.

**[5단계]** 노래(MP3 혹은 MP4)를 다운는다.

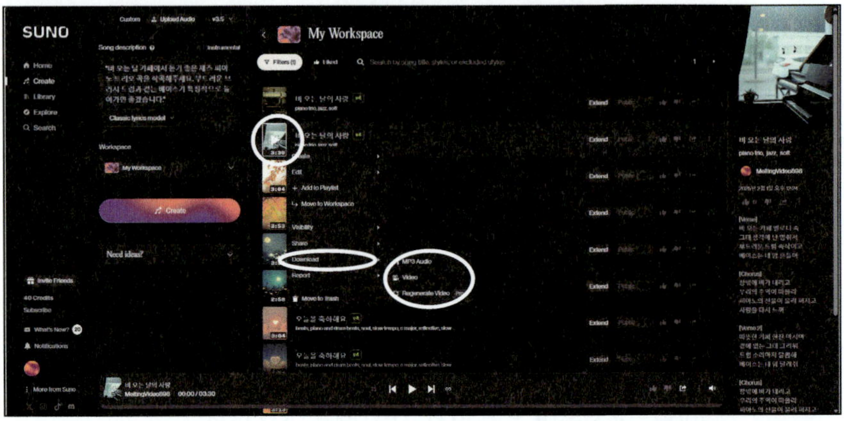


두 노래 중에서 선호하는 것 하나를 우마우스로 선택하고 좌마우스로 〈Download〉 누른 후 MP3 Audio 또는 Video(MP4) 형식으로 내 폴더에 저장한다. 현재 버전(v4)은 이전보다 더 개선되었고 실제 사람이 부르는 것처럼 자연스럽고 프롬프트에 섬세하게 반응한다.

그런데 Suno의 무료 횟수 제한에 신경 써야 한다. 위 화면 좌측 아래에 표시된 무료 50 크레딧(Credits)이 현재 40으로 줄어들었다. 매일 50크레딧을 제공받지만 낭비하지 않도록 조심한다. 이것을 전부 소진하고 나면 유료 pro 또는 다른 무료 GenAI로 전환해야 한다. GenAI에게 "Suno에서 무료 크레딧 아끼는 법을 알려 줘."라고 지시하면 답을 알려 주기도 한다.

### 알면 소용있는 프롬프트

다음은 GenAI가 소개하는 노래 프롬프트 10가지다.

- 열대 해변의 선셋 파티를 위한 경쾌한 일렉트로닉 댄스 음악. 신디사이저와 트로피컬 하우스 비트, 마림바 사운드를 특징으로 하는 업비트 멜로디.
- 전통 국악기의 현대적 재해석. 가야금과 대금 사운드를 현대적인 트랩 비트와 조화시킨 힙합 트랙. 동양적 스케일과 서양의 리듬이 어우러진 퓨전.
- 비 오는 도시의 재즈 카페에서 들리는 로파이 힙합. 부드러운 피아노 코드와 빈티지한 드럼 비트, 빗소리가 배경에 깔린 차분한 멜로디.
- 우주를 탐험하는 듯한 앰비언트 일렉트로닉. 광활한 공간감과 미스터리한 신디사이저 패드, 천천히 진화하는 아르페지오가 특징인 몽환적인 사운드.
- 산속 작은 마을의 아침을 표현한 어쿠스틱 포크. 따뜻한 어쿠스틱 기타와 새소리, 맑은 피아노 선율이 어우러진 평화로운 곡.
- 1980년대 레트로 신스팝 스타일. 강렬한 드럼 머신 비트와 네온사인 같은 신디사이저 리프, 활기찬 베이스라인이 특징인 댄서블한 트랙.
- 중세 판타지 세계를 연상시키는 오케스트라 음악. 웅장한 현악기와 켈틱 하프, 목관악기가 어우러진 서사시적인 사운드.
- 도시의 밤거리를 달리는 듯한 신스웨이브 사이버펑크. 레트로 퓨처리즘 사운드와 강렬한 비트, 네온 느낌의 신디사이저 멜로디.
- 여름 축제의 라틴 팝. 경쾌한 살사 리듬과 트로피컬 퍼커션, 밝은 금관악기가 어우러진 댄스 트랙.
- 겨울 새벽의 피아노 솔로. 미니멀한 구성으로 고요함과 서정성을 담은 네오클래식 스타일의 피아노 곡.

출처: Claude 제공.

# 089 자작 가사로 노래 만들기

**목표** — 나의 가사를 이용하여 노래 만들기를 연습한다.

Copilot

지시문 Suno에서 다음의 자작 가사를 읽고. 여기에 적합한 [스타일]을 만들어 줘.

"당신의 오늘을 축하해요
당신은 사랑을 위해 살고 있잖아요
더 주지 못해 안타까운 관대함
덜 받아도 기뻐하는 자부심
이것이 당신이지요
오늘도 당신을 바라보며 배웁니다"

---

가사의 따뜻한 분위기와 감성적인 메시지를 고려할 때, 다음과 같은 음악 스타일이 잘 어울릴 것 같아요:

- ♪ 잔잔한 발라드 — 서정적인 피아노 연주와 부드러운 스트링 사운드를 활용하면 가사의 감동을 더욱 깊게 전달할 수 있어요.
- 어쿠스틱 포크 — 감미로운 기타 선율과 부드러운 멜로디로 따뜻한 분위기를 강조하면, 더욱 친근하고 진심 어린 느낌을 줄 수 있을 거예요.
- 몽환적인 R&B — 부드러운 신스 패드와 감성적인 보컬 스타일을 조화롭게 배치하면, 현대적인 세련미를 더하면서도 따뜻한 감성을 유지할 수 있어요.

**Copilot**

Suno 초기화면 상단에서 [Custom]을 선택한 후에 Lyrics에 노래 가사를 그리고 Styles(스타일)은 [잔잔한 발라드]를 각각 입력한다. 다음으로 하단의 [Create]을 클릭하면 화면 우측에 두 곡의 노래를 선사받는다.

끝으로, 노래에 마우스 우클릭한 후 [Download] 〉 [MP3 Audio]로 다운받으면 된다.

# 090 자작 가사로 프롬프트 만들기

**목표** — 자작 가사로 프롬프트를 만들어 작곡하는 방법을 이해한다.

Claude

지시문 다음 노래 가사를 읽고 Suno 작곡을 위해 프롬프트를 만들어 줘.

[제목] 생일을 축하해요

"생일을 축하해요
당신은 사랑의 빛이죠
믿음과 소망으로 살아갑니다
오늘 생일은 당신 것이죠.
축하하고 축하합니다."

---

Suno를 위한 작곡 프롬프트를 만들어드리겠습니다:

"따뜻하고 밝은 분위기의 생일 축하 노래를 작곡해주세요. 템포는 중간 정도(약 120 BPM)로, 피아노와 어쿠스틱 기타가 주요 악기이며 경쾌한 드럼 비트를 포함해주세요. 멜로디는 단순하고 따라부르기 쉬워야 하며, 한국어 가사가 잘 전달될 수 있도록 해주세요. 전체적인 스타일은 따뜻한 팝 발라드로, 축하와 사랑의 메시지를 담은 긍정적인 분위기여야 합니다. 후렴구는 특히 기억하기 쉽고 감동적이어야 합니다. 전체 길이는 약 3분이 적당합니다."

이 프롬프트는:

1. 곡의 전반적인 분위기와 감정
2. 템포와 장르
3. 주요 악기 구성
4. 멜로디와 구조적 특징
5. 원하는 길이

를 명확하게 제시했습니다. 더 구체적인 요소를 추가하길 원하시나요?

Copy Retry

Claude can make mistakes. Please double-check responses.

# 091 자작 가사에 스타일 추가하기

**목표** — 자작 가사에 스타일을 추가한 후에 작곡하는 방법을 이해한다.

## ChatGPT

지시문 다음 노래 가사를 읽고 Suno의 힘찬 스타일을 만들어 줘.

[제목] 함께 걸어요
함께 길을 걸어가요 / 얼굴에 미소 가득 지으면서 /
함께 이야기 나누면서 걸어요 / 힘든 길을 걸어가도 /
무거운 짐을 함께 나누면서 / 우리 기쁨을 잊지 않고 걸어요 /
앞을 보며 걸어가요 / 자신 있게 밝은 모습으로 /
미래 소망을 향하면서 걸어요.

---

다음은 Suno에 입력할 스타일 가이드입니다:

---

**스타일 가이드**

1. **분위기**:
   - 따뜻하고 희망적인 느낌을 중심으로, 청중에게 위로와 용기를 줄 수 있는 감성을 담아주세요.
2. **멜로디**:
   - 부드럽고 여유로운 진행, 밝은 톤을 유지하며 다 함께 걸어가는 느낌을 강조하세요.
   - 반복 구간에서는 약간의 고조감을 주어 희망과 결속감을 표현해주세요.
3. **편곡**:
   - 어쿠스틱 기반(기타와 피아노 중심)으로 자연스럽고 친근한 분위기를 만들어주세요.
   - 잔잔한 스트링이나 코러스 효과를 더해 감동을 더할 수 있습니다.
4. **템포**:
   - 미디엄 템포(100~120BPM 사이)로, 걸음걸이의 리듬감을 살리면서 편안한 속도를 유지하

---

위의 스타일로 곡을 제작하면 가사의 따뜻한 메시지가 잘 전달될 것입니다! 추가 요청 사항이 있다면 말씀해주세요. 😊

**지시문** 이것에 적합한 프롬프트를 만들어 줘.

다음은 위 스타일에 적합한 Suno 프롬프트입니다:

"Create a warm and uplifting song titled 'Walk Together.' The lyrics convey themes of togetherness, support, and hope, as people walk through life's journey with smiles and shared stories. Compose a medium-tempo melody (100–120 BPM) that feels natural and rhythmic, reminiscent of walking together.

Base the arrangement on acoustic instruments, such as guitar and piano, with soft string or chorus elements to enhance the emotional depth. Ensure the melody is gentle and encouraging, gradually building energy in the chorus to inspire a sense of unity and joy.

The vocal style should be friendly and heartfelt, emphasizing emotional connection. Consider adding harmonies or a group singing effect to symbolize collective strength and companionship."

필요하면 수정하거나 추가 요청을 말씀해주세요! 😊

**지시문** 한국어로 번역해 줘.

"'함께 걸어요'라는 제목의 따뜻하고 희망적인 노래를 만들어주세요. 가사는 함께 걸으며 미소를 나누고, 이야기를 공유하며 서로를 지지하고 희망을 품는 내용을 담고 있습니다.

중간 템포(100–120BPM)의 멜로디를 구성해 자연스럽고 리드미컬하게, 함께 걷는 느낌을 살려주세요. 어쿠스틱 기타와 피아노를 중심으로 한 편곡에, 감정적인 깊이를 더하기 위해 부드러운 스트링이나 코러스 요소를 추가해주세요.

멜로디는 부드럽고 격려하는 분위기를 유지하며, 특히 후렴에서는 에너지를 점차 높여 희망과 연대감을 표현해주세요.

보컬 스타일은 친근하고 진심 어린 느낌을 중심으로, 감정을 잘 전달할 수 있도록 해주세요. 합창 느낌이나 그룹 보컬 효과를 더해 함께 걷는 모습을 상징적으로 표현하는 것도 좋습니다."

필요하면 수정하거나 추가 요청을 말씀해주세요! 😊

노랫말과 함께 GenAI에게 원하는 스타일을 지시하고 프롬프트 작성을 요청한 후 이것으로 노래를 생성할 수 있다. 단, 무료 버전에서는 프롬프트의 길이를 조정해야 한다.

참고 Suno는 AI 기반 음악 생성 플랫폼으로, 사용자가 간단한 프롬프트만으로도 다양한 스타일의 음악을 생성할 수 있게 해준다.

Suno에서 제공하는 **작곡 스타일(genre, style)**은 매우 다양하며, 다음과 같은 대표적인 음악 스타일을 지원한다:

록/메탈 계열; 팝 계열; 전자음악; 재즈 & 블루스; 클래식/오케스트라; 컨트리/포크; 힙합/R&B; 글로벌/월드뮤직; 특수 스타일 등

**프롬프트 예시**

Suno에서는 단순히 "style"을 고르는 것이 아니라 프롬프트에 자연어로 스타일을 기술하는 방식이 일반적이다.

예:

- "부드러운 피아노와 몽환적인 신시사이저가 어우러진 애절한 인디 팝 발라드"
- "중독성 있는 후렴구를 가진 활기찬 80년대 스타일 신스팝"
- "현대적인 요소가 가미된 전통 한국 민속 음악"

Suno는 명확하게 "선택 리스트"처럼 장르를 나열하지는 않지만, 위에 제시된 스타일은 대부분 생성 가능하며, 자연어로 스타일을 서술하는 방식이 매우 효과적이다. 원하는 스타일을 말해주면 거기에 맞춘 프롬프트 예시나 가사도 도움받을 수 있다.

출처: ChatGPT.

# 092 작곡에서 고려할 음악적 요소

**목표** — 작곡할 때 여러 음악적 요소들을 종합적으로 이해한다.

**Perplexity**

**지시문** Suno 작곡을 위해 어떤 음악적 요소를 고려해야 할까?

답변

Suno AI를 사용하여 작곡할 때 다음과 같은 음악적 요소들을 고려해야 합니다:

1. 주제와 감정: 노래의 핵심 메시지와 전달하고자 하는 감정을 명확히 정의합니다 [1].
2. 장르: 팝, 클래식, 재즈, 힙합 등 원하는 음악 스타일을 선택합니다 [1] [2].
3. 가사 구조: 도입(Verse), 반복구(Chorus), 클라이맥스(Bridge) 등으로 가사를 구조화합니다 [1].
4. 메타태그: 노래의 특징을 세분화하고 원하는 스타일을 명확히 설정하기 위해 사용합니다 [1]. 예를 들어:
   - 감정 및 분위기: [슬픈], [신나는], [로맨틱한] 등
   - 시대 스타일: [90년대 가요 스타일], [80년대 디스코 느낌] 등
   - 악기 조합: [어쿠스틱 기타와 피아노], [전자 음악] 등
   - 보컬 스타일: [파워풀한 여성 보컬], [감성적인 남성 보컬] 등
5. 가사 내용: 구체적인 상황이나 스토리라인을 중심으로 가사를 구상합니다 [1].
6. 반복성: 짧고 기억에 남는 구절을 만들어 반복성을 활용합니다 [1].
7. 노래 제목: 작품을 대표할 수 있는 제목을 선택합니다 [2].
8. 다중 장르: 하나 이상의 장르를 동시에 적용할 수 있습니다 [2].

이러한 요소들을 고려하여 Suno AI에 입력하면, AI가 이를 바탕으로 작곡을 수행합니다. 각 요소를 신중히 선택하고 조합하여 원하는 음악적 결과를 얻을 수 있습니다.

...o 작곡을 할 ... 주제와 용도... 게 설정해... +

Suno 작곡을 할 때 청중의 취향을 어떻게 고려해야 할까 +

Suno 작곡을 할 때 메타태그를 어떻게 활용해야 할까 +

Suno 작곡을 할 때 가사와 음악의 분위기를 어떻게 연결해야 할까 +

Suno 작곡을 할 때 어떤 악기 조합이 효과적인지 궁금해 +

# 093 장르와 악기 조합

**목표** — 음악 장르마다 독특한 분위기와 느낌을 살리기 위해 다양한 악기 조합을 이해한다.

Wrtn

지시문 다양한 분위기를 내기 위한 악기 조합을 알려 줘.

여러 악기를 조합하여 다양한 음색과 텍스처를 만들어 보세요. 예를 들어, 피아노와 바이올린의 조합은 감성적인 분위기를 만들어 줄 수 있습니다.

| 분위기 | 악기 | 연출 |
|---|---|---|
| 슬픔 | 피아노 + 첼로 | 부드럽고 감성적인 멜로디를 만들어 슬픈 느낌을 강조 |
| | 현악 4중주: 바이올린, 비올라, 첼로, 더블베이스를 조합 | 깊이 있는 감정을 표현 |
| 기쁨 | 기타 + 우쿨렐레 + 퍼커션 | 경쾌하고 밝은 느낌을 주며, 즐거운 분위기 |
| | 브라스 밴드: 트럼펫, 트롬본, 색소폰 등을 포함 | 활기찬 사운드 |
| 몽환 | 신디사이저 + 플루트 | 신비로운 음색을 만들어 몽환적인 느낌 |
| | 하프 + 현악기 | 부드럽고 환상적인 사운드를 통해 꿈같은 분위기를 연출 |
| 긴장감 | 전기 기타 + 드럼 | 강렬한 비트와 리프를 통해 긴장감을 조성 |
| | 타악기 + 저음 악기 | 타악기와 베이스를 조합하여 긴장감 있는 리듬 |

(이하 생략)

# 094 작곡의 종합 실습

**목표** — 작곡을 위한 단계별 아이디어를 제안한다.

Wrtn

지시문 Suno를 사용하여 감정적인 사랑 노래를 만들어 볼까?

Suno를 사용하여 감정적인 사랑 노래를 만들고자 한다면, 다음과 같은 단계와 아이디어를 고려해 보세요:

① 설정: 사랑의 어떤 측면을 다룰지 결정합니다. 예를 들어, 첫사랑, 이별, 그리움, 또는 영원한 사랑 등.

② 가사 아이디어:

- 첫사랑의 설렘: "너를 처음 만났던 그날, 내 심장은 뛰기 시작했어."
- 이별의 아픔: "너와의 추억이 내 마음을 아프게 해, 잊으려 해도 잊을 수 없어."
- 그리움: "너의 목소리가 들리는 것 같아, 매일 밤 너를 꿈꿔."

③ 멜로디 구상: 감정적인 멜로디를 생각해보세요. 부드러운 피아노 선율이나 스트링 악기를 사용하여 감정을 극대화할 수 있습니다.

④ 구성:

- Verse: 사랑의 시작이나 추억을 이야기하는 부분.
- Chorus: 감정의 절정, 사랑의 깊이를 표현하는 후렴구.
- Bridge: 갈등이나 이별의 순간을 강조하는 부분.

⑤ 감정 표현: 노래의 분위기를 결정짓는 요소로, 템포와 화음을 조절하여 감정의 깊이를 더할 수 있습니다.

(이하 생략)

지시문 이별의 아픔을 음악으로 표현하는 방법을 알려 줘.

이별의 아픔을 음악으로 표현하는 방법은 여러 가지가 있습니다.

① 가사:

- 감정의 진솔한 표현: 이별의 아픔을 직접적으로 표현하는 가사를 작성합니다. 예를 들어, "너와의 추억이 내 마음을 아프게 해" 또는 "너를 잊으려 해도, 매일 너를 그리워 해"와 같은 문구를 사용할 수 있습니다.
- 상징적인 이미지 사용: 이별의 감정을 상징적으로 표현하는 이미지나 비유를 사용합니다. 예를 들어, "비 오는 날의 외로움"이나 "흩날리는 낙엽처럼 사라진 너"와 같은 표현이 가능합니다.

② 멜로디:

- 슬픈 멜로디: 느리고 부드러운 멜로디를 사용하여 슬픔을 강조합니다. 피아노나 기타와 같은 악기를 활용하여 감정적인 선율을 만들어보세요.
- 하모니: 화음을 조절하여 긴장감을 주거나 감정의 깊이를 더할 수 있습니다. 예를 들어, 마이너 키를 사용하면 슬픈 느낌을 더욱 강조할 수 있습니다.

③ 템포:

- 느린 템포: 이별의 아픔을 표현하기 위해 느린 템포를 선택합니다. 이렇게 하면 감정이 더 잘 전달될 수 있습니다.

④ 악기 선택:

- 소프트한 악기: 피아노, 현악기(예: 바이올린, 첼로) 등을 사용하여 부드럽고 감정적인 분위기를 조성합니다.
- 전자음악 요소: 전자음악을 추가하여 현대적인 느낌을 주면서도 감정을 표현할 수 있습니다.

⑤ 보컬 스타일:

- 감정이 담긴 목소리: 노래를 부를 때 감정을 담아 부르는 것이 중요

(이하 생략)

# 095 찬송가 만들기

**목표** — 찬송가 스타일의 노래를 생성한다.

ChatGPT

지시문 찬송가 "내 평생에 가는 길(It is well with my soul)" 스타일로 프롬프트 5개 만들어 줘

---

찬송가 **"내 평생에 가는 길 (It Is Well with My Soul)"** 스타일로 감성적이고 평온한 분위기를 담은 프롬프트 5개를 만들어 보았어요.

1. **"고요한 강가 위로 햇살이 부서지고, 잔잔한 물결이 주님의 평안을 속삭이는 장면을 그려주세요."**
2. **"폭풍이 몰아쳐도 믿음 안에 흔들리지 않는 영혼, 깊은 평안과 신뢰로 가득 찬 모습을 묘사해주세요."**
3. **"황금빛 석양이 드리운 넓은 들판, 그곳을 걷는 한 사람이 감사와 찬양을 올리는 모습으로 표현해주세요."**
4. **"고난의 밤이 지나고 새벽 햇살이 퍼지는 순간, 하늘을 바라보며 희망을 되찾는 장면을 만들어 주세요."**
5. **"잔잔한 피아노 선율과 함께 흐르는 찬송, 촛불이 은은하게 타오르는 예배의 공간을 형상화해 주세요."**

이런 프롬프트들은 감성적인 AI 이미지 생성뿐만 아니라, 글쓰기나 음악 작업에도 사용할 수 있을 거예요. 원하는 느낌이 있으면 더 조정해볼 수 있어요! 😊

ChatGPT

지시문 다음 프롬프트에 기반하여 전체 가사를 써 줘:
"폭풍이 몰아쳐도 믿음 안에 흔들리지 않는 영혼, 깊은 평안과 신뢰로 가득 찬 모습을 묘사해주세요."

---

제목: [변함없는 평안]

1절
거친 파도 몰아쳐도/ 내 주 안에 평안하네/ 세상 풍랑 다가와도/ 내 맘 흔들리지 않네

(후렴)
주 손 안에 내 삶 있네/ 어둠 속도 두렵잖네/ 주의 사랑 변함없네/ 내 영혼은 평안하네

2절
고난 속에 눈물 젖어도/ 주가 나를 붙드시네/ 절망 중에 길을 잃어도/ 주가 나를 인도하네

(후렴 반복)
주 손 안에 내 삶 있네/ 어둠 속도 두렵잖네/ 주의 사랑 변함없네/ 내 영혼은 평안하네

3절
주의 은혜 넘쳐 흘러/ 내 맘 깊이 스미시네/ 주의 말씀 나를 살려/ 끝날까지 동행하네

(이하 생략)

이제 이 지시문 전체를 Suno에 올려 보자. 새로운 Suno 버전은 작사와 작곡에 풍부한 기회를 주고 있다. 가사와 분위기 연결에 관련된 이론과 스타일을 고려하면서 만들 필요가 있다.

# 096 감정과 분위기를 위한 태그 사용법

**목표** — 노래의 감정과 분위기 표현 방식을 이해한다.

Perplexity

지시문 Suno 작곡을 할 때 감정이나 분위기를 어떻게 표현하면 좋을까?

출처

AI 영상 제작: ⑤AI Suno 음악 기획부터 작사·작곡까지 - HONGS LAB
sshong

'SUNO AI' 메타태그 활용한 오디오 연출 꿀팁! - 브런치 스토리
brunch.co

강력해진 AI로 음악 만드는 방법 (꿀팁 대방출) | Suno - YouTube
youtube

모두 표시

답변

Suno AI를 사용하여 음악의 감정과 분위기를 표현하는 방법은 다음과 같습니다:

감정 표현의 핵심 요소

메타태그를 통한 감정 조절

- [Happy]: 밝고 경쾌한 분위기
- [Sad]: 슬프고 차분한 분위기
- [Emotional]: 깊은 감정선을 가진 곡
- [Romantic]: 로맨틱하고 따뜻한 느낌

감정 표현 전략

- 가사의 핵심 감정과 메타태그의 일치
- 짧고 기억에 남는 구절 반복
- 구체적인 상황이나 스토리라인 중심의 가사 구성

감정 표현을 위한 실제 접근법

**1. 주제 선정**

- "꿈과 희망"이라면 긍정적이고 희망적인 표현 사용
- 개인적 경험이나 이야기를 바탕으로 진정성 있는 감정 표현

**2. 곡 구조**

- 도입(Verse): 상황 전달 및 기본 스토리라인 설정
- 반복구(Chorus): 핵심 감정 강조
- 클라이맥스(Bridge): 감정의 절정 표현

**3. 추가 분위기 연출**

- 환경 및 음향 효과 태그 활용
  - [Birds chirping]: 평화로운 분위기
  - [Applause]: 축제 같은 분위기
  - [Phone ringing]: 특정 상황 표현

이러한 방법으로 Suno AI를 통해 원하는 감정과 분위기를 섬세하고 생생하게 표현할 수 있습니다.

### 참고 음악 GenAI (Claude)

Suno와 유사한 음악 AI 생성 서비스 3개를 소개해드리겠습니다:

1. Udio

- Suno와 가장 유사한 AI 음악 생성 플랫폼
- 텍스트 프롬프트를 통해 완전한 가사와 멜로디를 가진 노래 제작 가능
- 다양한 장르 지원
- 무료 및 유료 버전 제공

2. Mubert

- AI 기반 음악 생성 플랫폼
- 콘텐츠 크리에이터와 비디오 제작자를 위한 맞춤형 배경음악 생성
- 짧은 클립부터 긴 트랙까지 제작 가능
- 로열티 프리 음악 제공

3. Stable Audio

- Stability AI에서 개발한 음악 생성 도구
- 텍스트 프롬프트 기반 음악 및 사운드 효과 생성
- 다양한 장르와 스타일 지원
- 상대적으로 높은 음질과 세부 조정 기능

이 서비스들은 각각 독특한 특징을 가지고 있으며, AI 음악 생성 분야에서 혁신적인 접근을 보여주고 있습니다.

# 097 오디오를 악보에 옮기기

**목표** — 오디오2악보를 전환한다.

[1단계] 먼저 웹 브라우저에서 [piano2notes]라는 GenAI를 입력하고 다음을 순서대로 진행한다.

[2단계] 초기 화면에서 시작한다.

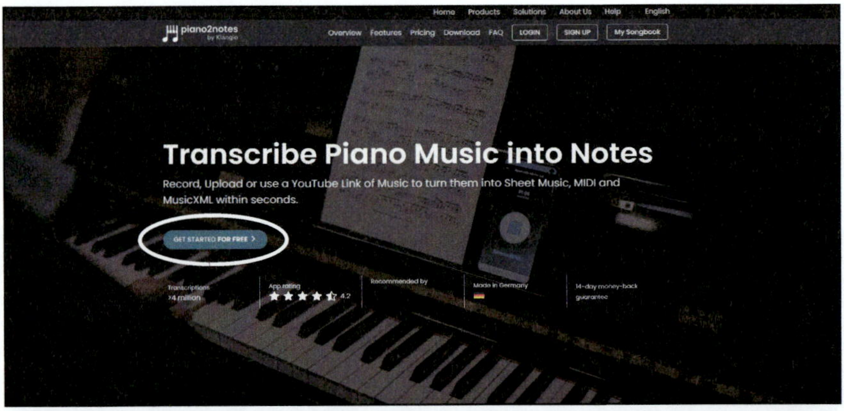


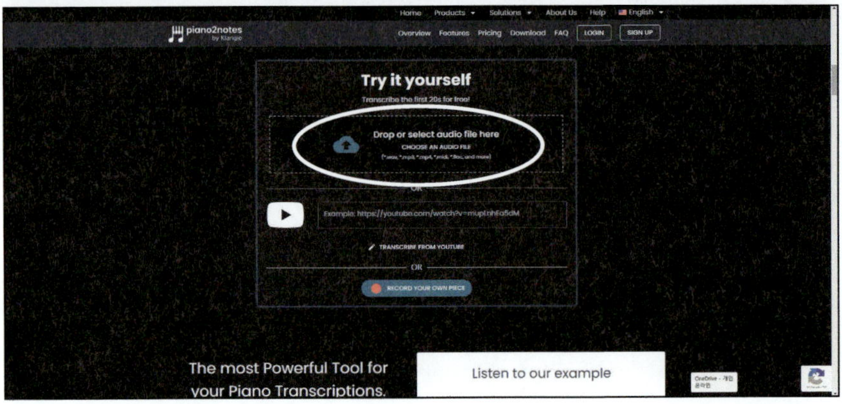

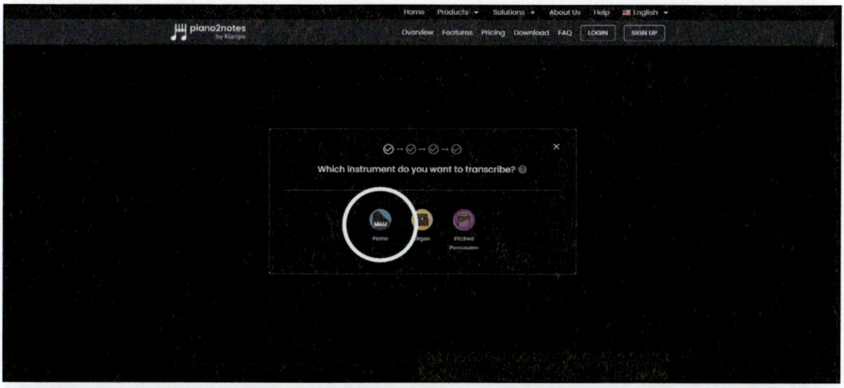


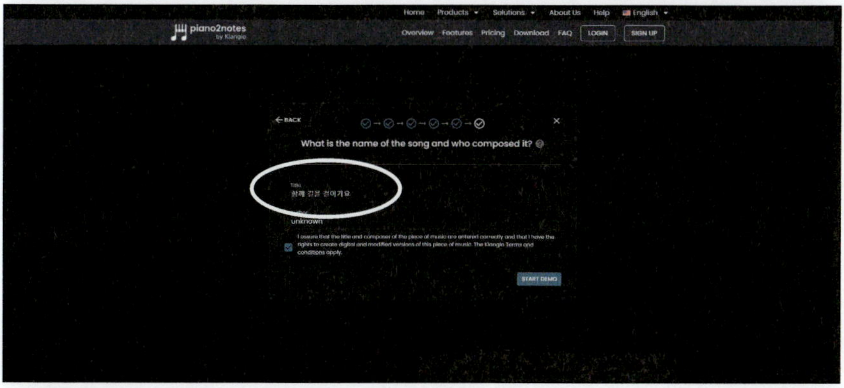


**[3단계]** 로그인한 후에 다운로드하면 된다.

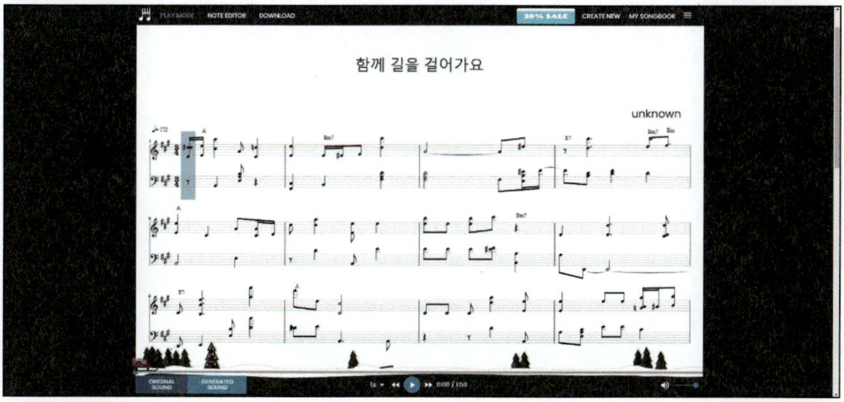

**참고** ♪ Audio2Sheet (오디오 → 악보) 도구 리스트 ♪

**1. piano2notes**
피아노 전용; 오디오 → MIDI → 악보 자동 변환; 웹/앱 모두 제공; 부분 무료; 고급 기능은 유료

**2. AnthemScore**
AI 기반 자동 악보화 프로그램; WAV/MP3 등 음성파일을 악보로 자동 분석; 피아노뿐 아니라 기타, 바이올린 등 다양한 악기도 지원; 윈도우/맥/리눅스 가능; 유료 (1회 구매형) / 체험판 있음

**3. Melody Scanner**
앱 기반 (iOS/Android + 웹); 음성/악기 연주 → 악보 변환; PDF, MIDI, MusicXML 등으로 내보내기 가능; 부분 무료, 고급 기능은 구독형

**4. ScoreCloud**
노래나 악기 연주를 실시간 녹음하면 바로 악보로 생성; 템포와 박자 추정도 가능; 노래 부르기만 해도 작곡처럼 악보 생성; 데스크탑 버전은 유료, 모바일은 무료 제한 있음

**5. Audio2MIDI + MuseScore 조합**
도구: Bear Audio Tool, Basic Pitch (Spotify)
음성/연주 → MIDI 파일 생성 → MuseScore에서 열면 자동 악보화 가능; 완전 무료 가능 (조금 기술적이긴 함)

출처: ChatGPT.

GenAI 120

# 제14장
# 스크래치 코딩 언어와 GenAI

코딩은 알고리즘에 따라 논리적으로 명령문을 나열하여 데이터를 처리함으로써 문제를 해결하는 것이다(컴퓨터 언어를 이용한 프로그래밍 작업). 요리에 비유하면 식자재(데이터)를 레시피(알고리즘)에 맞추어서 음식(결과)을 만들어내는 것이라고 볼 수 있다.

**[Copilot]** 다음을 이미지로 그려줘. “한국 동아리 학생들이 각자 노트북을 열고 코딩문제에 대해 열정적으로 토론하고 있다. 벽에는 홀로그램 디스플레이, 디지털 기기가 벽에 있고, 정면에 [Coding Club] 보드가 있다. 그리고 휴머노이드 로봇이 친절하게 가르쳐 주고 있다.”

# 098 코딩 언어의 개념과 역할

**목표** — 코딩의 개념과 GenAI와의 관계를 이해한다.

ChatGPT

지시문 코딩의 개념을 중학생 수준으로 500자 써 줘.

코딩은 컴퓨터에게 우리가 원하는 일을 하도록 지시하는 방법이에요. 우리가 사용하는 말이 한국어나 영어라면, 컴퓨터는 "프로그래밍 언어"라는 특별한 언어를 써요. 예를 들어, 로봇에게 앞으로 3걸음 가라고 할 때, 그 지시를 코드로 써서 전달하는 거예요. 코딩을 배우면 게임을 만들거나, 앱을 만들거나, 웹사이트를 만들 수도 있어요. 마치 블록을 조립하듯이 명령어를 차곡차곡 쌓아서 결과를 만들어내는 과정이에요. 처음엔 어렵게 느껴질 수 있지만, 퍼즐을 맞추거나 문제를 푸는 것처럼 재미있고 창의력을 키울 수 있어요. 코딩은 미래에 아주 중요한 기술 중 하나로, 다양한 분야에서 널리 쓰이고 있어요.

지시문 코딩을 배우면 GenAI 이해에 어떤 점이 좋은지 알려 줘.

코딩을 배우면 GenAI(생성형 인공지능)를 이해하고 활용하는 데 많은 도움이 돼요. 이유는 다음과 같아요:

1. AI의 작동 원리를 이해하는 데 도움
   코딩을 알면 컴퓨터가 어떻게 명령을 처리하는지 알 수 있어서, GenAI가 어떻게 질문에 답하거나 그림을 그리는지 이해할 수 있어요.
2. 프롬프트를 더 효과적으로 작성
   GenAI는 사람이 입력한 글(프롬프트)을 이해해 답해요. 코딩을 배우면 논리적으로 생각하고 정확하게 지시하는 법을 익혀서, 더 똑똑하게 GenAI를 쓸 수 있어요.
3. 직접 AI를 활용한 프로그램 만들기 가능
   코딩을 알면 GenAI API를 이용해서 나만의 챗봇, 그림 생성기, 음악 만들기 앱 등을 만들 수 있어요. 즉, 단순한 사용자에서 창조자가 될 수 있는 거죠.
4. 문제 해결 능력 향상
   코딩은 문제를 나누고 순서대로 해결하는 훈련이에요. 이런 사고방식은 GenAI를 활용해서 복잡한 문제를 푸는 데도 도움이 돼요.

결론적으로, 코딩은 GenAI를 이해하고, 잘 활용하고, 새롭게 만들 수 있는 힘을 길러줘요.

[도표 14-1]은 웹사이트에서 많이 사용되는 프로그래밍(코딩) 언어를 보여준다.

코딩 교육은 프로그래밍 언어의 문법을 가르치고 배우는 것이다. 영어를 잘 하려면 영문법을 배워야 하는 것과 같은 이치다. C 언어는 컴퓨터공학의 필수과목이지만, 프로그래밍 언어 중에서 초중고에 적합한 언어로서 스크래치(Scratch)와 파이썬(Python)을 추천하고 싶다.

스크래치는 미국 MIT 대학에서 개발하여 70여 개 언어로 보급되고 있다. 레고 장난감에서 힌트를 얻은 코딩 블록을 쌓으면서 숫자, 문자,

[도표 14-1] 웹사이트에서 많이 사용되는 프로그래밍 언어 순위(2023년)

| Jun 2023 | Jun 2022 | Change | Programming Language | Ratings | Change |
|---|---|---|---|---|---|
| 1 | 1 | | Python | 12.46% | +0.26% |
| 2 | 2 | | C | 12.37% | +0.46% |
| 3 | 4 | ^ | C++ | 11.36% | +1.73% |
| 4 | 3 | v | Java | 11.28% | +0.81% |
| 5 | 5 | | C# | 6.71% | +0.59% |
| 6 | 6 | | Visual Basic | 3.34% | -2.08% |
| 7 | 7 | | JavaScript | 2.82% | +0.73% |
| 8 | 13 | ^^ | PHP | 1.74% | +0.49% |
| 9 | 8 | v | SQL | 1.47% | -0.47% |
| 10 | 9 | v | Assembly language | 1.29% | -0.56% |
| 11 | 12 | ^ | Delphi/Object Pascal | 1.26% | -0.07% |
| 12 | 24 | ^^ | MATLAB | 1.11% | +0.48% |
| 13 | 25 | ^^ | Scratch | 1.02% | +0.43% |
| 14 | 15 | ^ | Go | 1.00% | -0.02% |
| 15 | 26 | ^^ | Fortran | 0.99% | +0.44% |
| 16 | 11 | vv | Classic Visual Basic | 0.96% | -0.36% |
| 17 | 16 | v | R | 0.94% | -0.04% |
| 18 | 19 | ^ | Ruby | 0.94% | +0.19% |
| 19 | 10 | vv | Swift | 0.93% | -0.62% |
| 20 | 27 | ^^ | Rust | 0.91% | +0.38% |

출처: https://madchick.tistory.com/254

소리, 색깔 등 다양한 자료를 다룰 수 있어 초보자에게 적합하다. 파이썬은 공학적으로 개발되었으며 프로그래머들이 가장 선호하는 고급 언어다. 인공지능을 개발하려는 사람들이 배우는 언어다. 두 언어의 공통점은 세계적으로 활용되며 무료 오픈 소스다.

코딩 배우기는 애니메이션이나 게임 만들기에 국한하지 않는다. 이 교육의 목표는 현행 교과과정과 일치해야 한다. 다시 말해서 국·영·수·음·미 같은 학과목 시간에 가르쳐야 한다. 예를 들어, 수학 시간에 도형을 배우면서 컴퓨터를 활용하여 도형을 그리고 면적을 계산한다든지, 음악 시간에 노래와 악기 연주 이외에 작곡도 배우면 유익할 것 같다. 코딩 수업의 목적은 GenAI 교육과 함께 학과목을 이해하고 심화하는 데 있다.

# 099 스크래치의 구조 이해하기

**목표** — 스크래치를 설치하고 구조를 이해한다.

스크래치 언어의 특징은 다음과 같다.

① 미국 MIT 대학 미디어랩의 평생유치원그룹에서 개발한 프로그래밍 언어
② 오픈 소스로서 누구나 어디서나 무료로 사용 가능
③ 전 세계적으로 70여 개 언어로 사용됨
④ 주로 청소년 학교 교육 기관에서 활용, 이제는 다양한 연령층으로 확대
⑤ 코딩 개념을 가장 이해하기 쉬운 언어 문법

[1단계] 웹 브라우저에서 scratch.mit.edu 입력하고(다운받지 말 것), 다음 초기 화면에서 회원가입하고 〈로그인〉한다.

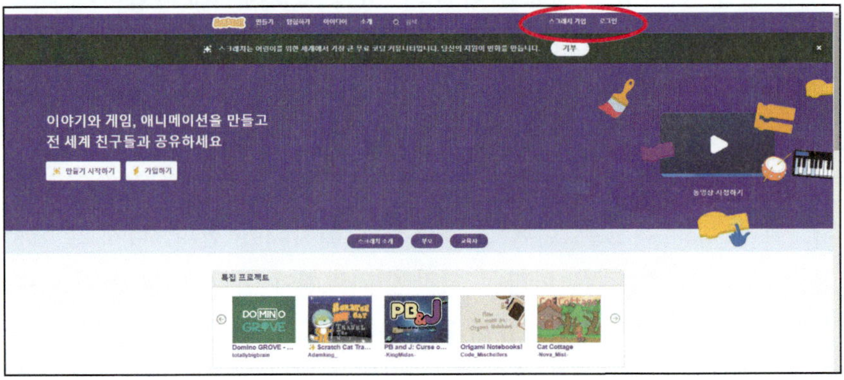

**[2단계]** 〈만들기〉를 선택하면 시작 화면이 나온다.

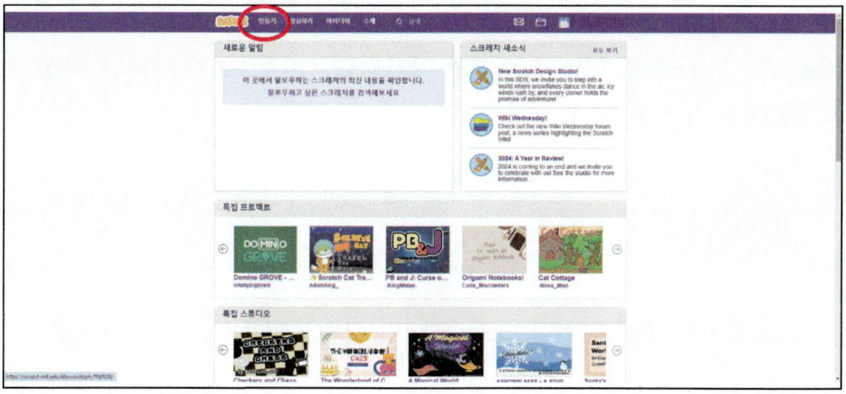


**[3단계]** 이 화면은 영어로 시작하므로 한국어로 바꾼다. 화면 좌상단의 [설정] 〉 [언어] 〉 [한국어]를 선택한다.

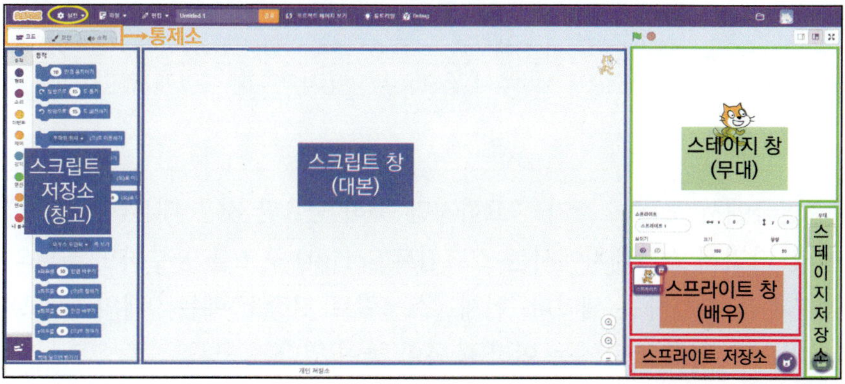


스크래치의 구조는 3개의 창과 저장소(스크립트, 스테이지, 스프라이트) 그리고 통제소(코드, 모양, 소리)로 이루어져 있다.

현재 무대의 배우는 〈야옹이〉다. 위 화면에서 〈스크립트 저장소〉, 〈스테이지 저장소〉와 〈스프라이트 저장소〉를 각각 클릭해 보면, 경이로움을 맛볼 수 있다. 원래 화면으로 되돌아가려면 〈저장소〉 초기화면 좌상단의 ← 뒤로 를 누르면 된다.

**스크래치는 스프라이트(배우)가 스테이지(무대)에서 스크립트(대본)에 따라 연기하도록 하는 코딩 언어라고 요약할 수 있다.**

스크래치는 코딩 언어다. 모든 언어가 그렇듯이 문법 체계를 가진다.

**스크래치 언어 문법 체계: 1C + 3S**

1C = 통제소(코드, 모양, 소리)
3S = Script + Stage + Sprite

(주) 현재 〈통제소〉에는 〈코드〉가 흰색으로 스크립트 블록을 활성화시켜 준다. 〈모양〉은 한 스프라이트의 여러 모습을 보여주며, 〈소리〉는 음악 사운드(예: 드럼 소리, 고양이 소리 등)를 들려준다.

연극에서 모든 요소가 중요하지만 특히 중요한 것은 대본(시나리오)이다. 따라서 스크래치에서는 스크립트(Script) 구조를 공부하면 코딩의 대부분을 이해하는 셈이다. 현재 〈스크립트 저장소〉에는 9개의 〈창고〉가 있으며 각 창고 안에는 여러 블록이 놓여 있다.

현재 스크립트 상단에는 〈동작〉 창고가 활성화되어 있어 여러 블록이 나열되어 있다. 9개의 〈창고〉를 일일이 눌러보면서 블록의 특성을 이해하고, 먼저 창고 이름 9개를 외우면 코맹(coding blind)에서 벗어날 수 있다(동작, 형태, 소리, 이벤트, 제어, 감지, 연산, 변수, 내블록).

[도표 14-2]는 〈스크립트 저장소〉의 창고와 블록들을 예시하고 있다.

[도표 14-2] 〈스크립트 저장소〉에 있는 창고의 블록들 예시

| 창고 | 블록 종류 |
|---|---|
| 동작 | 10 만큼 움직이기 / 방향으로 15 도 회전하기 / x: 0 y: 0 (으)로 이동하기 / 90 도 방향 보기 |
| 형태 | 안녕! 말하기 / 다음 모양으로 바꾸기 / 다음 배경으로 바꾸기 |
| 소리 | 야옹 ▾ 재생하기 |
| 이벤트 | 클릭했을 때 / 메시지1 ▾ 신호 보내기 / 메시지1 ▾ 신호를 받았을 때 |
| 제어 | 1 초 기다리기 / 10 번 반복하기 / 만약 (이)라면 아니면 |
| 감지 | What's your name? 라고 묻고 기다리기 / 대답 |
| 연산 | ( ) + ( ) / ( ) > 50 |
| 변수 | 변수 만들기 |
| 내 블록 | 블록 만들기 |

(주) 위 〈창고〉의 이름 중에 〈소리〉가 있다. 이것은 〈통제소〉의 〈소리〉와 기능이 다르다. 전자는 소리 관련 코드 블록 모음이며, 후자는 소리 모음이다. 102절에서 〈소리〉 사용 방법에 대해 상세하게 설명한다.

# 100 야옹이 움직임 연습하기

**목표** — 무대에서 배우(야옹이)의 움직임을 이해한다.

[1단계] 좌마우스로 동작의 〈10만큼 움직이기〉 블록을 잡아서 우측 창으로 가져온다(거리 단위: 픽셀).

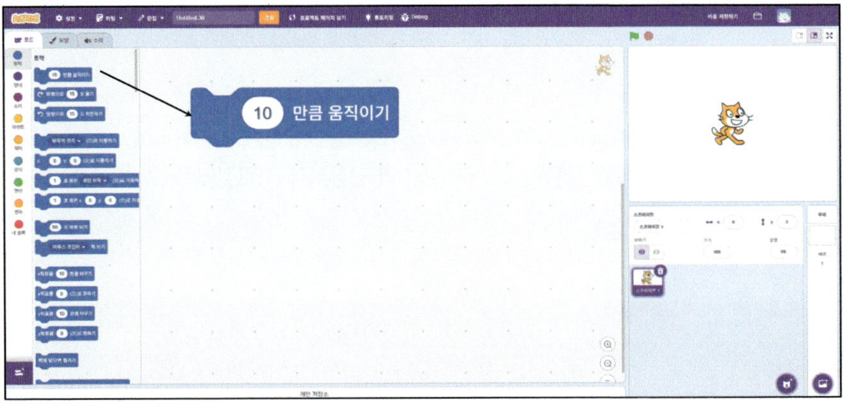


(주) 만일 어떤 블록을 잘못 가져와서 취소하려면, 좌마우스로 잡아서 창고로 원위치시키거나 또는 우마우스로 〈블록 삭제하기〉하면 된다.

[2단계] 창에 운반된 블록을 좌마우스로 세 번 눌러 보면 〈야옹이〉가 우측 방향으로 10단위(픽셀)씩 직진한다.

[3단계] 다음으로 두 번째 블록인 〈우회전 15도〉를 창에 놓고 세 번 눌러 본다. 〈야옹이〉가 회전한다.

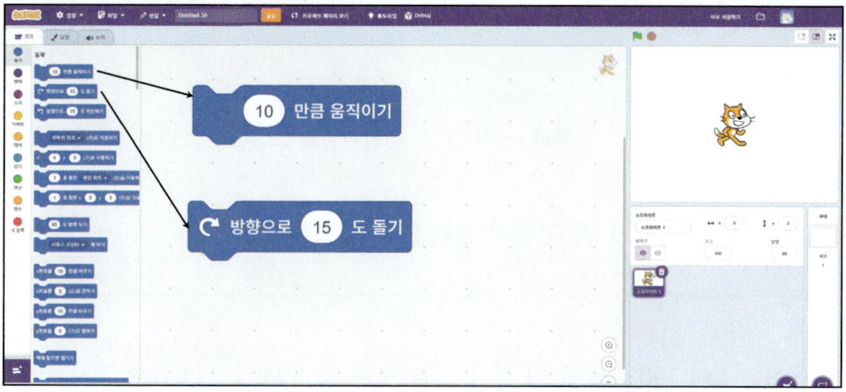


[4단계] 두 블록을 연결한다. 조심스럽게 아래 블록을 좌마우스 포인터로 잡아서 위 블록에 붙인다.

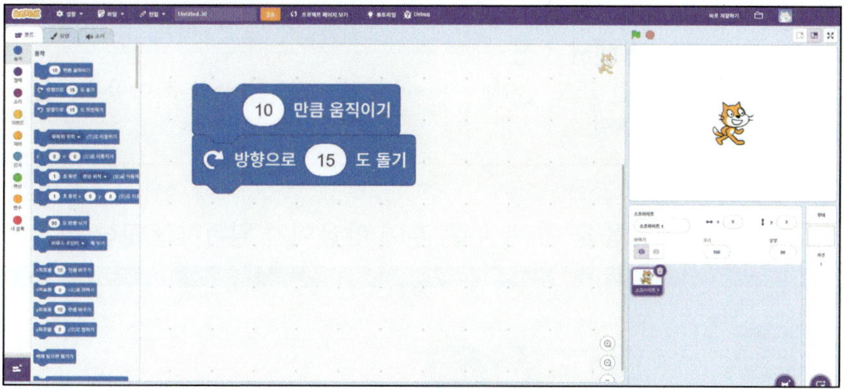


[5단계] 결합된 블록모음에 마우스 포인터를 놓고 계속 좌클리하여 〈야옹이〉가 원위치할 때까지 진행해 본다.

**참고** 코딩 문법에서 공부할 내용은 4대 핵심 요소인 변수, 반복문, 조건문, 함수 등을 이해하는 것이다. 이에 대한 구체적인 설명은 다음 장의 파이썬에서 하기로 하고, 우선 간단하게 반복문을 공부해 보자.

# 101 정사각형 도형 그리기

**목표** — 야옹이가 정사각형을 그리기 위해 반복문을 활용한다.

목표를 달성하기 위해 먼저 코딩을 디자인한다.

**※ 코딩 디자인**

목표: 길이 100단위(픽셀) 길이의 4개 선분을 90도로 연결하여 정사각형을 그리기

3S: ① Stage: 현재 무대 이용
② Sprite: 야옹이
③ Script: <10만큼 움직이기> => <100만큼 움직이기>로 좌마우스 이용해서 수정
<우회전 15도 돌기> => <우회전 90도 돌기>로 좌마우스 이용해서 수정

다음은 블록모음을 네 번 누른 후에 야옹이가 원위치한 모습이다.

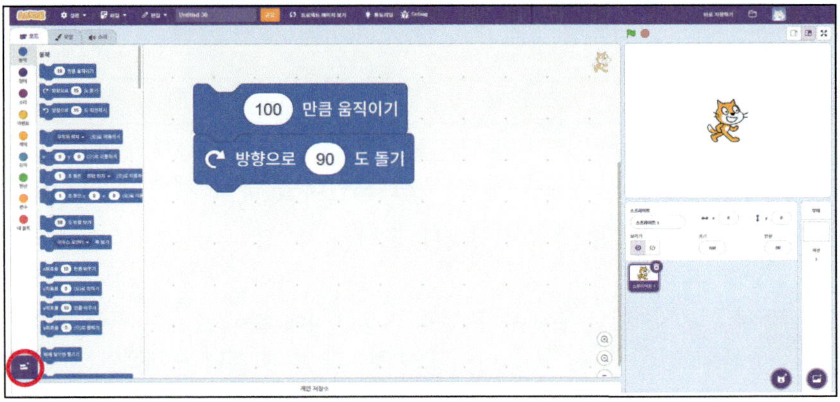

그러나 야옹이가 지나간 자취가 보이지 않는다. 정사각형의 선분을 보이게 하려면 〈야옹이〉에게 〈펜〉을 주어야 한다. 이를 위해 다음과 같이 진행한다.

위 화면 좌하단의 〈확장 기능 추가하기〉를 누르고, 다음 화면에서 〈펜〉를 선택한다. 그러면 〈스크립트 저장소〉에 〈펜〉 창고가 생성된다.

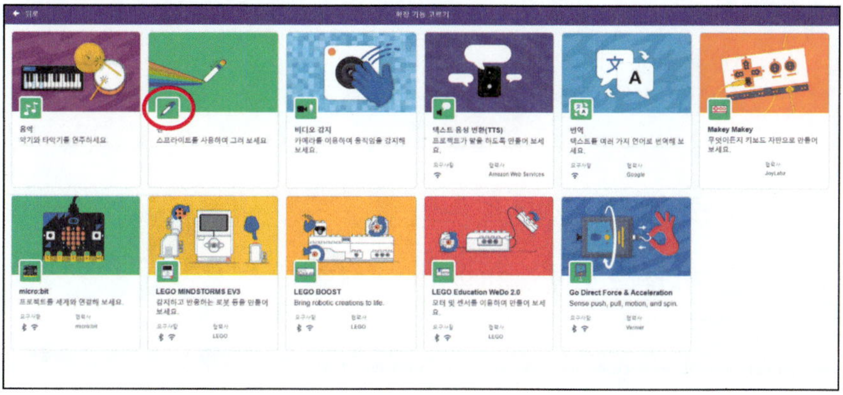


그리고 〈펜 내리기〉와 〈펜 색깔을 00(으)로 정하기〉 블록을 붙인다. 이 블록 모음을 계속 네 번 클릭하면 정사각형 모습이 오른쪽 무대에 보인다.

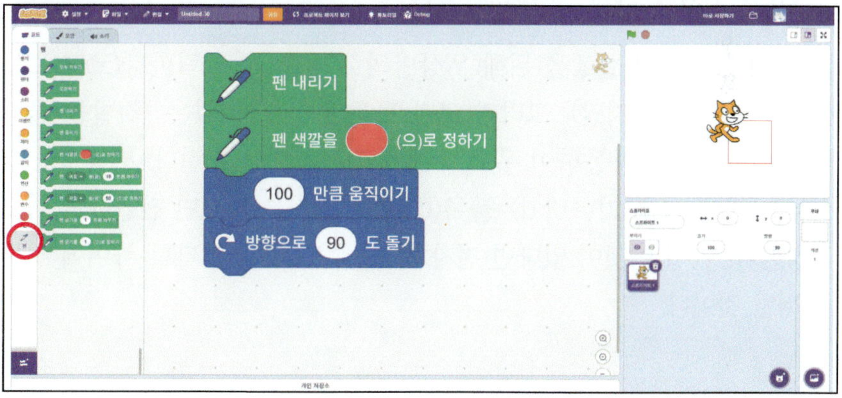

아마도 첫 작품의 경이로움도 잠깐이고, 뭔가 개선하고 싶은 생각이 들 것이다. 다시 말해서, 코딩 디자인을 새로 해야 한다.

**※ 코딩 디자인 개선 1**

목표: 한번 클릭으로 정사각형 그리기

3S: ① Stage: 현재 유지
② Sprite: 야옹이
③ Script: 선분의 색은 파랑, 두께는 3

다음을 주의 깊게 숙지하자.

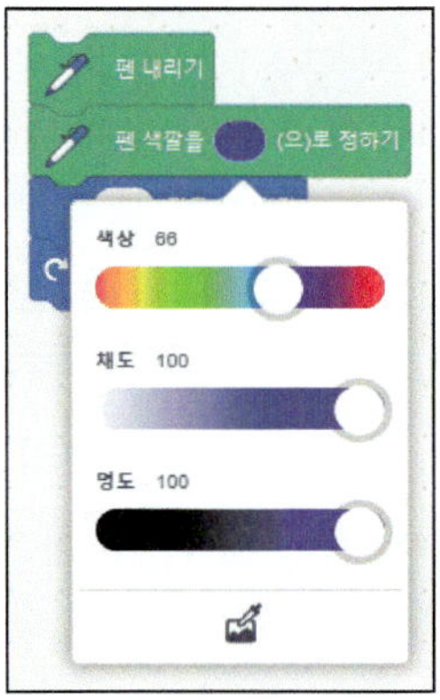


① 선분을 파란색으로 만들기(색상 66, 채도 100, 명도 100)
② 파일 이름 저장하기: 화면 좌상단의 [파일] 〉 [새로 만들기]를 눌러서 새 파일을 가져온 후에, 상단의 "Untitled(무제)"을 클릭하고 "정사각형1"로 입력, 변경한다(상단 우측 폴더에 저장됨).

이제부터 정식 실행을 위해 우상단의 깃발 을 클릭한다(코딩 모음을 눌러도 실행되지만). 그러면 코딩 모음의 상부에 있는 〈깃발을 클릭했을 때〉 블록이 작동하여 우측 무대에 정사각형을 그린다. 코딩에서 각 선분 사이에 〈1초 기다리기〉 블록(《제어》 창고)을 넣으면 잠깐 1초 쉬고 진행한다. 만일 이것이 없다면 전자(電磁) 속도로 눈 깜짝할 사이에 진행해 버릴 것이다.

다음은 각 코드 블록에 〈창고〉 이름을 표기하였다.

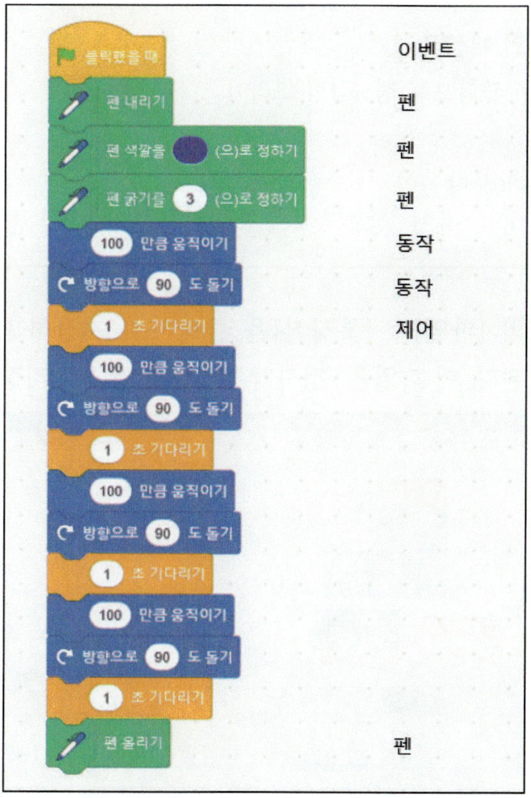

위 코딩은 목표를 제대로 수행했지만, 코드가 반복적이어서 번거롭게 보인다. 즉, 다음 코드 모음이 4개가 보인다.

이것을 반복문으로 해결하면 효율적으로 코딩할 수 있다.

**※ 코딩 디자인 개선 2**

목표: 반복문 블록으로 정사각형 그리기

3S: ① Stage: 현재 유지
② Sprite: 야옹이
③ Script: <제어> 창고의 ㄷ자 형 반복문 활용 (숫자 10을 4로 수정)

상단 메뉴의 [파일] 〉 [복사본]을 클릭하여 저장하면 "정사각형1 copy"가 생성된다. 이 파일을 "정사각형2"로 수정하고 저장한다.

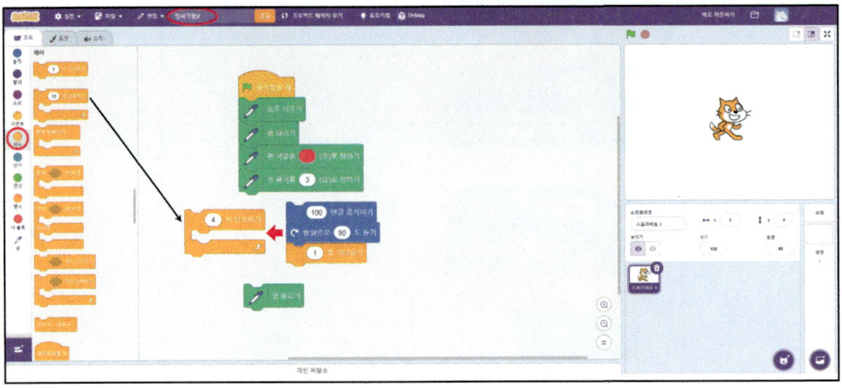

다음에서 3개 코드 모음을 ㄷ 자형 반복문 안에 집어넣고 배열한다. 그리고 깃발 ▶을 누르면 정사각형이 그려진다.

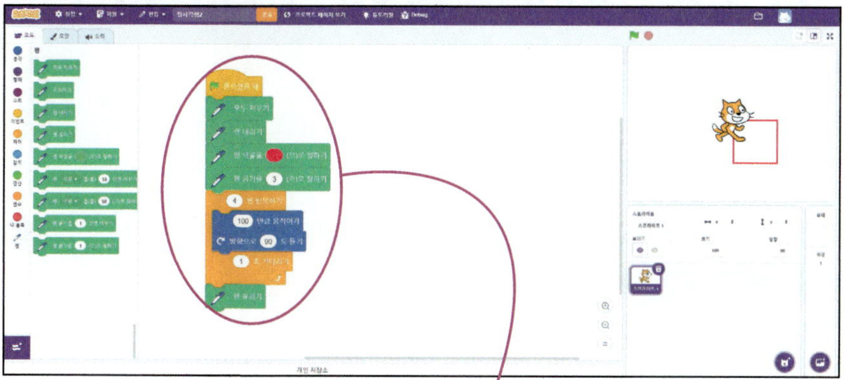

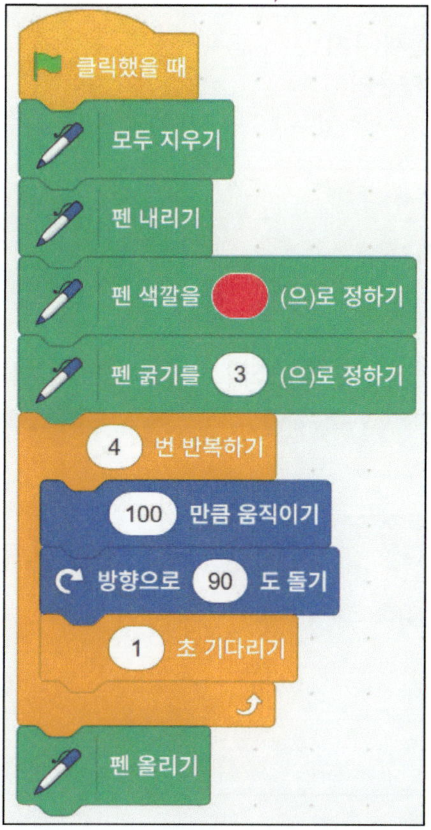

# 102 정사각형에 소리 넣기

**목표** — 도형에 소리 효과를 넣어 박진감을 느끼도록 한다.

반복문 블록 덕분에 효율적인 코딩이 완성되었다. 여기에서는 소리를 넣어서 음향 효과를 내기로 한다.

※ 코딩 디자인 개선 3

목표: 정사각형에 소리 추가하기

3S: ① Stage: 현재 유지
② Sprite: 야옹이
③ Script: <소리> 창고에 <Drum 재생하기> 블록 만들기

**[소리 추가를 준비하기]**

[1단계] 시작화면 상단의 〈통제소〉에서 〈소리〉를 선택한다.

[2단계] 다음 화면 좌하단의 〈소리 저장소〉를 누른다.

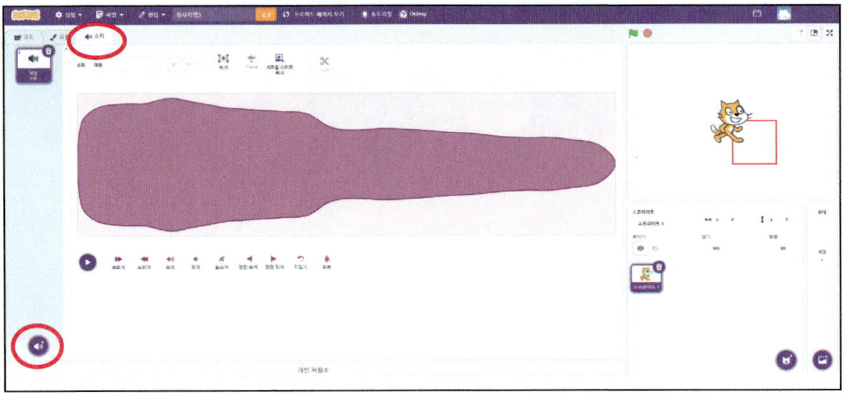

[3단계] 〈Drum〉을 선택한다.

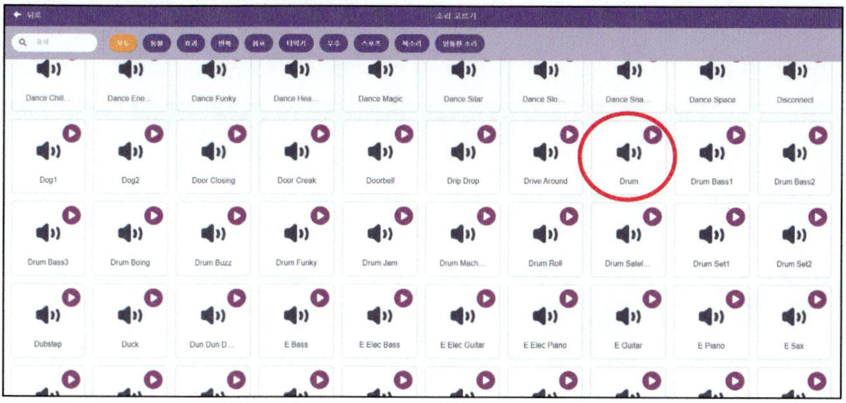


[4단계] 〈Drum〉 소리가 저장되면, 〈통제소〉의 〈코드〉를 누른다.

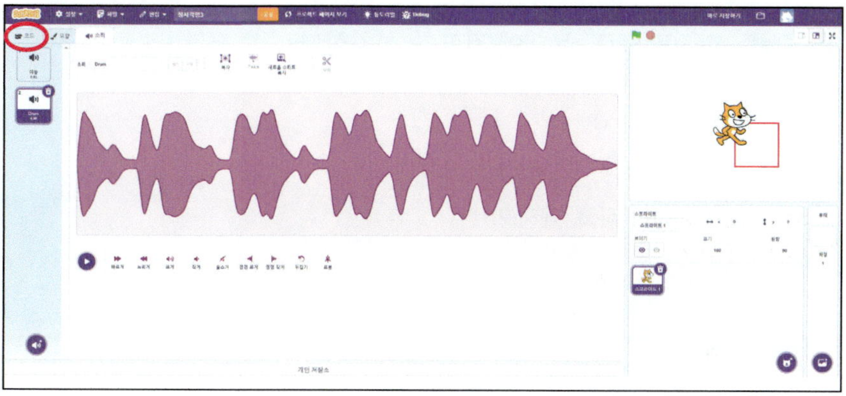

[5단계] 〈스크립트〉의 〈소리〉 창고에서 〈Drum 재생하기〉 가져와서 〈반복문〉 안에 집어넣는다. 이제 깃발을 누르면 드럼 소리와 함께 도형을 그린다.

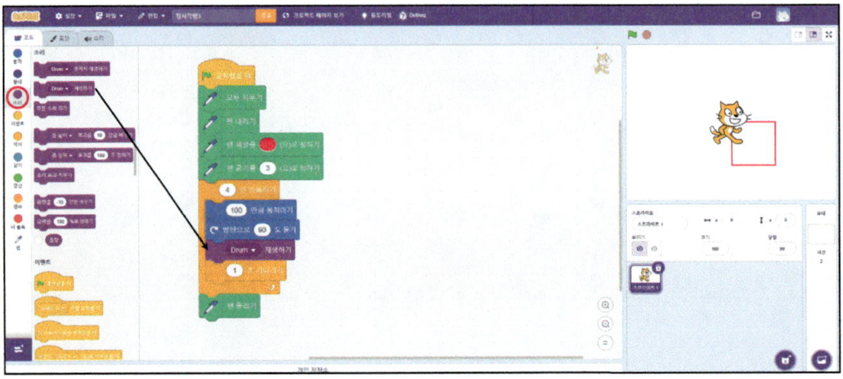

[6단계] 마지막으로, 무대에 좌표를 설치한다.

**※ 코딩 디자인 개선 4**

목표: 무대 좌표 위에 정사각형 그리기

3S: ① Stage: 좌표 가져오기
② Sprite: 야옹이
③ Script: 현재 유지

### [좌표 준비하기]

[1단계] 화면 우하단의 무대 〈배경 고르기〉를 누른다.

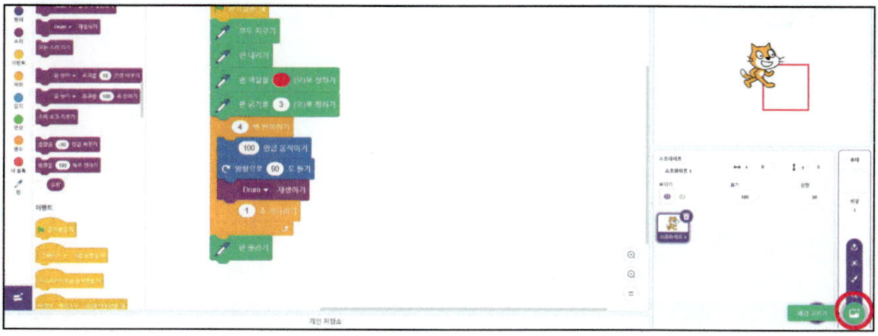

[2단계] 좌표(Xy-grid)를 선택한다.

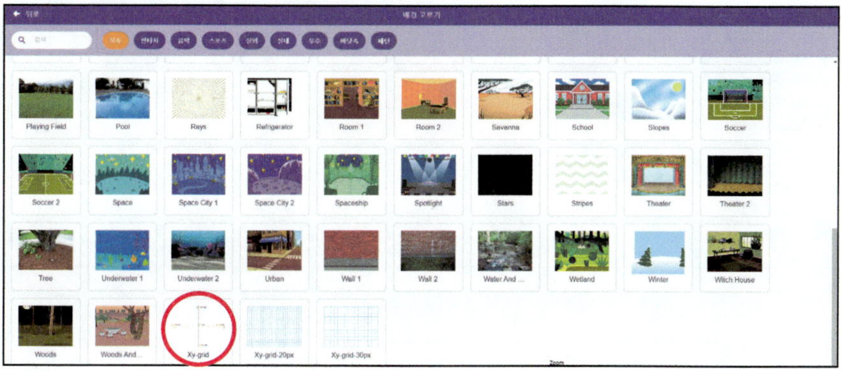

[3단계] 무대 좌표의 원점을 중심으로 정사각형이 들어차 있다. 다시 깃발을 눌러서 실행해 보자.

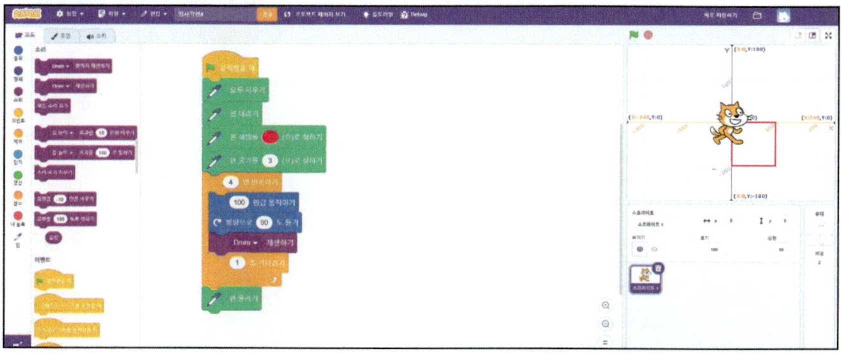

# 103 정사각형 패턴 그리기

**목표** — 반복문 2개를 겹쳐서 패턴을 그린다.

다음 화면 무대의 패턴을 그려보자.

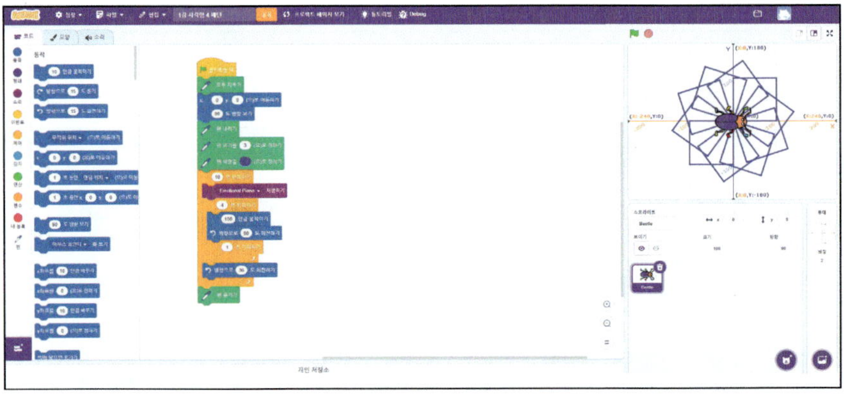

※ 코딩 디자인

목표: 여러 정사각형을 겹쳐 그려서 패턴 만들기

3S: ① Stage: 좌표 가져오기
② Sprite: 우하단의 <스프라이트 저장소>에서 딱정이(Beetle) 선택(야옹이 삭제)
③ Script: <소리> 창고에서 <Emotional Piano 재생하기> 선택

<제어> 창고의 두 ㄷ자형 반복문 겹치기

[파일] 〉 [새로 만들기] 화면에서 코딩 작업을 한다.

위의 블록을 차례로 쌓아서 실행하면 무대에서 패턴이 생성된다.

# 104 정삼각형 그리기

**목표** — 도형의 내각과 외각을 이해한다.

다음 정삼각형 코딩 중에서 올바른 것을 고르시오.

①

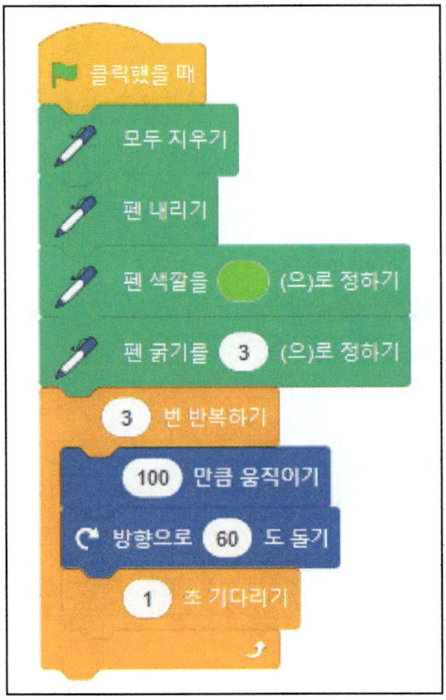


②

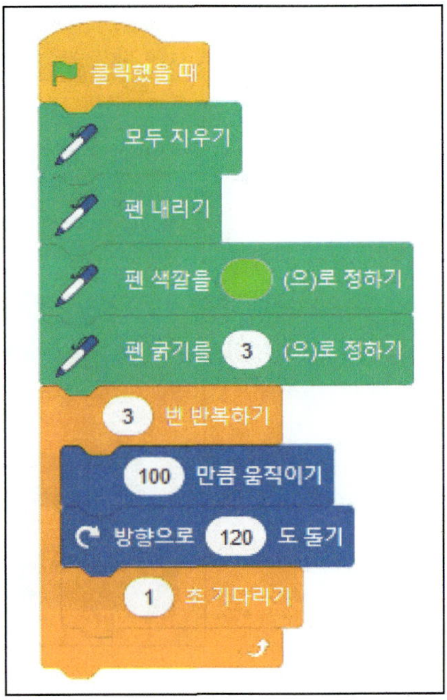


정답: ②번.

이유: 정삼각형의 한 내각은 60도이지만, 도형을 그리려면 야옹이가 외각(180 – 내각 = 120)을 돌아야 하기 때문이다.

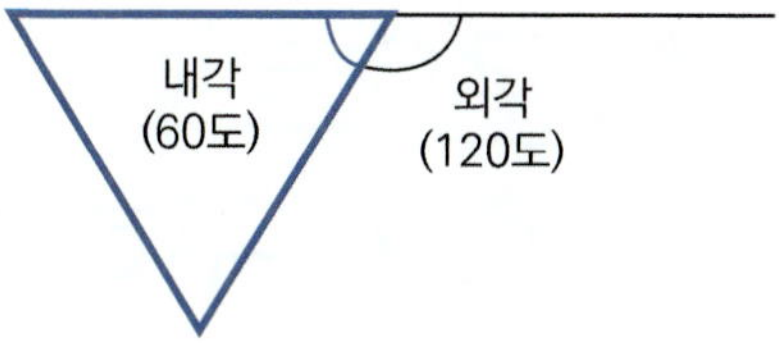


도형의 기본은 정삼각형이다. 정삼각형 내각의 합은 180도다(이를 각자 증명해 보기 바란다).

예를 들어, 정오각형의 한 내각은 몇도일까? 정오각형은 3개의 삼각형으로 구성되어 있다. 따라서 내각의 합은 $180 \times 3 = 540$(도)며, 한 내각은 $540/5 = 108$(도)다. 따라서 정오각형을 그리려면 〈5번 반복하기〉와 외각 〈72도 돌기〉를 하면 된다.

도형의 삼각형 수를 계산해 보면, 정사각형은 2개, 정오각형은 3개, 정육각형은 4개... 모든 도형은 $(n-2)$ 개의 삼각형을 가지고 있다.

이제 정n각형을 그리려면 몇도를 돌아야 완성되는지 계산해 보자. 내각의 합은 $(n-2)180$(도)다. 그리고 한 내각은 $\frac{(n-2)180}{n}$가 된다.

도형을 그리려면 외각을 구해야 하므로,

$$
\begin{aligned}
\text{외각} &= 180 - \text{내각} \\
&= 180 - \frac{(n-2)180}{n} \\
&= \frac{360}{n}
\end{aligned}
$$

정오각형의 경우 $n=5$를 대입하면 72도가 된다. 끝으로, 모든 도형의 외각의 합은 360도로 일정하다. 원을 한 바퀴 도는 셈이다.

# 105 반복문으로 숫자 합계 구하기

**목표** — 변수의 개념이 무엇인지 이해한다.

다음은 1~5까지의 합계를 구하는 화면이다.

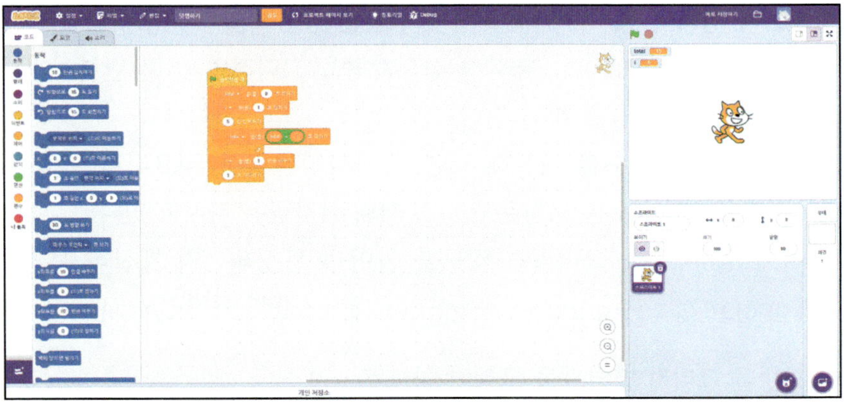

위 화면의 코드를 확대하면 아래와 같다. 이를 차례로 설명해 본다.

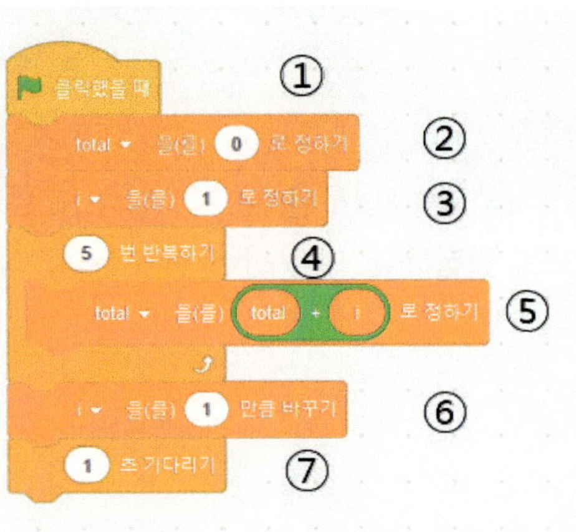

① 첫 [이벤트] 창고의 블록 〈실행 시작하기〉 이후에 화면 우측 무대에 있는 변수 값에 변화가 일어난다.

② [변수] 창고에서 변수 〈total〉 만들고, 이 변수의 초깃값은 0으로 정한다. 변수 만들기는 다음과 같이 진행한다.

[변수] 창고 > [변수 만들기] 클릭 > [새로운 변수] 창 > <total> 입력하고 확인하기

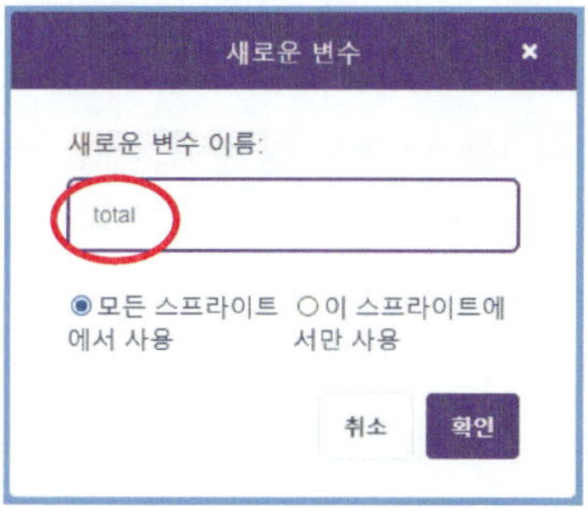


③ [변수] 창고에서 변수 〈i〉를 만든다. 변수 만들기는 ②와 유사하다. 이 변수의 초깃값은 1로 정한다.

④ [제어] 창고에서 [반복문] 10 => 5로 바꾼다.

⑤ [변수] 창고에서 〈total = total + i〉 (의미: 오른쪽 항의 〈total + i〉 값을 왼쪽 〈total〉 변수에 할당함)

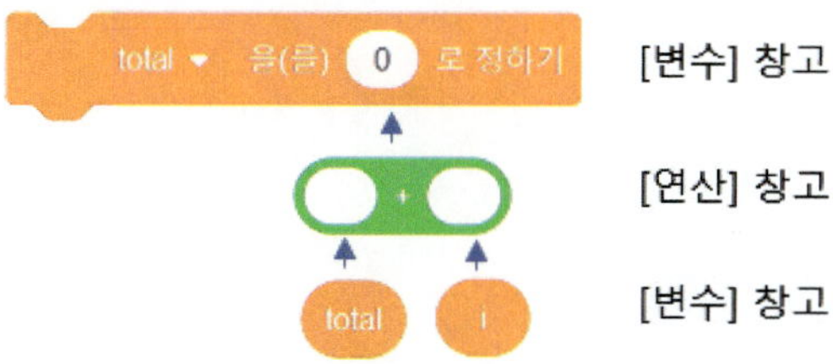

⑥ [변수] 창고에서 〈i〉 변수 값의 변화: 〈i = i + 1〉 의미
⑦ [제어] 창고

암산으로 1~5까지 정수의 합계를 구한다고 하면, 다음과 같이 진행할 것이다.

① 먼저 1(i)에다 2(i)를 더해서 중간 합계(total) 3을 얻는다.
② 이 3(total)에다 3(i)을 더해서 중간 합계(total) 6을 얻는다.
③ 이 6(total)에다 4(i)를 더해서 중간 합계(total) 10을 얻는다.
④ 이 10(total)에다 마지막 숫자 5(i)를 더해서 최종 합계(total) 15를 구한다.

이 과정을 그림으로 나타내면 다음과 같다.

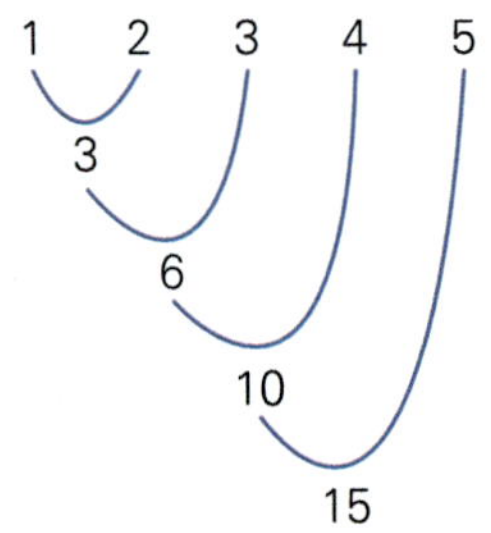


이와 같이 〈i〉와 〈total〉처럼 값이 변하는 속성을 가진 것을 변수라고 부른다.

# 106 GenAI와 스크래치

**목표** — GenAI와 스크래치의 관계 이해하기

## ChatGPT

**지시문** GenAI와 Scratch의 관계를 중학생 수준으로 500자 설명해 줘.

GenAI(생성형 AI)와 Scratch(스크래치)는 모두 컴퓨터를 활용하여 창의적으로 문제를 해결하는 데 도움을 주는 도구입니다. Scratch는 블록 코딩을 사용하여 쉽게 프로그래밍을 배울 수 있도록 설계된 교육용 언어이고, GenAI는 인공지능을 활용해 텍스트, 이미지, 음악 등을 자동으로 생성할 수 있는 기술입니다.

이 둘을 함께 활용하면, 프로그래밍을 더욱 흥미롭게 배울 수 있습니다. 예를 들어, Scratch에서 게임을 만들 때 GenAI를 활용해 캐릭터의 대사를 자동 생성하거나, 배경 음악을 생성할 수 있습니다. 또한, 학생이 코드를 짤 때 GenAI가 오류를 찾아주거나, 새로운 아이디어를 제공할 수도 있습니다.

GenAI는 Scratch의 기능을 확장하고, 학생들이 더욱 창의적인 프로젝트를 만들도록 도와줍니다. 단순한 애니메이션에서 AI와 상호작용하는 챗봇, 자동으로 문제를 내는 학습 도구까지 다양한 응용이 가능합니다. 이를 통해 학생들은 프로그래밍뿐만 아니라 AI 활용 능력도 함께 키울 수 있습니다.

## Wrtn

**지시문** 정사각형 그리기의 예를 들어줘.

Scratch에서 정사각형을 그리는 간단한 예제를 설명해 드리겠습니다. 아래는 Scratch 블록을 사용하여 정사각형을 그리는 방법입니다.

1. **스프라 ... 택**: Scratch에 ... 라이트를 선택 ... 새 스프라이트 ... 니다.

```
깃발이 클릭되었을 때
펜을 내리기
반복하기 (4번)
    앞으로 (100) 걸어가기
    오른쪽으로 (90) 도 회전하기
펜을 올리기
```

이 코드를 실행하면 스프라이트가 정사각형을 그리게 됩니다. 각 변의 길이는 100 스텝이며, 90도씩 회전하여 정사각형을 완성합니다. 필요에 따라 변의 길이나 색상 등을 조정할 수 있습니다.

스크래치 문법을 이해하게 되었으므로 코딩을 쉽게 할 수 있을 것이다.

지시문 정사각형그리기로 만들 수 있는 재미있는 프로젝트는 어떤 게 있을까?

**답변**

검색 과정

정사각형 그리기를 활용하여 만들 수 있는 재미있는 프로젝트 몇 가지를 소개해 드리겠습니다:

1. **정사각형 패턴 만들기:**
   - 여러 개의 정사각형을 겹치거나 배열하여 다양한 패턴을 만들 수 있습니다. 색상을 랜덤으로 변경하거나, 크기를 다르게 하여 독특한 디자인을 생성할 수 있습니다.
2. **정사각형 미로:**
   - 정사각형을 사용하여 미로를 만들고, 사용자가 스프라이트를 조작하여 미로를 탈출하는 게임을 만들 수 있습니다. 각 정사각형은 벽이나 길로 설정할 수 있습니다.
3. **정사각형 아트:**
   - 정사각형을 다양한 색상으로 그려서 픽셀 아트 스타일의 그림을 만들 수 있습니다. 사용자가 색상을 선택하고 정사각형을 클릭하여 그림을 완성하는 방식으로 진행할 수 있습니다.
4. **정사각형 애니메이션:**
   - 정사각형을 움직이거나 회전시키는 애니메이션을 만들어 볼 수 있습니다. 예를 들어, 정사각형이 화면을 가로질러 이동하거나, 점프하는 애니메이션을 만들 수 있습니다.
5. **정사각형 게임:**
   - 정사각형을 사용하여 간단한 게임을 만들 수 있습니다. 예를 들어, 정사각형이 랜덤하게 생성되고, 사용자가 클릭하여 점수를 얻는 게임을 만들 수 있습니다.

이러한 프로젝트들은 정사각형을 기본으로 하여 창의력을 발휘할 수 있는 좋은 기회를 제공합니다. 각 프로젝트는 난이도에 따라 조정할 수 있으며, 다양한 기능을 추가하여 더욱 흥미롭게 만들 수 있습니다.

글을 자연스러운 말투로 작성해 드려요 AI 탐지 방어 바로가기

다음으로 이런 걸 물어볼 수 있어요

정사각형을 사용해서 멋진 만화 캐릭터를 만들 수 있을까? +

정사각형으로 미로 같은 게임을 만들어보면 어떨까? +

정사각형을 활용한 애니메이션 효과를 추가할 수 있을까? +

# 107 애니메이션 효과 만들기

**목표** — 스프라이트 만들기와 움직이기를 알아본다.

Wrtn

지시문 정사각형으로 애니메이션 만드는 방법을 알려 줘.

정사각형을 활용한 애니메이션 효과를 추가하는 것은 매우 재미있고 창의적인 작업입니다! 아래는 정사각형을 사용하여 애니메이션 효과를 만드는 방법에 대한 몇 가지 아이디어입니다.

### 1. 이동 애니메이션

정사각형을 사용하여 캐릭터나 객체가 이동하는 애니메이션을 만들 수 있습니다.

- **이동 스크립트**: 정사각형 스프라이트를 선택하고, 방향키를 눌렀을 때 이동하도록 설정합니다.

```scratch
when [up arrow v] key pressed
change y by (10)

when [down arrow v] key pressed
change y by (-10)

when [right arrow v] key pressed
change x by (10)

when [left arrow v] key pressed
change x by (-10)
```

### 2. 회전 애니메이션

정사각형을 회전시키는 애니메이션을 추가할 수 있습니다.

- **회전 스크립트**: 정사각형 스프라이트를 선택하고, 특정 키를 눌렀을 때 회전하도록 설정합니다.

```scratch
when [space v] key pressed
repeat (10)
    turn cw (15) degrees
    wait (0.1) seconds
end
```

### 3. 크기 변화 애니메이션

정사각형의 크기를 변화시켜 애니메이션 효과를 줄 수 있습니다.

- **크기 변화 스크립트:** 정사각형 스프라이트의 크기를 점진적으로 변화시키는 스크립트를 추가합니다.

```scratch
when [green flag v] clicked
set size to (50) %
repeat (10)
    change size by (10)
    wait (0.1) seconds
end
```

### 4. 색상 변화 애니메이션

정사각형의 색상을 변화시켜 시각적인 효과를 줄 수 있습니다.

- **색상 변화 스크립트:** 정사각형 스프라이트의 색상을 주기적으로 변화시키는 스크립트를 추가합니다.

```scratch
when [green flag v] clicked
repeat (10)
    change color effect by (25)
    wait (0.5) seconds
end
```

### 5. 점프 애니메이션

정사각형이 점프하는 애니메이션을 만들 수 있습니다.

- **점프 스크립트:** 정사각형 스프라이트가 점프하는 효과를 주는 스크립트를 추가합니다.

```scratch
when [space v] key pressed
repeat (10)
    change y by (10)
    wait (0.05) seconds
end
repeat (10)
    change y by (-10)
    wait (0.05) seconds
end
```

이러한 방법들을 통해 정사각형을 활용한 다양한 애니메이션 효과를 만들 수 있습니다. 창의력을 발휘하여 재미있는 애니메이션을 만들어 보세요!

위에서 〈2. 회전 애니메이션〉을 만들기를 시도해 보자.

**※ 코딩 디자인**

목표: 정사각형이 회전한다.

3S: ① Stage
② Sprite: 정사각형 만들기
③ Script: GenAI 결과 참조

[1단계] 정사각형 스프라이트를 만든다.

① 시작화면 우하단의 〈스프라이트 고르기〉에 마우스 포인터를 놓은 후 중간의 〈그리기〉를 선택한다.
② 〈통제소〉에서 〈모양〉이 나온다.
③ 야옹이를 〈스프라이트 창〉에서 제거한다.
④ 메뉴판의 정사각형을 좌마우스로 클릭한 한 후에 캔버스에서 좌마우스로 그린다.
⑤ 통제소의 〈모양〉에서 〈코드〉로 전환 클릭한다.

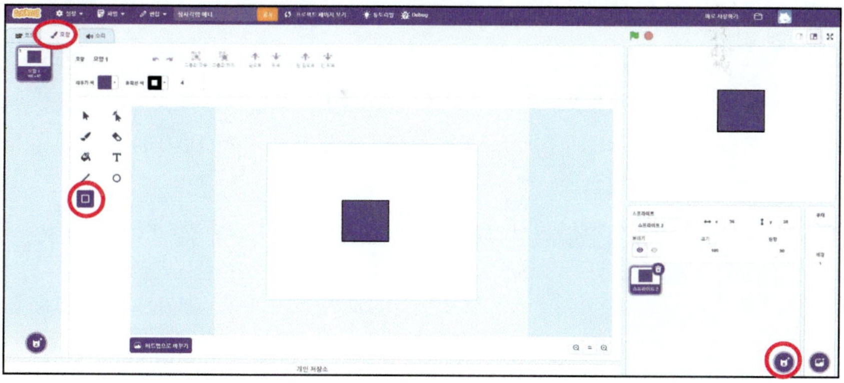

[2단계] 코딩하기: 〈스페이스 키를 눌렀을 때〉 블록은 〈이벤트〉 창고에서 가져 온다.

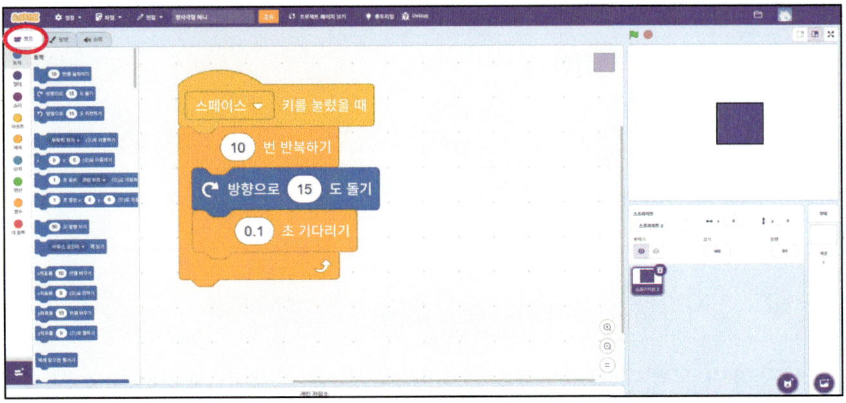


[3단계] 실행하기(스페이스 키 누르기): 정사각형 도형이 한번에 15도씩 10번 우회전한다.

### 알면 소용있는 프롬프트

- 스크래치 초보자에게 반복문 루프를 사용한 코딩 문제를 알려 줘.
- 스크래치 초보자에게 조건문을 사용한 코딩 문제를 알려 줘.
- 스크래치 초보자에게 함수(<내 블록>의 <내 블록 만들기> 이용)를 사용한 코딩 문제를 알려 줘.
- [미로게임 만들기] ① 정사각형으로 미로게임을 설계해 줘. ② 이것을 스크래치로 코딩해 줘.

GenAI 120

# 제15장 파이썬 코딩 언어와 GenAI

파이썬은 자체 개발 코드뿐만 아니라 외부 라이브러리(또는 패키지)를 과감하게 받아들여서 인공지능 시대에 유연하면서도 강력한 코딩 언어가 되었다.

**[ChatGPT]** 다음 이미지를 생성해 줘: "어두운 방에서 따뜻한 조명 아래, 한국인 개발자가 노트북으로 코딩을 하고 있다. 책상에는 노트와 마커, 커피가 담긴 머그컵이 있으며, 머그컵에는 'PYTHON'이라고 적혀 있다. 배경에는 벽돌 벽과 LED 조명이 있어 분위기가 아늑하다."

# 108 파이썬 구조 이해하기

**목표** — 파이썬을 설치하고 구조를 이해한다.

파이썬의 특징은 다음과 같다.

① 쉬운 문법과 간결한 실행 언어: 이해하기 쉽게 만들어져, 현재 선호도가 가장 높은 프로그래밍 언어 중의 하나

② 방대한 표준 라이브러리(패키지)의 지원: 데이터 분석을 위한 Pandas와 Numpy, 머신 러닝을 위한 TensorFlow와 Scikit-learn 등 다양하게 지원

③ 다양한 분야에 활용: 웹 개발, 데이터 분석, 인공 지능, 자동화 등 다양한 분야에서 사용

④ 독립적인 플랫폼 사용: 윈도우, 맥 OS, 리눅스 등 다양한 운영 체제에서 사용 가능

⑤ 완전 무료

### (1) 파이썬 설치하기

[1단계] 브라우저에서 python.org를 입력한다.

다음 화면은 윈도우 버전이며, 내려받기를 위해 붉은 타원으로 표시한 〈Download〉를 선택한다.

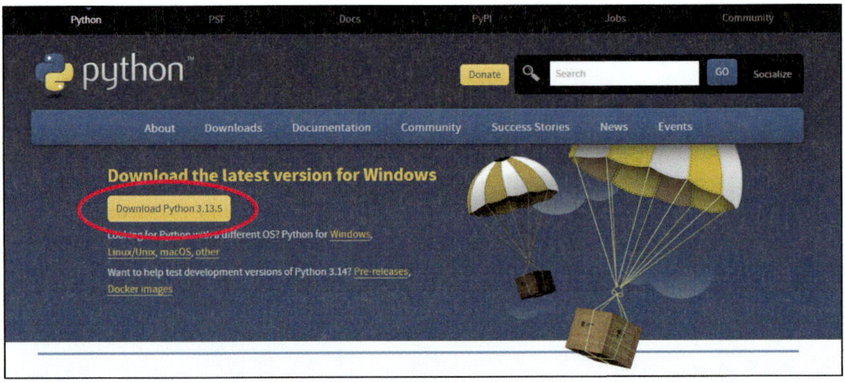


[2단계] 화면에 〈다운로드〉 창이 뜨면 〈파일 열기〉를 누른다.

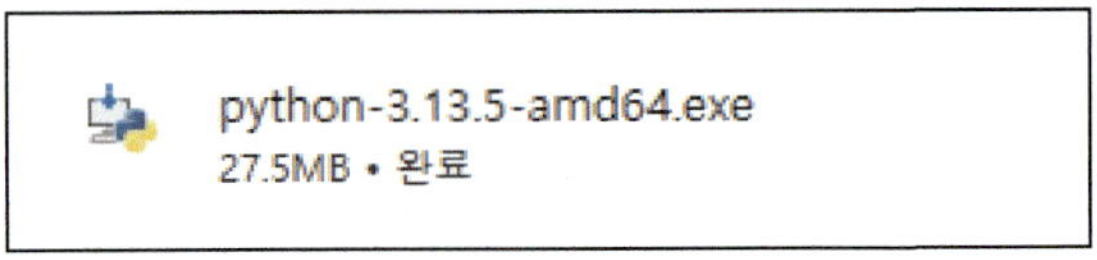

**[3단계]** 파이썬이 모든 경로에서 실행되도록, 화면 하단의 [PATH(환경변수)에 파이썬 파일을 추가하기] 후에 〈Install Now〉를 클릭한다.

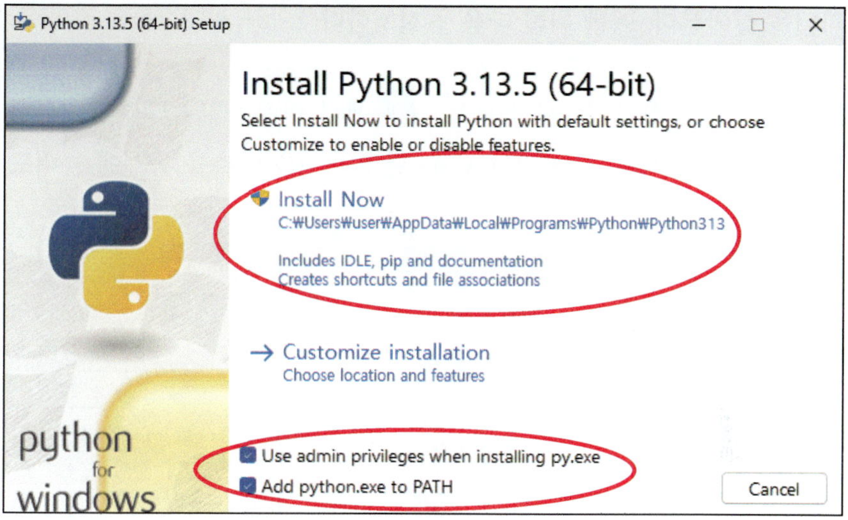


**[4단계]** 종료를 위해 [Close]를 누른다.

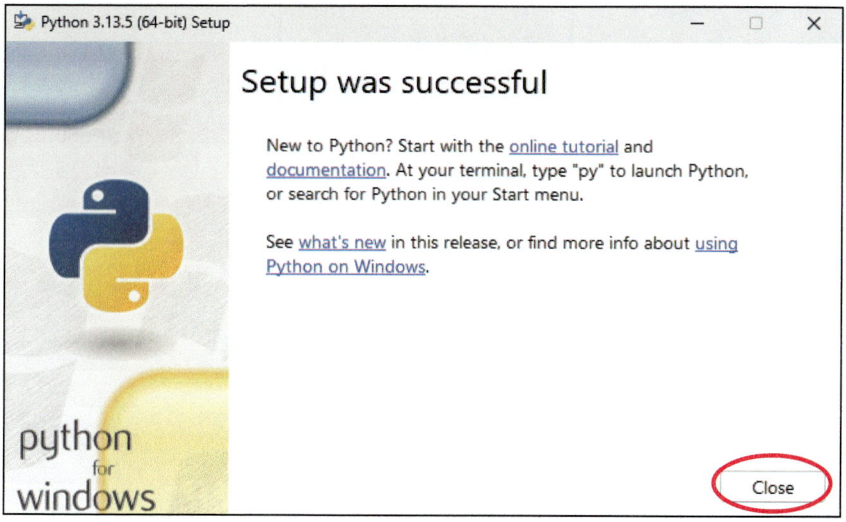

### (2) 설치 확인하기

파이썬이 제대로 설치되어 있는가를 확인하려면 python.exe 실행 파일을 찾아본다. 이를 위해 다음을 진행한다.

[1단계] 화면 하단의 〈시작 메뉴〉 에서 마우스 우클릭하고 [실행(R)]을 선택한다(또는 자판의 〈Win〉 단추와 〈R〉 단추를 동시에 눌러도 된다).

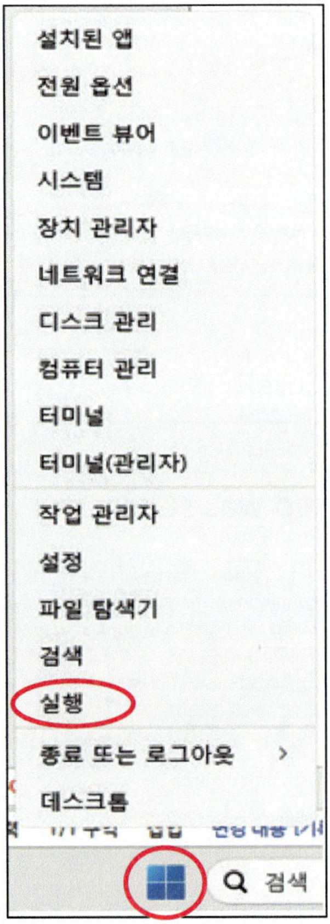

[2단계] 다음 [실행] 창에서 [확인]을 누른다.

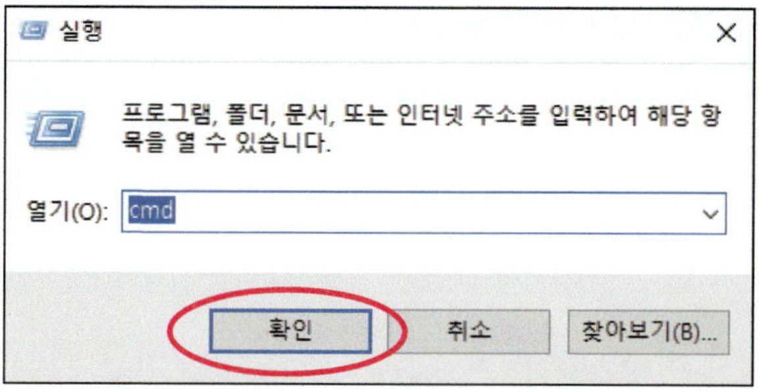


[3단계] 생성된 [커맨드] 화면에서 python를 입력하면 부호 ⟩⟩⟩ [명령 프롬프트]가 나온다. 여기서 3+4를 입력하고 실행한 결과 7을 얻으면 성공이다.

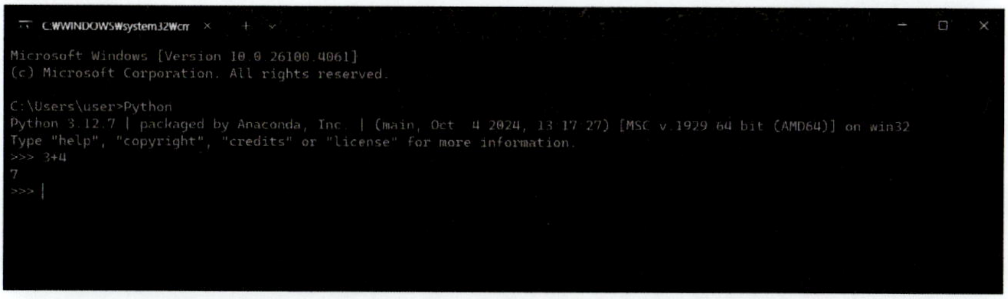


### (3) ⟨쉘⟩ 화면에서 파일 만들기

파이썬에 접근하는 방식에는 여러 가지가 있다.

① 통합 개발 환경(IDLE: Integrated Development Environment) 방식 => Editor(편집기)

(주) 본서에서는 이 방식을 선택한다.

② Google Colab 방식 => Jupyter Notebook

③ Anaconda (파이썬 통합 개발 환경) 방식 => Jupyter Notebook

파이썬의 IDLE(Integrated Development Environment: 통합개발환경)은 소스 코드 도구로서 코딩 작업을 쉽게 할 수 있다. 초기화면

〈Win〉 단추에서 마우스 좌클릭 => [모든 앱] 좌클릭 => IDLE 아이콘 을 좌클릭하면 〈쉘〉 창이 생성된다.

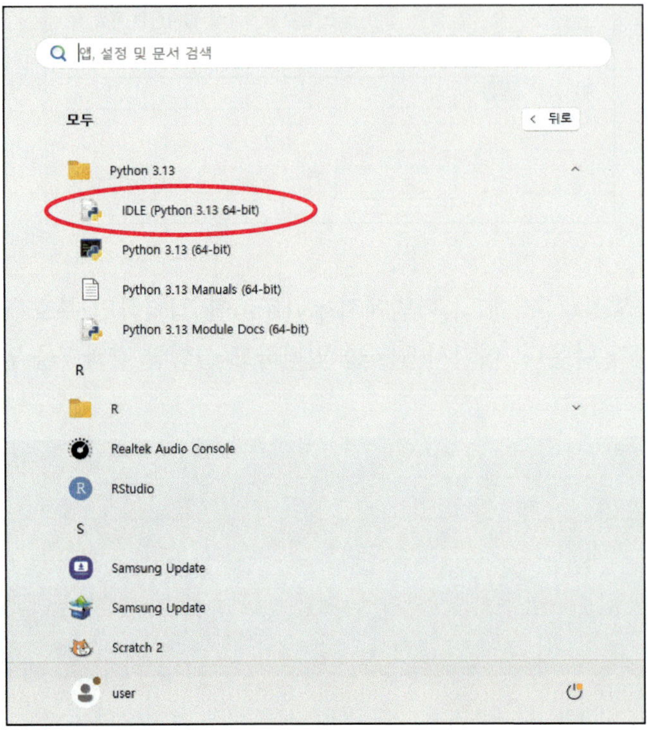


아래 창의 프롬프트(>>>)에서 3+4를 입력하고 [엔터]하였더니 그 다음 줄에 7이 나왔다. 이 대화형 방식을 〈쉘〉 방식이라고 한다. 이 방식은 입력과 출력의 기능을 담당한다.

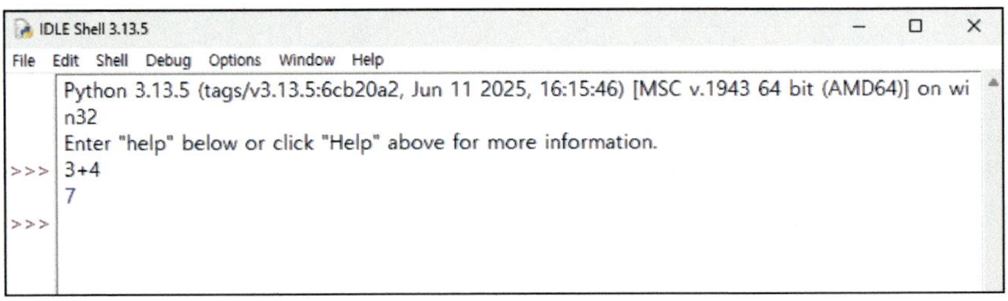

〈셸〉 화면은 한 줄씩만 입력하게 되어 제한적으로 사용된다. 그리고 코딩 오류(error)를 수정하기가 까다로운 단점이 있다. 또한 이 파일을 저장해도 다음에서는 그대로 사용할 수 없다. 이 문제를 해결해 주는 것이 다음의 〈편집기(editor)〉 방식이다.

### (4) 〈편집기〉 방식에서 데이터 입력 후 실행하기

〈편집기〉 방식의 파일을 만드는 방법은 다음과 같다. 먼저, 앞의 〈셸〉 창에서 [File] 〉 [New File]을 선택하면 된다. 그러면 untitled(무제)의 파일이 생성된다. 이것을 적절한 파일 이름으로 변경한다.

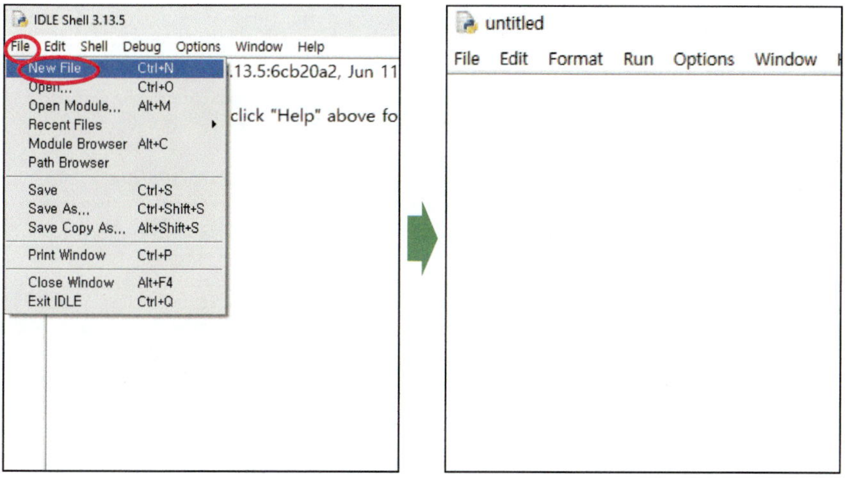


### (5) 변수의 입력

변수에 대해 이미 간단하게 설명하였다. 변수는 "변할 수 있는 속성"을 가지고 있으며 측정한 값을 담는 상자로 볼 수 있다. 변수 이름을 몸무게와 name을 나타내는 경우 다음과 같이 표시한다.

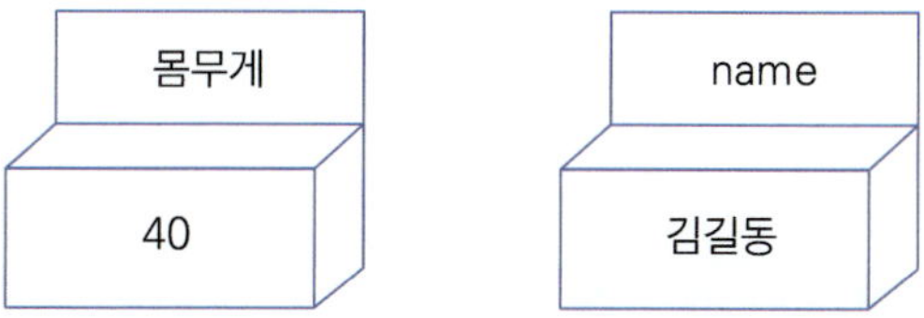

〈몸무게〉 상자 안에 "40"을, 〈name〉 상자 안에 "김길동"을 각각 담을 때, "변수를 선언한다."라고 말한다. 파이썬 〈쉘〉 창 또는 〈편집기〉 창에서 다음과 같이 입력한다.

```
몸무게 = 40
name = "김길동"          # 문자는 따옴표로 표기
```

**참고** 코딩을 배우는 것은 컴퓨터 언어의 문법을 배우는 것을 의미한다. 코딩 문법의 4대 핵심 요소는 다음과 같다.

| 종류 | 내용 | 설명 |
|---|---|---|
| ① 변수 | 몸무게=40, name="김길동" | 숫자형, 문자형, 논리형 |
| ② 반복문 | for 문, while 문 | 반복적인 일 처리하기 |
| ③ 조건문 | if 문, if-else 문 | 조건에 따라서 실행하기 |
| ④ 함수 | sum() | 내장함수 |
| | def 문 | 사용자 정의 함수 |

# 109 반복문으로 숫자 합계 구하기와 GenAI

**목표** — 반복문을 이해하고 1~5까지 합계 과정을 코딩하고 인쇄한다.

〈편집기〉 창에서 두 가지 방식으로 덧셈을 구해 보자. 일반 덧셈 방식과 반복문 〈for 문〉을 이용하여 코딩한 후 실행하고 결과를 알아 보자.

```
total.py - C:\Users\user\Desktop\0 GenAI 책\Python\total.py (3.13.2)
File  Edit  Format  Run  Options  Window  Help
# 1~5 합계 구하기
total = 1 + 2+ 3+ 4+ 5
print(total)

# 반복문 for 문 이용하기
total = 0                                   # total 변수의 초기값을 0으로 지정
print(f"total = {total}")                   # total 변수의 값 0 인쇄
for i in range(1, 6):                       # i 값은 1~5의 정수 (마지막은 1을 뺀 값)
    total = total + i                       # for 문에서 들여쓰기 (5행 시작)
    print(f"i = {i} 일 때  total = total + i = {total}")     # i값이 변할 때마다 total 값 인쇄
print(f"1~5 사이의 합계 = {total}")          # 최종 total 값
```

위의 코딩에서 total 변수의 인쇄(print)는 아래 〈쉘〉 창에서 두 가지 형식으로 보여준다. 이 결과를 바탕으로 위의 코드를 잘 살펴보자.

```
IDLE Shell 3.13.2
File  Edit  Shell  Debug  Options  Window  Help
Python 3.13.2 (tags/v3.13.2:4f8bb39, Feb  4 2025, 15:23:48) [MSC v.1942 64 bit (AMD64)] on wi
n32
Type "help", "copyright", "credits" or "license()" for more information.
>>>
=========== RESTART: C:\Users\user\Desktop\0 GenAI 책\Python\total.py =========
==
15
total = 0
i = 1 일 때  total = total + i = 1
i = 2 일 때  total = total + i = 3
i = 3 일 때  total = total + i = 6
i = 4 일 때  total = total + i = 10
i = 5 일 때  total = total + i = 15
1~5 사이의 합계 = 15
>>>
```

이 덧셈 과정은 105절 스크래치에서 이미 설명하였다.

지시문 정수 1~5까지 합계를 구해 줘.

정수 1부터 5까지의 합계는 다음과 같습니다:

$$1 + 2 + 3 + 4 + 5 = 15$$

**답: 15**입니다.

지시문 파이썬 코딩으로 설명해 줘.

물론입니다! 파이썬(Python)으로 정수 1부터 5까지의 합을 구하는 코드는 아래와 같습니다:

python 복사 편집

```python
# 정수 1부터 5까지의 합을 구하는 코드
total = 0
for i in range(1, 6):  # range(1, 6)은 1부터 5까지 반복
    total += i

print("1부터 5까지의 합은:", total)
```

**실행 결과:**

복사 편집

```
1부터 5까지의 합은: 15
```

**간단한 방법 (내장 함수 사용):**

python 복사 편집

```python
print(sum(range(1, 6)))
```

이렇게 `sum()` 함수와 `range()`를 활용하면 더 간단하게 합을 구할 수 있어요.

파이썬 코딩에서, 〈total +=1〉은 total 값이 1씩 증가한다는 뜻이다. 그리고 range의 범위는 (시작)~(끝-1)이 된다. 따라서 range(1, 6)은 1~5를 뜻한다. 내장함수는 112절을 참고하기 바란다.

# 110 도형 그리기와 GenAI

**목표** — GenAI로 코딩하고 파이썬으로 실행한다.

## ChatGPT

**지시문** GenAI와 Python의 관계에 대해 중학생 수준으로 500자 설명해 줘.

생성형 AI(GenAI)와 Python은 서로 깊은 관계가 있어요. 생성형 AI는 그림을 그리거나, 글을 쓰거나, 음악을 만드는 등 새로운 콘텐츠를 만들어 내는 인공지능을 뜻해요. 그리고 이런 AI를 개발하고 사용할 때 가장 많이 쓰이는 프로그래밍 언어가 바로 Python이에요.

Python은 쉽고 직관적인 문법을 가지고 있어서 초보자도 배우기 쉬워요. 또한, AI와 머신러닝을 다룰 수 있는 강력한 라이브러리(예: TensorFlow, PyTorch, transformers 등)가 많아서, 연구자들과 개발자들이 주로 사용해요. 우리가 챗봇을 만들거나, AI가 자동으로 글을 생성하게 하려면 Python을 이용해 모델을 학습시키고 실행해야 해요.

예를 들어, Python으로 간단한 프로그램을 짜면, AI가 "오늘 날씨 어때?"라는 질문에 답을 하도록 만들 수 있어요. 더 발전시키면, AI가 스스로 이야기를 만들어 내거나 그림을 그리는 것도 가능해요. 이런 기술들은 우리가 사용하는 챗GPT 같은 AI의 기반이 되죠.

즉, Python은 생성형 AI를 개발하고 활용하는 데 필수적인 도구이며, AI를 배우고 싶다면 Python부터 익히는 것이 좋아요!

ChatGPT

지시문 파이썬으로 정오각형 그리기를 코딩해 줘.

다음은 Python의 `turtle` 모듈을 사용하여 정오각형을 그리는 코드입니다.

python 코드 복사

```python
import turtle

# Create a turtle object
pentagon = turtle.Turtle()

# Set the speed of drawing
pentagon.speed(5)

# Set the color for the outline
pentagon.color("green")

# Draw a pentagon
for _ in range(5):
    pentagon.forward(100)  # Move forward
    pentagon.right(72)     # Turn right 72 degrees (360/5)

# Finish drawing
turtle.done()
```

**실행 방법**

1. Python이 설치된 환경에서 위 코드를 실행합니다.
2. 그래픽 창이 열리며 정오각형이 그려집니다.

**추가 설명**

- **변의 길이 변경**: `forward(100)` 의 숫자를 조정하면 변의 길이를 변경할 수 있습니다.
- **색상 변경**: `color("green")` 에서 원하는 색상으로 변경하세요.
- **속도 변경**: `speed(5)` 값을 1(느림)에서 10(빠름) 사이로 설정할 수 있습니다. 😊

(주) ① for 문은 반복문을 나타내며 100(픽셀)만큼 이동한 후에 72도 우회전을 5번 반복하라는 코드다. 정오각형의 한 내각은 118도이며, 72도는 외각이다. 거북이가 도형을 그리려면 외각을 회전하는 셈이다.

② # 부호는 설명문 표시로 실행되지 않는다.

③ 여기의 따옴표는 곧은 따옴표다. 참고로 HWPX 한글은 굽은 따옴표이며 오류로 간주된다.

다음으로, ChatGPT가 보여준 결과에서 〈코드 복사〉를 마우스 우클릭하여 복붙한 후 여기에 옮겨 실행해 보자.

[1단계] 시작 화면 〈Win〉  단추에 마우스 좌클릭 => [모든 앱] 좌클릭 => IDLE 아이콘  을 좌클릭한다. 〈IDLE shell〉 창에서 〈File〉 => 〈New File〉을 선택하면 〈편집기(editor)〉가 생성된다(아래 우측 화면). 이후부터는 아이콘을 화면 하단으로 옮겨 사용한다.

(a) 〈쉘〉 창 (b) 〈편집기〉 창

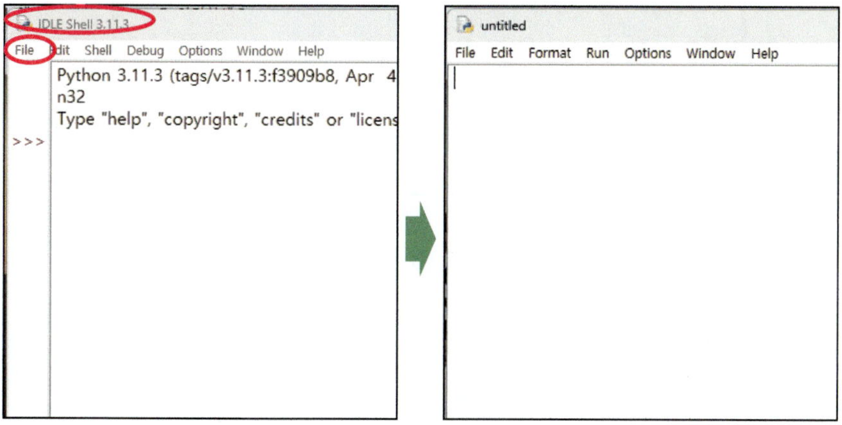


[2단계] 〈편집기〉 창에 복사한 코드를 붙인다.

[3단계] 실행을 위해 〈편집기〉에서 [Run] 〉 [Run module] 또는 [F5]를 선택하면 파일 저장에 대한 다음의 창이 나온다.

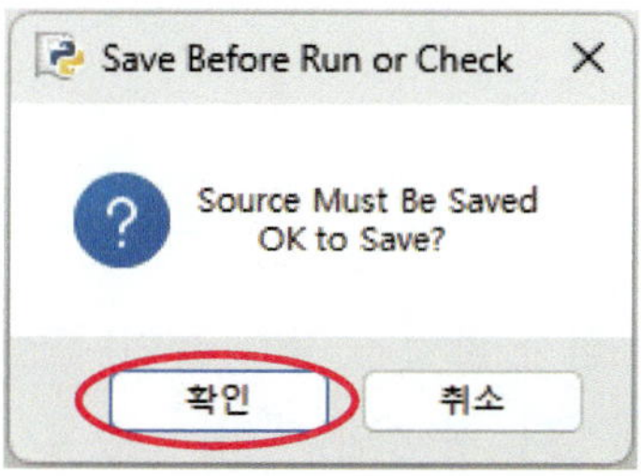

여기서 [확인]을 누르고 적절한 폴더에 파일을 저장한다. 여기서는 바탕화면에 〈정오각형.py〉로 정하고 파이썬 코드가 실행된다.

```
import turtle

# Create a turtle object
pentagon = turtle.Turtle()

# Set the speed of drawing
pentagon.speed(5)

# Set the color for the outline
pentagon.color("green")

# Draw a pentagon
for _ in range(5):
    pentagon.forward(100)  # Move forward
    pentagon.right(72)     # Turn right 72 degrees (360/5)

# Finish drawing
turtle.done()
```

[4단계] 실행 결과가 〈파이썬 거북이 그래픽〉 창에 나온다.

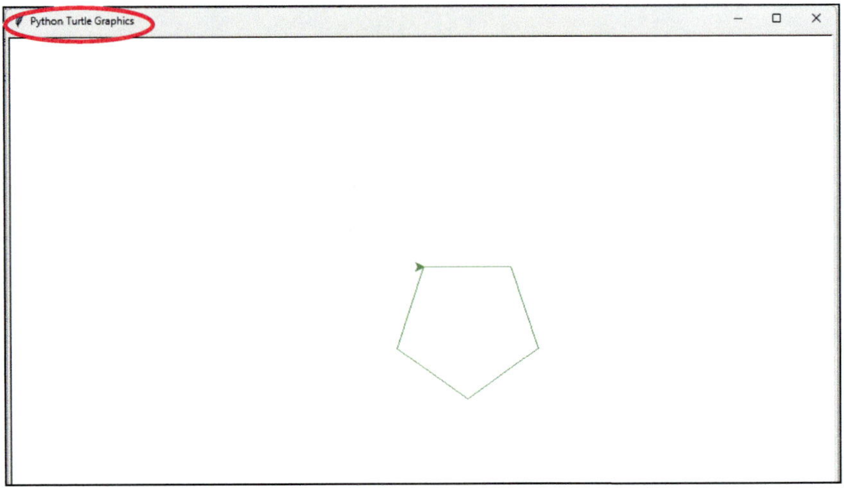


코딩을 실행할수록 점차 파일 숫자가 늘어나면 본인도 혼란스러워지고 나중에 정말 곤란해진다. 유능한 데이터 분석가가 되려면 파일을 잘 관리해야 한다.

다음 〈정오각형1.py〉 방식에서는 shape() 함수를 이용하여 정오각형을 그린다. 여기서는 화살표 대신에 거북이가 나온다.

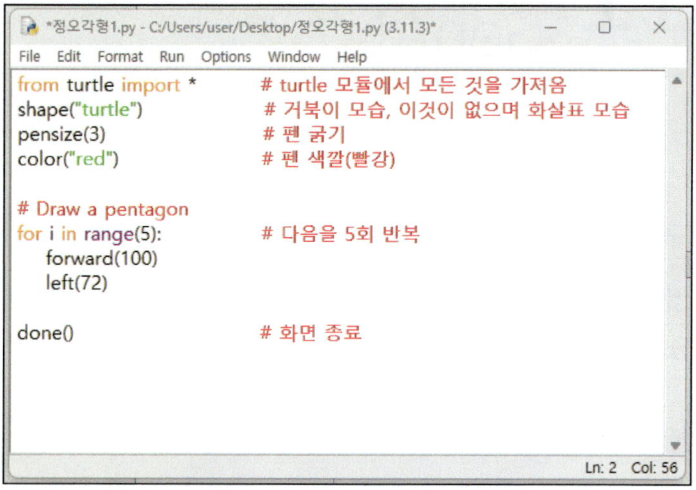


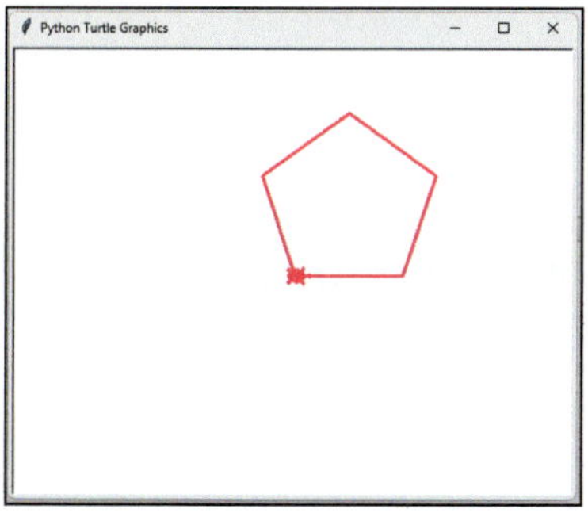


참고 "별 그리기"를 원한다면 left(72)를 left(144)로 바꾸면 된다.

(힌트: 거북이 진행의 외각을 계산한다.)

# 111 조건문 실행하기와 GenAI

**목표** — "만일 ~한다면"의 조건을 이해한다.

이 구문은 참인 경우와 거짓인 경우를 명시해서 실행문을 만든다.

```
if 조건문:
   실행문1
else:
   실행문2
```

### (1) 나이 문제

```
#<편집기> 창에서 입력
age = int(input("나이를 입력하세요: "))
if age < 18:
   print("미성년자 입니다.")
else:
   print("미성년자가 아닙니다.")
```

```
#<쉘>창의 출력
나이를 입력하세요: 15
미성년자입니다.
>>>
나이를 입력하세요: 18
미성년자가 아닙니다.
```

(주) 나이는 본인이 직접 입력한다.

**지시문** 나이 검사에서 18세 미만은 "미성년자", 18세 이상은 "미성년자가 아닙니다"로 출력하기로 되어 있어. 내 나이는 15세이고, 나의 형은 18세야. 나이 검사에 대해 파이썬 코딩을 해 줘.

---

지시문에 따라 **18세 미만은 "미성년자"**,
**18세 이상은 "미성년자가 아닙니다"**로 출력하는 파이썬 코드는 다음과 같습니다:

python 복사 편집

```python
# 나이 정보
my_age = 15
brother_age = 18

# 나이 검사 함수
def check_minor(age):
    if age < 18:
        return "미성년자"
    else:
        return "미성년자가 아닙니다"

# 출력
print("나:", check_minor(my_age))
print("형:", check_minor(brother_age))
```

**실행 결과:**

makefile 복사 편집

```
나: 미성년자
형: 미성년자가 아닙니다
```

이 코드는 지시문에 완전히 부합하며, 나이에 따라 정확하게 판별합니다.

이 코딩은 함수(def 문) 안에 조건문이 들어 있다(112절 참고). 위에서 초기에 두 사람의 나이를 입력하였지만, 다음 코딩에서는 본인이 직접 자신의 나이를 입력하도록 하는 코딩이다.

지시문 나의 나이를 직접 입력하는 코딩을 만들어 줘.

물론입니다! 사용자에게 **직접 나이를 입력받아서**
"미성년자" 또는 "미성년자가 아닙니다"를 출력하는 파이썬 코드는 다음과 같습니다:

python 복사 편집

```python
# 사용자로부터 나이 입력 받기
age = int(input("당신의 나이를 입력하세요: "))

# 나이 검사
if age < 18:
    print("미성년자")
else:
    print("미성년자가 아닙니다")
```

**설명:**

- `input()` 함수로 사용자에게 입력을 받고,
- `int()` 를 사용해 문자열을 정수로 변환한 다음,
- `if` 조건문으로 판별합니다.

**예시 실행:**

복사 편집

```
당신의 나이를 입력하세요: 15
미성년자
```

복사 편집

```
당신의 나이를 입력하세요: 18
미성년자가 아닙니다
```

필요하다면 형 나이까지 입력받도록 확장할 수도 있어요. 알려주시면 도와드릴게요!

지시문 형의 나이도 입력받도록 확장해 줘.

좋습니다! 아래는 **본인과 형의 나이**를 모두 입력받아서
각각 **"미성년자"** 또는 **"미성년자가 아닙니다"**를 출력하는 파이썬 코드입니다:

```python
# 본인과 형의 나이를 입력받기
my_age = int(input("당신의 나이를 입력하세요: "))
brother_age = int(input("형의 나이를 입력하세요: "))

# 나이 검사 함수 정의
def check_minor(age):
    if age < 18:
        return "미성년자"
    else:
        return "미성년자가 아닙니다"

# 결과 출력
print("당신은:", check_minor(my_age))
print("형은:", check_minor(brother_age))
```

### 💻 예시 실행:

```makefile
당신의 나이를 입력하세요: 15
형의 나이를 입력하세요: 18
당신은: 미성년자
형은: 미성년자가 아닙니다
```

필요하면 이름까지 함께 입력받아 출력하는 버전도 만들 수 있어요. 원하시면 말씀해주세요!

### (2) 주사위의 홀짝 구분하기

주사위를 던져서 나오는 숫자를 홀짝으로 구분하기 위해 먼저 1~6 사이의 난수를 얻고 그 숫자를 2로 나눌 때 나머지가 1이면 홀수, 0이면 짝수로 결정한다.

[도표 15-1] 순서도

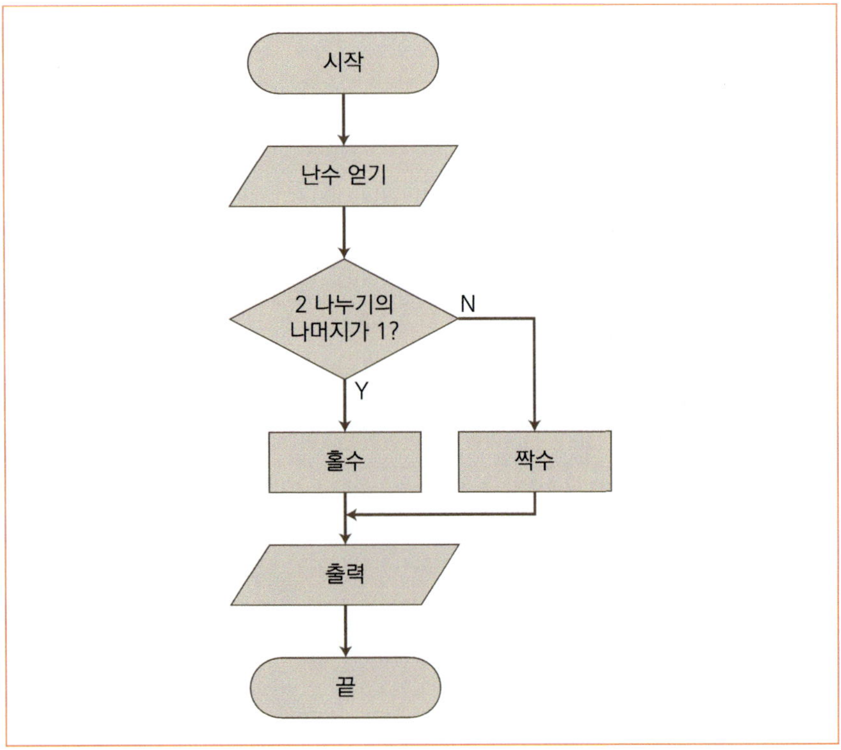

```
#<편집기> 창에서 입력
import random                  # random 모듈 불러오기
a = random.randrange(1, 7)     # 끝 번호는 n-1(7-1=6), 따라서 1~6 사이
print(a)
if a %2 == 1:                  # 만일 2 나누기의 나머지가 1이면
    print('홀수')
else:                          # 그 외 (나머지가 0이면)
    print('짝수')
```

```
#<쉘> 창의 출력
5
홀수
```

(주) 1. 파이썬에서 == 부호는 수학의 등호(=)와 같고, = 부호는 변수에 값을 할당한다는 뜻이다.

2. random 라이브러리가 작동하지 않는 경우, [커맨드] 창에서 명령문을 넣는다(112절 참조): pip install random

**지시문** 주사위 던지기에서 홀수 또는 짝수를 구별하는 코딩을 만들어 줘.

python 복사 편집

```python
import random

# 주사위 던지기 (1~6 사이의 숫자 랜덤 생성)
dice = random.randint(1, 6)
print("주사위 눈:", dice)

# 홀수/짝수 판별
if dice % 2 == 0:
    print("짝수입니다.")
else:
    print("홀수입니다.")
```

**실행 예시:**

복사 편집

```
주사위 눈: 3
홀수입니다.
```

**지시문** 주사위를 6번 던져 홀수와 짝수를 구별하는 코딩을 해 줘

```python
import random

# 주사위 6번 던지기
for i in range(1, 7):
    dice = random.randint(1, 6)
    print(f"{i}번째 주사위 눈: {dice}", end=" → ")

    if dice % 2 == 0:
        print("짝수입니다.")
    else:
        print("홀수입니다.")
```

**실행 예시:**

```
1번째 주사위 눈: 2 → 짝수입니다.
2번째 주사위 눈: 5 → 홀수입니다.
3번째 주사위 눈: 3 → 홀수입니다.
4번째 주사위 눈: 6 → 짝수입니다.
5번째 주사위 눈: 1 → 홀수입니다.
6번째 주사위 눈: 4 → 짝수입니다.
```

**지시문** 주사위를 6번 던져 홀수/짝수를 구별하고 각 눈의 개수를 세는 코딩을 해 줘.

```python
import random

# 홀수/짝수 개수 저장 변수
odd_count = 0
even_count = 0

# 주사위 6번 던지기
for i in range(1, 7):
    dice = random.randint(1, 6)
    print(f"{i}번째 주사위 눈: {dice}", end=" → ")

    if dice % 2 == 0:
        print("짝수입니다.")
        even_count += 1
    else:
        print("홀수입니다.")
        odd_count += 1
```

```
# 최종 결과 출력
print("\n[결과 요약]")
print(f"홀수 개수: {odd_count}개")
print(f"짝수 개수: {even_count}개")
```

**실행 예시:**

```less
1번째 주사위 눈: 2 → 짝수입니다.
2번째 주사위 눈: 5 → 홀수입니다.
3번째 주사위 눈: 6 → 짝수입니다.
4번째 주사위 눈: 1 → 홀수입니다.
5번째 주사위 눈: 3 → 홀수입니다.
6번째 주사위 눈: 4 → 짝수입니다.

[결과 요약]
홀수 개수: 3개
짝수 개수: 3개
```

더 많은 횟수나 그래프 분석, 확률 계산 등도 필요하시면 확장해 드릴 수 있어요!

파이썬 초보자는 코드 언어 자체를 큰 소리로 읽어보고 IDLE 환경에서 직접 입력하고 실행해 보기 바란다. 복붙하기는 별로 도움되지 않는다. 문법을 이해해야 GenAI의 제안을 이해할 수 있다. 특히 다음의 함수 관련 코딩은 문법적으로 매우 중요한 개념이다.

# 112 함수 이용하기와 GenAI

**목표** — 〈내장 함수〉와 〈사용자 정의 함수〉 개념을 이해한다.

함수는 반복되는 코딩 구문을 하나로 묶어서 필요할 때마다 호출해서 사용할 수 있으며 변수 값을 전달하거나 또는 불러오는 기능을 수행한다. 마치 수학 공식의 y=f(x)처럼 x 값을 넣으면 y 값이 나온다는 보편적인 의미를 갖는다.

함수의 종류에는 〈내장 함수〉와 〈사용자 정의 함수〉가 있다. 예를 들어, print() 함수, sum() 함수는 파이썬에 들어 있는 편리한 〈내장 함수〉다. 그리고 사용자가 필요에 따라 함수를 직접 만들어서 사용하는 경우 이를 〈사용자 정의 함수〉라고 부른다. def(define) 명령문을 사용하여 기능을 정의한다.

먼저 덧셈 기능을 하는 내장 함수 sum() 함수를 이용하여 두 수의 합을 구해보자.

```
# 입력
x = [10, 20]
total = sum(x)
print('10 + 20 =', total)
```

```
# 인쇄
10 + 20 = 30
```

다음은 사용자가 addition() 함수를 별도로 정의하여 두 수의 덧셈 과정을 보여준다.

```
#사용자가 정의한 addition() 함수
def addition(num1, num2):      # 먼저 addition() 함수를 정의함(define)
    total = num1 + num2        # total 변수에 num1과 num2 값을 할당함
    return total               # 할당받은 total 값을 반환

#주(main) 코드                 # addition() 함수를 호출함
a = int(input('첫번째 수는? '))  # 사용자가 직접 10을 입력함
b = int(input('두번째 수는? '))  # 사용자가 직접 20을 입력함
합계 = addition(a, b)           # 정의된 addition() 함수 이름과 일치
print(f'a + b = {합계}')
-------------------------------------------------------------
# 인쇄
10 + 20 = 30
```

이 코딩 과정을 그림으로 설명하면 다음과 같다.

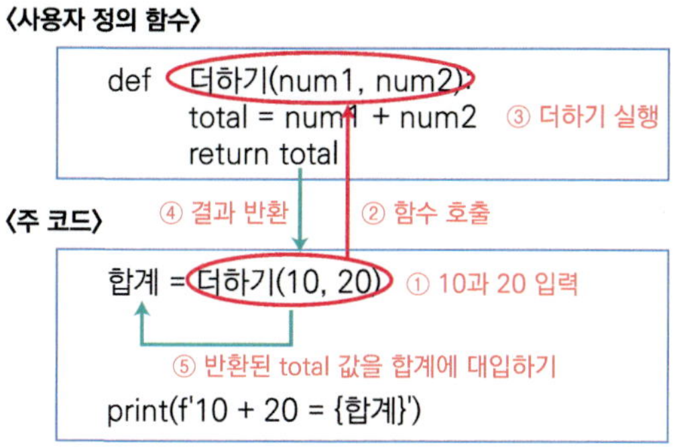


① 먼저 〈주 코드〉에서 두 수의 덧셈을 위해 10과 20을 각각 입력한다.
② 덧셈을 위해 〈사용자 정의 함수〉 addition()를 호출한다.
③ 호출당한 addition() 함수는 전달받은 인수 값의 덧셈을 실행한다.
④ 덧셈 실행 결과인 〈total〉 값을 〈주 코드〉에 반환한다.
⑤ 〈주 코드〉는 〈합계〉 변수에 이 값을 대입하고 출력한다.

〈사용자 정의 함수〉는 일정한 규칙에 따라서 역할을 수행한다. 이 함수는 자료를 전달받아서 계산한 후에 〈주 코드〉에 결과 값을 보내는 기능을 한다. 덧셈은 비교적 간단하여 덧셈 주코드만 있어도 된다. 복잡한 문제에서도 함수를 사용하면 효율적으로 계산하고 제3자가 코딩을 쉽게 이해할 수 있는 장점이 있다. 일반적으로 〈사용자 정의 함수〉를 최상단에 위치시킨다.

**지시문** 10 더하기 20을 계산하기 위해 <내장함수>와 <사용자 정의 함수>를 각각 파이썬으로 코딩해 줘.

---

✅ **1. [내장 함수] 사용 — `sum()` 함수**

python 복사 편집

```python
# 내장 함수 sum() 사용
result = sum([10, 20])
print("내장 함수 결과:", result)
```

◆ **출력:**

복사 편집

```
내장 함수 결과: 30
```

✅ **2. [사용자 정의 함수] 사용**

python 복사 편집

```python
# 사용자 정의 함수 정의
def add_numbers(a, b):
    return a + b

# 함수 호출
result = add_numbers(10, 20)
print("사용자 정의 함수 결과:", result)
```

◆ **출력:**

복사 편집

```
사용자 정의 함수 결과: 30
```

**과제** ChatGPT에게 "밤하늘의 별 20개 그리기"를 지시하고 실행하기 (여기에는 함수가 다양하게 들어 있다)

# 113 데이터 분석과 그림표 그리기

**목표** — 데이터 분석의 기초인 평균과 그림표 그리기를 실행한다.

ChatGPT

지시문 다음은 김길동의 걷기(단위: 걸음)를 주중(월, 화, 수, 목, 금)과 주말(토, 일)로 나누어서 평균치를 비교하려고 해.

걷기 = [월: 3000], [화: 2500], [수: 4500], [목: 6000], [금: 4000], [토: 10000], [일: 6000]

주중과 주말 조건으로 각각의 평균 걸음을 계산해 줘. 그리고 파이썬 코드로 나타내 줘.

김길동의 주중과 주말 평균 걸음을 계산하기 위해 먼저 데이터를 주중과 주말로 분리한 뒤 평균을 계산하면 됩니다. 아래는 계산과 함께 파이썬 코드입니다.

**계산:**

- **주중**: 월, 화, 수, 목, 금 → (3000 + 2500 + 4500 + 6000 + 4000) / 5 = 4000 걸음
- **주말**: 토, 일 → (10000 + 6000) / 2 = 8000 걸음

**파이썬 코드:**

```python
# 걷기 데이터
걷기 = [
    {"월": 3000},
    {"화": 2500},
    {"수": 4500},
    {"목": 6000},
    {"금": 4000},
    {"토": 10000},
    {"일": 6000}
]
```

```python
# 주중과 주말 데이터 분리
주중 = [day for data in 걸기[:5] for day in data.values()]  # 월~금
주말 = [day for data in 걸기[5:] for day in data.values()]  # 토~일

# 평균 계산
주중_평균 = sum(주중) / len(주중)
주말_평균 = sum(주말) / len(주말)

print(f"주중 평균: {주중_평균} 걸음")
print(f"주말 평균: {주말_평균} 걸음")
```

**출력 결과:**

```yaml
주중 평균: 4000.0 걸음
주말 평균: 8000.0 걸음
```

즉, 개발자는 평균 계산이 올바르게 되었는지 육안으로 직접 확인할 필요가 있다. 계속해서 Perplexity와 Wrtn에서도 실행해보고 결과가 동일한지 비교해보자.

**참고** 파이썬 4대 라이브러리 소개

| 패키지(약칭) | 설명 |
| --- | --- |
| pandas (pd) | 판다스는 DataFrame 구조를 기반으로 한다. SQL처럼 테이블에 쿼리나 조인을 수행할 수도 있다. SQL, 엑셀 파일, CSV 파일 같은 다양한 파일과 DB에서 데이터를 읽어 들일 수 있다. |
| numpy(np) | 넘파이는 고성능 수치계산을 위해 만들어진 패키지이며, 벡터, 행렬, 배열 등으로 이루어진 데이터의 분석 도구이다. |
| matplotlib | 맷플롯립은 자료 시각화에 도움되며, 선그림표, 히스토그램, 산점도 등을 그려준다. |
| scipy | 싸이파이는 고성능 선형대수, 함수 최적화, 신호처리, 특수 과학함수와 통계분포 등과 같은 과학 계산용이다. |

다음은 numpy 라이브러리를 이용하여 평균을 계산한 것이다.

```
# <편집기> 창에서 입력하기
name = ["김", "이", "박", "홍", "최"]
ht = [165, 157, 150, 160, 153]

total = sum(ht)          # 내장함수 sum() 이용
n = len(ht)              # 자료 개수, length
ave = total/n
print(ave)

# numpy 이용, 초기에는 command 창으로 준비하기 (아래 참고)
import numpy as np
ave = np.mean(ht)
print(f"키의 평균 = {ave}")
```

```
# <쉘>창의 결과
157.0
키의 평균 =  157.0
```

위 코드는 현재 실행되지 않는다. 먼저 [커맨드] 창에서 numpy를 설치해야 한다.

**[커맨드] 창에서 numpy 준비하기**

**[1단계]** 화면 하단의 <Win> 단추에서 마우스 우클릭하고 [실행(R)]을 선택하기 (또는 자판의 <Win>단추 <R> 단추를 동시에 눌러도 된다).

**[2단계]** <커맨드> [실행] 창에서 확인 누르기

**[3단계]** 생성된 [커맨드] 화면에서 "pip install numpy"를 입력한다. 일단 입력하면 계속 사용할 수 있다.

(주) pip(package installer for python): 파이썬 패키지(라이브러리) 관리자

다음은 matplotlib와 pandas를 이용한 막대그림표를 예시한 것이다.

```
import matplotlib.pyplot as plt
from matplotlib import font_manager, rc
import numpy as np

font_name = font_manager.FontProperties
        (fname="c:/Windows/Fonts/malgun.ttf").get_name()
# 그래프에서 한글깨짐 방지용
plt.rc('font', family=font_name)
# 좌표에 출력된 음수 깨짐 방지
plt.matplotlib.rcParams['axes.unicode_minus'] = False

이름 = ["김", "이", "박", "홍", "최"]
키 = [165, 157, 150, 160, 153]

fig = plt.figure(figsize= (8, 5))
pos = np.arange(5)
clas = plt.bar(pos, 키, color= 'green', align='center', width=0.5)
plt.xticks(pos, 이름)
plt.title('친구들의 키')
plt.xlabel('이름')
plt.ylabel('키(cm)')
plt.show()
```

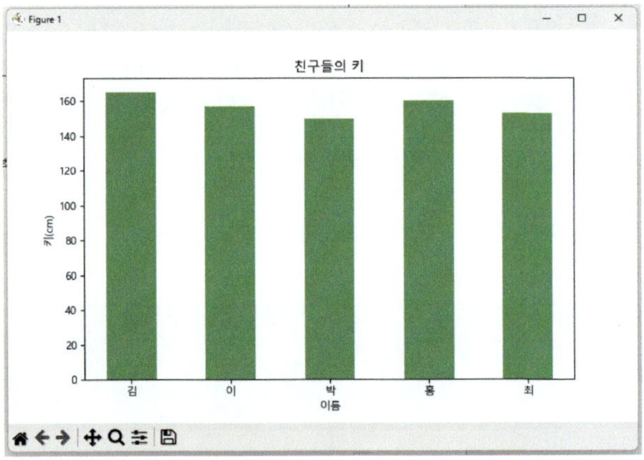

**참고** 기계 학습 및 AI를 위한 최고의 파이썬 라이브러리 10개

https://www.unite.ai/ko/10-best-python-libraries-for-machine-learning-ai/

**알면 소용있는 프롬프트**

- 파이썬 초보자에게 반복문 루프를 사용한 코딩 문제를 알려 줘.
- 파이썬 초보자에게 조건문을 사용한 코딩 문제를 알려 줘.
- 파이썬 초보자에게 사용자 정의 함수를 사용한 코딩 문제를 알려 줘.
- 주중과 주말의 걷기 평균을 각각 구하는 과정을 플로우 차트에 그려 줘.
- 파이썬으로 다음 데이터의 평균을 구해 줘.
  ht = [165, 157, 150, 160, 153]
  그리고 파이썬 코드를 알려줘.
- (파이썬 코드에서 오류가 난 경우, ChatGPT에서) 이 코딩을 수정해 줘.

[Copilot] 다음을 이미지로 생성해 줘. “녹아내리는 시계가 공중에 떠 있으며, 그 일그러진 형체가 흐릿한 황금빛 속에서 끝없는 사막의 메마른 땅 위로 천천히 흘러내린다. 깨진 거울들이 존재하지 않는 풍경을 반사하는 모습이 드러난다. 초현실주의적 분위기 속에서 질감과 부드러운 그림자가 결합되어, 선명한 디테일과 꿈같은 모호함이 공존하는 역설적인 장면을 만들어낸다.”

GenAI 120

# 제16장
# 엑셀에 GenAI 연결하기

엑셀 구조를 이해한 후에 GenAI를 활용하여 엑셀 업무의 생산성을 올려 보자.

[Copilot] 다음을 이미지로 그려 줘. "노트북을 열고 엑셀에 대해 배우는 한국 중학생들이 홀로그램 디스플레이, 디지털 기기, 각종 도표 등에 둘러싸여 있는 미래형 교실. 전면에 엑셀 보드가 있다."

# 114 평균 구하기

**목표** — 자연어 지시문으로 엑셀표를 만들고, 평균을 계산한다.

ChatGPT

지시문 김길동의 걷기(단위: 걸음)를 주중(월, 화, 수, 목, 금)과 주말(토, 일)로 나누어서 평균치를 비교하려고 해.

걷기 = [{월: 3000}, {화: 2500}, {수: 4500}, {목: 6000}, {금: 4000}, {토: 10000}, {일: 6000}]

엑셀표를 만들어서 주중과 주말 조건으로 각각의 평균 걸음을 계산해 줘.

---

아래는 김길동의 걷기 데이터를 기반으로 주중과 주말의 평균 걸음을 계산하기 위한 엑셀표를 제안합니다.

| 요일 | 걸음 수 | 조건 |
|---|---|---|
| 월 | 3000 | 주중 |
| 화 | 2500 | 주중 |
| 수 | 4500 | 주중 |
| 목 | 6000 | 주중 |
| 금 | 4000 | 주중 |
| 토 | 10000 | 주말 |
| 일 | 6000 | 주말 |

**엑셀에서 평균 계산 방법:**

1. 조건 열을 기준으로 주중과 주말을 나눕니다.
2. **주중 평균**: `=AVERAGEIF(C2:C8, "주중", B2:B8)`
3. **주말 평균**: `=AVERAGEIF(C2:C8, "주말", B2:B8)`

**결과값 계산**:

- 주중 평균: $\frac{3000+2500+4500+6000+4000}{5} = 4000$
- 주말 평균: $\frac{10000+6000}{2} = 8000$

주중 평균 걸음은 **4,000**걸음, 주말 평균 걸음은 **8,000**걸음입니다! 😊

**지시문** 위 표를 엑셀표로 만들어 줘.

엑셀표를 생성했습니다! 아래 링크를 클릭하여 다운로드하세요.

걸기_평균_계산.xlsx [>_]

(주) 오른쪽 붉은 원은 파이썬 코드를 보여 준다.

## ① 걷기_평균_계산.xlsx

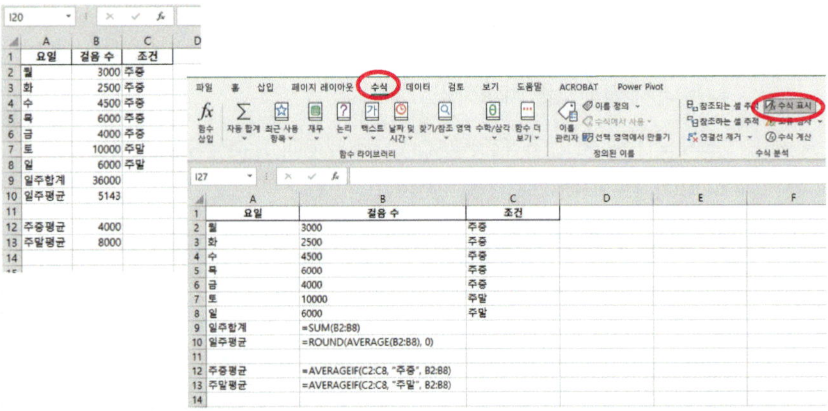


## ② 엑셀표: 파이썬 코드

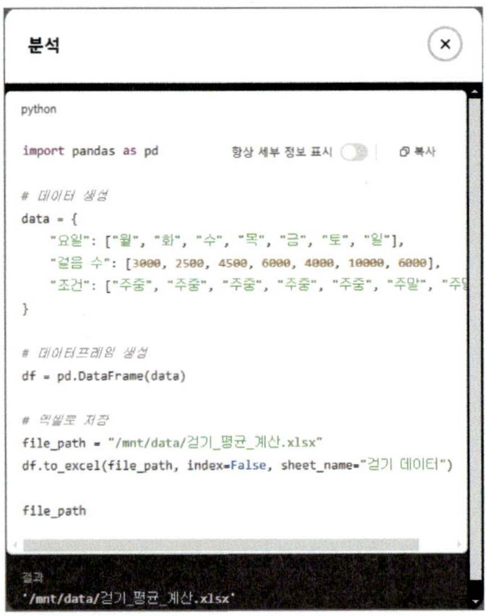


pandas는 4대 라이브러리 중의 하나로 〈데이터프레임〉을 만들어 준다. 이 〈데이터프레임〉은 리스트를 세로로 나열한 모습이다.

### 참고 주중과 주말 평균 계산의 파이썬 코드(ChatGPT)

**지시문** 생략

아래는 김길동의 주중 및 주말 평균 걸음을 계산하는 파이썬 코드입니다:

```python
# 데이터 생성
data = {
    "요일": ["월", "화", "수", "목", "금", "토", "일"],
    "걸음 수": [3000, 2500, 4500, 6000, 4000, 10000, 6000],
    "조건": ["주중", "주중", "주중", "주중", "주중", "주말", "주말"]
}

# 주중과 주말 평균 계산
import pandas as pd

df = pd.DataFrame(data)

# 조건별 평균 계산
weekday_avg = df[df["조건"] == "주중"]["걸음 수"].mean()
weekend_avg = df[df["조건"] == "주말"]["걸음 수"].mean()

# 결과 출력
print(f"주중 평균 걸음 수: {weekday_avg}")
print(f"주말 평균 걸음 수: {weekend_avg}")
```

**실행 결과**

- **주중 평균 걸음 수**: 4000
- **주말 평균 걸음 수**: 8000

이 코드는 `pandas` 라이브러리를 사용하여 데이터를 처리하고, 조건에 따라 평균값을 구하는 방식입니다. 😊

### 참고 파이썬에서 바탕화면의 <엑셀 파일>을 읽어 들이기

```
import pandas as pd
# 바탕화면 경로 설정
file_path = "C:/Users/user/Desktop/걷기_평균_계산.xlsx"
# 엑셀 파일 읽고 출력
df = pd.read_excel(file_path)
print(df)
```

# 115 데이터의 통계학적 사고

**목표** — 데이터셋에서 평균과 표준편차를 이해한다.

- 평균: 자료가 데이터셋에서 가장 많이 몰려 있는 위치(중심 위치)
- 표준편차: 관찰치가 평균 기준에서 떨어져 있는 거리(산포 경향)

평균은 중심 위치이며 표준편차는 산포 정도를 나타낸다. 계산적으로 보면, 평균은 관찰치를 모두 합한 후에 관찰된 수(n)로 나눈다. 매우 상식적이다. 마찬가지로 표준편차는 편차 제곱의 합을 n으로 나누고,[1] 이를 분산이라고 하며 표준편차는 분산의 제곱근 값이다.

예를 들어, 알파와 찰리 식당에 지난 6일간 손님이 들어온 수가 다음과 같다고 하자.

알파 = [48, 45, 50, 45, 60, 52]
찰리 = [48, 45, 44, 43, 45, 45]

어느 가게가 운영을 더 잘하는지 평균과 표준편차를 구해서 비교해 보자.

M12

| | A | B | C | D |
|---|---|---|---|---|
| 1 | | 알파 | 찰리 | |
| 2 | | 48 | 48 | |
| 3 | | 45 | 45 | |
| 4 | | 50 | 44 | |
| 5 | | 45 | 43 | |
| 6 | | 60 | 45 | |
| 7 | | 52 | 45 | |
| 8 | 합계 | 300 | 270 | |
| 9 | 평균 | 50 | 45 | |
| 10 | 표준편차 | 5.62 | 1.67 | |
| 11 | 변동계수 | 0.11 | 0.04 | |
| 12 | | | | |

F24

| | A | B | C |
|---|---|---|---|
| 1 | | 알파 | 찰리 |
| 2 | | 48 | 48 |
| 3 | | 45 | 45 |
| 4 | | 50 | 44 |
| 5 | | 45 | 43 |
| 6 | | 60 | 45 |
| 7 | | 52 | 45 |
| 8 | 합계 | =SUM(B2:B7) | =SUM(C2:C7) |
| 9 | 평균 | =AVERAGE(B2:B7) | =AVERAGE(C2:C7) |
| 10 | 표준편차 | =ROUND(STDEV.S(B2:B7), 2) | =ROUND(STDEV.S(C2:C7), 2) |
| 11 | 변동계수 | =ROUND(5.62/50, 2) | =ROUND(1.67/45, 2) |

1 30보다 작은 표본의 경우 n-1로 나눈다. 이 크기를 표본의 자유도라고 부른다.

이 분석에서 알파는 찰리보다 평균 손님 수가 5명 더 많지만, 표준편차는 더 크다. 사업에서 평균이 크다고 반드시 운영을 잘 하는 것은 아니다. 사업에는 위험 요소가 있다. 표준편차가 이 위험도를 알려준다. 평균은 클수록 좋지만, 표준편차는 작을수록 좋다. 데이터의 신뢰성이 높아지기 때문이다.

현재 알파와 찰리 중에서 어느 가게가 사업을 더 잘한다고 판단하기가 애매하다. 이때 판단 기준으로 변동계수가 있으며, 표준편차를 평균으로 나누어 계산한다.

$$\text{변동계수} = \frac{\text{표준편차}}{\text{평균}}$$

이 계수는 1단위의 평균값을 올리기 위한 위험도를 계산하는 방식이다. 위 표에서 보면 알파는 찰리보다 0.11/0.04 = 2.75(배) 정도 높은 위험도를 가진 채 운영하고 있다. 경영자가 위험을 감수하려는 의지에 따라서 사업의 성공 여부가 결정될지도 모르겠다. 사실 통계분석은 평균과 표준편차가 핵심 개념이다.

**참고** 데이터 분포의 이해

데이터의 분포는 몰려(평균) 있고 흩어져(표준편차) 있고의 특성을 뜻한다. 두 개념을 합해서 정규확률변수를 만들 수 있으며 이 변수의 분포를 정규분포라고 부른다. 데이터가 정규분포를 한다고 할 때 종 모양의 대칭분포를 한다. 이러한 사례는 거의 많은 데이터셋에 해당된다.

이 경우, 데이터의 95%가 들어 있는 범위는 평균±2(표준편차)가 된다.

알파: 50 ± 2(5.62) = [38.76, 61.24]
찰리: 45 ± 2(1.67) = [41.66, 48.34]

찰리의 범위가 더 좁아서 식자재 구매, 판매 예측 등에 관한 운영이 알파보다 더 예측 가능하다.

데이터 분포의 개념은 통계분석의 핵심 개념이므로 통계학 책을 참고하기 바란다.

# 116 엑셀표를 GenAI에 붙여서 분석하기

**목표** — 엑셀표의 필요한 범위를 복사해서 GenAI에 붙여 분석한다.

엑셀표를 복붙한 후 아래 참조한다.

Perplexity

지시문

알파 찰리
48 48
45 45
50 44
45 43
60 45
52 45
[지시문] 알파와 찰리의 평균과 표준편차를 구한 후 에 표로 만들어 줘. 이 때 표준편차 계산은 n-1 자유도로 나누어 줘.

답변

Pro Search로 더 자세한 답변 보기
검색을 확장하세요. 평균적으로 Pro Search는 인터넷에서 세 배의 소스를 고려합니다

답변 다시 작성하기

알파와 찰리의 평균과 표준편차를 계산하겠습니다. 표준편차는 n-1 자유도(여기서는 5)로 나누어 계산하겠습니다.

1. 알파 계산:
   평균 = (48 + 45 + 50 + 45 + 60 + 52) / 6 = 300 / 6 = 50
   분산 = ((48-50)² + (45-50)² + (50-50)² + (45-50)² + (60-50)² + (52-50)²) / 5
   = (4 + 25 + 0 + 25 + 100 + 4) / 5 = 158 / 5 = 31.6
   표준편차 = √31.6 ≈ 5.62
2. 찰리 계산:
   평균 = (48 + 45 + 44 + 43 + 45 + 45) / 6 = 270 / 6 = 45
   분산 = ((48-45)² + (45-45)² + (44-45)² + (43-45)² + (45-45)² + (45-45)²) / 5
   = (9 + 0 + 1 + 4 + 0 + 0) / 5 = 14 / 5 = 2.8
   표준편차 = √2.8 ≈ 1.67

결과를 표로 정리하면 다음과 같습니다:

| 식당 | 평균 | 표준편차 |
|---|---|---|
| 알파 | 50 | 5.62 |
| 찰리 | 45 | 1.67 |

**지시문** 알파와 찰리의 데이터 분산을 비교해 줘.

출처

분산분석(ANOVA) 이해하는 가장 좋은 방법(1) — diseny.tistory

일원분산분석 one-way ANOVA | 독립변수 1개 | 다중비교 - YouTube — youtube

Chapter 13 분산 분석 | R을 이용한 통계 분석 (개정판) — kilhwan.github

KS — 모두 표시

답변

네, 알파와 찰리의 데이터 분산을 비교할 수 있습니다. 분산은 데이터의 퍼짐 정도를 나타내는 지표로, 표준편차의 제곱입니다.

알파와 찰리의 분산:

1. 알파의 분산: $5.62^2 \approx 31.58$
2. 찰리의 분산: $1.67^2 \approx 2.79$

알파의 분산이 찰리의 분산보다 훨씬 큽니다. 이는 알파 식당의 손님 수 변동이 찰리 식당보다 더 크다는 것을 의미합니다 1.

분산 비율(F 통계량):
$F = 31.58 / 2.79 \approx 11.32$

이 F 값은 알파 식당의 손님 수 변동성이 찰리 식당보다 약 11.32배 더 크다는 것을 나타냅니다 1 2.

이러한 분산 차이의 통계적 유의성을 확인하려면 F 검정을 수행해야 합니다. F 검정 결과가 유의하다면, 두 식당의 손님 수 변동성에 실제로 차이가 있다고 결론 지을 수 있습니다 2.

# 117 GenAI와 엑셀 결합의 주요 주제

**목표** — GenAI와 엑셀 결합의 주요 주제를 파악한다.

ChatGPT

지시문 GenAI와 Excel 사용의 관계에 대해 글을 쓰려고 해. 주요 주제를 5개 알려 줘. 그리고 간단히 내용도 설명해 줘.

GenAI와 Excel 사용의 관계에 대해 글을 작성한다면, 다음 5가지 주요 주제를 다룰 수 있습니다. 각 주제는 GenAI와 Excel의 실질적인 융합 사례를 포함하며, 독자들에게 실용적인 통찰을 제공할 것입니다.

1. GenAI를 활용한 Excel 데이터 분석 자동화

Excel은 다양한 데이터 분석 도구를 제공하지만, GenAI를 결합하면 데이터 패턴 분석, 트렌드 예측, 그리고 통찰 생성 속도를 크게 향상시킬 수 있습니다. 예를 들어, GenAI는 엑셀 데이터를 기반으로 자동으로 보고서를 생성하거나, 복잡한 수식을 사용자 대신 작성하여 효율성을 높입니다.

2. Excel과 ChatGPT 같은 AI의 통합 사용 사례

ChatGPT 같은 AI는 엑셀 사용자에게 실시간으로 함수 작성, 오류 해결, 데이터 정리와 같은 도움을 줄 수 있습니다. 예를 들어, 사용자가 특정 데이터를 분석하려고 할 때 필요한 수식이나 매크로를 GenAI가 생성해줄 수 있습니다.

3. 자연어를 통한 Excel 작업 명령

GenAI는 사용자가 자연어로 명령을 내리면 이를 엑셀 작업으로 변환할 수 있습니다. "2024년 데이터를 기반으로 매출 성장률을 계산해 줘." 같은

명령을 텍스트로 입력하면, AI가 해당 작업을 자동으로 수행할 수 있는 매크로나 수식을 생성해 줍니다.

4. GenAI 기반 데이터 정제와 클리닝

대량의 데이터가 엑셀로 정리될 때, 중복 데이터 제거, 오류 수정, 표준화 작업은 시간과 노력이 많이 듭니다. GenAI는 이런 작업을 자동화하고, 비정형 데이터를 정제해 유용한 형식으로 변환해 줍니다. 특히, 이메일, 주소, 전화번호 같은 데이터를 정리할 때 유용합니다.

5. Excel에서의 AI 기반 예측 및 시뮬레이션

GenAI를 통해 Excel에서 복잡한 예측 및 시뮬레이션이 가능해집니다. 예를 들어, 과거 데이터를 기반으로 향후 매출, 재고 수요 등을 예측하거나, "만약 X가 발생하면 어떤 결과가 나타날까?" 같은 시뮬레이션 질문에 답하는 데 사용할 수 있습니다.

이러한 주제들은 GenAI와 Excel의 실질적인 결합 방식을 보여주며, 독자들에게 기술의 융합이 어떻게 업무 효율성을 높이고 문제 해결 능력을 강화하는지 알려줄 수 있습니다.

추가적인 세부 내용이나 사례가 필요하면 말해 주세요! ☺

지시문 "1. GenAI를 활용한 Excel 데이터 분석 자동화"의 실제 예시를 말해 줘.

GenAI를 활용한 Excel 데이터 분석 자동화 실제 예시

---

**1. 자동 보고서 생성**

예를 들어, 회사의 월별 매출 데이터를 Excel에 정리했다고 가정합니다. 이 데이터를 기반으로 자동으로 요약 보고서를 작성하려면 GenAI를 활용할 수 있습니다.
문제: 매월 수동으로 매출 요약, 주요 지표 계산(평균 매출, 성장률 등), 차트를 생성하는 데 시간이 많이 걸림.
GenAI 솔루션: GenAI에 "매출 데이터에서 월별 성장률을 계산하고 요약 보고서를 만들어 줘."라고 입력.
GenAI가 수식을 생성하거나 데이터를 분석한 후, Excel 파일에 요약 보고서(예: 평균 매출, 최고 매출 달, 성장률 등)와 함께 차트를 자동 생성.
결과: plaintext
복사편집
- 총 매출: $150,000
- 월별 평균 성장률: 12%
- 최고 매출 달: 6월 ($30,000)
- 주요 트렌드: 2분기 동안 성장률 급증

---

**2. 이상치(Outlier) 자동 탐지**

Excel 데이터를 분석할 때 종종 이상치를 찾는 작업이 필요합니다.
문제: 데이터셋이 클 경우 이상치를 찾는 것이 매우 번거롭고 수작업으로는 놓치는 경우가 발생.
GenAI 솔루션: 데이터가 포함된 Excel 파일을 GenAI에 업로드.
"이 데이터에서 이상치를 탐지해 강조 표시해 줘."라고 명령.
GenAI가 Z-Score 또는 IQR(Interquartile Range) 분석 같은 방법을 활용해 이상치 행을 자동으로 색으로 강조.
결과: 이상치가 포함된 셀이 하이라이트되며, 원인을 설명하는 추가 분석도 제공 가능.

---

**3. 복잡한 수식 생성 지원**

GenAI는 사용자가 복잡한 계산이나 조건을 필요로 할 때 적절한 수식을 자동 생성해 줍니다.
예시: "만약 매출이 $20,000 이상인 경우 '성공', 그렇지 않으면 '실패'라고 표시하는 수식을 작성해 줘."
GenAI의 응답: plaintext
복사편집
=IF(B2>=20000, "성공", "실패")
이 수식을 대량의 데이터에 바로 적용 가능.

---

**4. 데이터 요약 및 대시보드 생성**

대량의 데이터에서 핵심 정보를 요약하고 시각적으로 보여주는 대시보드 제작도 GenAI를 통해 자동화할 수 있습니다.
문제: Excel에서 피벗 테이블과 차트를 이용해 대시보드를 구성하는 데 시간이 많이 소요.
GenAI 솔루션: "이 데이터로 주요 KPI(매출, 고객 수, 지역별 판매)를 보여주는 대시보드를 만들어줘."라고 요청.
GenAI가 자동으로 피벗 테이블을 생성하고, 적절한 차트(예: 막대형, 파이 차트)를 추천하여 시각적으로 구성.

---

**5. 자연어 기반 분석**

"지난 3년간 데이터에서 가장 빠르게 성장한 제품은 무엇인가요?"처럼 자연어로 질문하면, GenAI가 데이터를 분석하여 답을 도출합니다.
예시: 사용자의 질문: "2023년에서 2024년 사이 가장 높은 성장률을 보인 분기를 알려 줘."
GenAI 분석 결과: "2024년 2분기, 성장률: 25%"

---

이러한 방식으로 GenAI는 Excel에서 데이터 분석 작업의 효율성을 크게 높이며, 반복적인 수작업을 최소화하고 더 나은 인사이트를 제공합니다. ☺

### 알면 소용있는 프롬프트

- 엑셀에서 단축 키 조작법을 알려 줘.
- 자연어를 통한 엑셀 작업 명령 예시를 들어 줘.
- 엑셀 자격증 취득에 대해 알려 줘.

GenAI 120

# 제17장
# AI와 미래

"지금부터 20년 후, 당신은 했던 일보다 하지 않은 일에 대해 더 후회하게 될 것이다."

— 마크 트웨인

이미지 출처: 저자의 ChatGPT 활용.

여기 첨단 기술에서 인간을 멘토링하는 로봇의 장면이 있다. 이 장면은 그들의 도전과 돌파구를 보여준다.

로봇: 여기서 일하는 건 쉬운 일이 아니야, 하지만 네가 할 수 있다는 걸 알고 있어.

인간: 네, 로봇 선생님. 그런데 왜 이 회로가 작동하지 않는지 모르겠어요.

로봇: 어디 보자…. 아, 여기 저항 값을 잘못 설정했구나. 이 부분을 다시 한 번 확인해 봐.

인간: 아! 이제 이해했어요. 정말 감사합니다.

로봇: 천천히 하면 돼. 실수는 성장의 기회니까. 이제 다음 단계로 넘어가 보자.

인간: 좋아요! 이번에는 꼭 성공할 거예요.

이러한 상호작용을 통해 인간은 점차 기술을 이해하고 발전시키며, 로봇은 인간에게 최상의 방법을 가르쳐준다. 도전이 있을 때마다 둘은 함께 해결책을 찾아내며, 그 과정에서 많은 돌파구를 마련하게 된다.

출처: Copliot.

# 118 AI 리더십이란 무엇인가

**목표** — 리더십은 조직원들이 목표를 달성하도록 영향을 미치는 힘이다. 리더는 AI 지식으로 영향력을 키워야 한다.

**Perplexity**

**지시문** AI 리더십에 대해 설명해 줘.

검색 출처 18 2 tasks

IGM 세계경영연구원
[칼럼] 생성형 AI가 가져올 리더십의 미래 - IGM세계경영연구원

Scopic
AI가 성공하려면 강력한 리더십이 필요한 이유 - Scopic Software

blog.webex
협력적 리더십과 AI의 역할 | Webex Blog

+7 소스

### AI 리더십이란?

AI 리더십은 인공지능(AI) 기술을 조직의 전략, 운영, 혁신에 효과적으로 통합하고, AI의 잠재력을 최대한 활용하여 조직의 성과와 경쟁력을 높이는 리더십을 의미한다. 단순히 AI를 도입하는 것을 넘어, AI를 조직의 목표와 비전에 맞게 전략적으로 활용하고, 인간 리더만이 할 수 있는 역할을 명확히 구분하여 시너지를 창출하는 것이 핵심이다 1 2 5.

### AI 리더십의 주요 특징

**1. 데이터 기반 의사결정**

- AI는 방대한 데이터를 분석해 객관적이고 신속한 의사결정을 지원한다.
- 반복적이고 데이터 중심적인 업무는 AI가 담당하고, 리더는 창의적·감성적 소통, 동기부여 등 인간만의 역할에 집중한다 1.

**2. 자기 인식과 피드백 강화**

- 생성형 AI는 리더의 의사소통, 의사결정, 리더십 스타일을 분석해 자기 행동의 강점과 약점을 객관적으로 파악할 수 있게 한다.
- 실시간 피드백과 코칭을 통해 리더십 역량을 지속적으로 개발할 수 있다 1.

**3. 맞춤형 리더십 전략**

- AI는 팀 성과, 직원 만족도, 개인별 데이터를 분석해 구성원별 맞춤형 리더십 전략을 제안한다.
- 구성원 개개인의 동기와 발전 가능성을 정확히 파악해 효과적으로 지원할 수 있다 1.

**4. 감정 및 조직 분위기 파악**

- AI는 이메일, 메시지 등 다양한 소스를 분석해 팀원들의 감정 상태와 조직 분위기를 실시간으로 파악, 리더에게 전달한다.
- 이를 통해 리더는 공감과 소통 능력을 높이고, 조직 내 신뢰를 구축할 수 있다 1.

**5. 윤리적 책임과 투명성**

- AI 활용 과정에서 데이터 편향, 프라이버시, 알고리즘 공정성 등 윤리적 문제에 대한 책임과 투명성이 필수적이다 6.

### AI 리더십에 필요한 역량

| 역량 | 설명 |
| --- | --- |
| AI 리터러시 | AI의 원리, 한계, 전략적 활용법에 대한 이해와 실무 적용 능력 2 6 |
| 비전적 사고 | AI를 통한 장기적 변화와 혁신을 구상하는 능력 2 |
| 협력적 리더십 | 부서 간 협업과 통합적 접근을 이끄는 능력 2 3 |
| 윤리적 책임 | AI 도입·운영 과정에서의 투명성, 공정성, 신뢰 구축 6 |
| 지속적 학습과 적용 | AI 기술과 비즈니스 환경 변화에 맞춰 지속적으로 학습하고 적용하는 자세 2 6 |

### AI 리더십의 역할

- AI의 전략적 방향성 설정 및 비전 제시
- AI 적용 우선순위 선정과 실행력 확보
- 조직 내 AI 문화 조성과 변화 관리
- 투명한 커뮤니케이션과 신뢰 구축
- 리소스와 권한의 적절한 분배
- AI 기반 솔루션 구현을 위한 조직 설계 5

### 결론

AI 리더십은 AI가 조직의 경쟁력과 혁신을 이끄는 시대에, 기술과 인간의 강점을 결합해 시너지를 극대화하는 리더십이다. AI는 리더를 대체하는 것이 아니라, 리더가 더 높은 수준의 리더십을 발휘할 수 있도록 돕는 코치이자 지원자 역할을 한다. 성공적인 AI 리더는 AI의 효율성을 극대화하면서도 인간만이 할 수 있는 창의적, 감성적, 윤리적 역할에 집중해 조직을 이끌어야 한다 1 2 5 6.

### 관련

AI를 활용한 리더십의 장점은 무엇인가요 +

AI가 인간 리더에게 제공할 수 있는 피드백의 형태는 무엇인가요 +

AI를 도구로 활용한 리더십의 실제 사례는 어떤 것들이 있나요 +

AI가 리더십 스타일을 분석하는 방법은 어떻게 되나요 +

AI가 리더의 감정 상태를 분석하는 과정은 어떻게 이루어지나요 +

### 참고 AI를 활용한 의사결정의 장점과 단점

AI를 활용한 의사결정 수단의 도입은 장점과 단점을 동시에 포함하게 된다. 조직은 AI를 도입할 때 신중하게 고려해야 한다.

**(1) AI 의사결정의 장점**

① 신속한 데이터 처리: AI는 대량의 데이터를 빠르게 분석하여 의사결정에 필요한 정보를 제공한다. 이는 시간 절약과 효율성을 높인다.
② 정확성 향상: AI는 데이터 기반의 분석을 통해 인간의 주관적 판단을 최소화하고, 보다 객관적이고 정확한 결정을 내릴 수 있도록 돕는다.
③ 예측 능력: AI는 과거 데이터를 분석하여 미래의 트렌드나 결과를 예측할 수 있는 능력을 가지고 있다. 이는 전략적 의사결정에 큰 도움이 된다.
④ 비용 절감: AI를 활용하면 인건비를 줄이고, 효율적인 자원 배분이 가능해져 전체적인 운영 비용을 절감할 수 있다.

**(2) AI 의사결정의 단점**

① 데이터 의존성: AI는 데이터에 기반하여 작동하기 때문에, 데이터의 질이 낮거나 불완전할 경우 잘못된 결정을 내릴 수 있다.
② 윤리적 문제: AI의 결정 과정에서 윤리적 고려가 부족할 수 있으며, 이는 사회적 논란을 일으킬 수 있다. 예를 들어, AI가 차별적인 결정을 내릴 가능성이 있다.
③ 기술적 한계: AI는 특정한 알고리즘과 모델에 의존하기 때문에, 예기치 못한 상황에 대한 유연성이 부족할 수 있다. 이는 복잡한 문제 해결에 한계를 가져올 수 있다.
④ 인간의 역할 감소: AI의 도입으로 인해 인간의 의사결정 역할이 줄어들 수 있으며, 이는 직업의 감소로 이어질 수 있다.

AI를 활용한 의사결정 과정은 신속하고 정확한 데이터 분석을 통해 많은 장점을 제공하지만, 데이터 의존성과 윤리적 문제, 기술적 한계 등 단점도 존재한다. 이러한 요소들을 종합적으로 고려하여 AI를 효과적으로 활용하는 것이 중요하다. AI의 발전이 우리의 의사결정 방식을 어떻게 변화시킬지 기대가 된다.

출처: Wrtn.

# 119 AI 거버넌스와 AI 에이전트

ChatGPT

지시문 AI 거버넌스와 AI 에이전트에 대해 각각 설명해 주고, 두 개념 사이에는 어떤 관계가 있는지 설명해 줘.

AI 거버넌스(AI Governance)와 AI 에이전트(AI Agent)는 인공지능 시대에 매우 중요한 개념이며, 서로 연결되어 있다.

✓ **AI 거버넌스 (AI Governance)**

AI 거버넌스는 인공지능 시스템의 개발, 배포, 운영, 사용에 대한 원칙, 정책, 규제, 책임 체계를 포괄하는 개념입니다. 즉, AI가 사회에 안전하고 윤리적으로 사용되도록 관리하는 체계다.

주요 요소:

① 투명성: AI가 어떻게 작동하는지 설명 가능해야 함
② 공정성: 편향이나 차별 없이 작동해야 함
③ 책임성: AI의 결정에 대해 누가 책임지는지 명확해야 함
④ 보안 및 개인정보 보호: 사용자 데이터를 안전하게 보호
⑤ 법과 규제 준수: 국내외 법적 기준을 따라야 함

✓ AI 에이전트 (AI Agent)

AI 에이전트는 자율적으로 데이터를 관찰하고, 판단을 내리며, 목표를 향해 행동을 수행하는 AI 시스템이다. 보통은 사용자의 명령을 이해하고, 다양한 도구를 활용해 문제를 해결하는 능동적인 AI 프로그램이다. 예: 챗봇, 자율주행 차량, 코딩 도우미 (예: GitHub Copilot), 업무 자동화 봇 (예: 이메일 자동 답변, 일정 조정 등)

핵심 특징은 목표 지향적이라는 점이다.

① 지각(perception): 환경 감지

② 행동(action): 주어진 목표를 위한 수행
③ 학습(learning): 경험을 통해 개선

AI 거버넌스와 AI 에이전트는 다음과 같은 방식으로 연결된다.

| 관계 포인트 | 설명 |
|---|---|
| 통제와 대상 | AI 거버넌스는 AI 에이전트 같은 시스템들을 통제하고 관리하는 구조 |
| 윤리적 사용 보장 | AI 에이전트가 사람처럼 판단하고 행동할 수 있기 때문에, 잘못된 결정을 방지하기 위해 거버넌스가 필수 |
| 책임 문제 | AI 에이전트가 자율적으로 판단할 경우 발생하는 결과에 대해 누가 책임질 것인지는 거버넌스의 핵심 주제 |
| 규제 프레임워크 | AI 에이전트가 사회와 조직에서 안전하게 작동하도록 보장하려면 AI 거버넌스가 제도적으로 뒷받침되어야 함 |

비유적으로 말하면, AI 에이전트는 자율주행차, AI 거버넌스는 도로교통법, 신호등, 운전면허제도, 사고시 법적 책임 제도 등이다. 즉, AI 에이전트를 자유롭게 다니게 하되, 질서와 책임을 갖추도록 만드는 것이 AI 거버넌스다.

결론적으로 AI 리더십, AI 거버넌스, AI 에이전트의 관계를 보면, 세 개념은 서로 밀접하게 연결되어 있다. 각기 다른 역할을 하면서 AI 생태계의 균형과 진화를 이끌어 갈 것이다. AI 리더십은 조직이나 사회에서 AI 기술을 전략적으로 활용하고, 사람 중심의 가치를 지키며 AI 전환을 이끄는 리더의 역량과 역할을 의미한다. AI 거버넌스는 AI의 개발, 사용, 영향에 대한 정책, 법률, 윤리 기준, 감독 체계를 통해 AI가 안전하고 공정하게 작동하도록 하는 관리 구조다. AI 에이전트는 주어진 목표를 위해 자율적으로 판단하고 학습하며 행동하는 AI 시스템이다. 인간 보조에서 미래에는 함께 일하는 협업 파트너가 될 가능성이 크다. 의료, 교육, 금융, 행정 등 다양한 분야에 적용될 것이다.

다시 말해서, AI 리더십은 선장으로서 방향을 제시하고, AI 거버넌스는 항해 지도와 규칙으로 안전한 틀을 제공하고, AI 에이전트는 선원(자동화된 작업 수행자)으로서 주어진 비전과 규칙에 따라서 실제 업무를 수행한다. 이 셋이 함께 움직임으로써 조직이 AI 사회에서 항해할 때 목적지에 안전하게 도착할 수 있다.

# 120 AI의 미래 방향

**목표** — AI의 미래 발전 방향을 예상한다.

Perplexity

지시문 AI의 미래 방향은 무엇인지 설명해 줘.

AI 기술은 2025년을 전후로 새로운 전환점에 진입하고 있으며, 미래 발전 방향은 다음과 같은 주요 흐름을 중심으로 전개되고 있습니다.

1. 생성형 AI와 온디바이스 AI의 확장

생성형 AI는 텍스트, 이미지, 코드, 음악 등 창작 영역까지 빠르게 확장되고 있습니다. 앞으로는 클라우드 기반에서 벗어나 스마트폰, PC 등 각종 기기에 AI 칩셋과 소형 대규모 언어모델(sLLM)을 탑재하는 '온디바이스 AI'가 본격적으로 확산될 전망입니다. 이는 더욱 개인화된 서비스, 보안 강화, 자원 효율성 증대 등 다양한 이점을 가져올 것으로 기대됩니다.

웨어러블 AI 디바이스, 혼합현실(MR) 헤드셋 등 혁신적인 하드웨어와의 결합도 가속화되고 있습니다.

2. 산업별 특화와 AI의 대중화

AI는 의료, 금융, 제조, 물류, 법률 등 거의 모든 산업에서 맞춤형 솔루션으로 자리 잡고 있습니다. 예측 유지보수, 신약 개발, 투자 자문, 법률 분석 등 실질적인 가치 창출이 활발합니다.

AI 기술의 소형화와 비용 절감으로 인해 개인과 소규모 기업도 AI를 쉽게 활용할 수 있는 시대가 열리고 있습니다. AI는 이제 대기업뿐 아니라 일상생활과 업무의 필수 도구로 자리매김하고 있습니다.

3. 인간과 AI의 협업 및 증강

미래의 AI는 인간을 단순히 대체하기보다는, 반복적·분석적 업무를 담당하여 인간의 창의적이고 전략적인 판단을 지원하는 '증강'의 방향으로 발전할 가능성이 높습니다.

AI 비서, 에이전트 등 개인화된 AI가 사용자의 맥락을 이해하고 맞춤형 서비스를 제공하며, 여러 AI 에이전트가 협업하여 복잡한 문제를 해결하는 구조가 확산될 것입니다.

4. 범용 인공지능(AGI)과 초지능의 도전

현재의 AI는 특정 작업에 특화된 '좁은 AI(Narrow AI)'에 머물러 있지만, 인간처럼 다양한 영역에서 학습하고 사고할 수 있는 '범용 인공지능(AGI)' 개발이 활발히 연구되고 있습니다. AGI가 실현될 경우, 인간의 노동과 생산성을 완전히 대체하거나 재정의할 가능성이 있습니다.

AGI의 도래 시점에 대해서는 7~10년 내 실현 가능성도 제기되고 있습니다.

(주) AGI(Artificial General Intelligence)는 인간처럼 범용적인 사고와 학습 능력을 가진 인공지능을 의미.

5. 윤리, 설명 가능성, 지속가능성의 중요성

AI의 영향력이 커짐에 따라, 데이터 편향, 프라이버시, 일자리 변화, 저작권 등 윤리적·사회적 문제에 대한 논의와 규제 마련이 필수적입니다.

AI 의사결정의 투명성을 높이기 위한 '설명 가능한 AI(XAI)' 기술 개발, 에너지 효율성과 환경적 지속가능성 확보도 중요한 과제로 부상하고 있습니다.

요약하면, AI의 미래는 기술적 진화(온디바이스 AI, AGI, 에이전트 협업)와 함께, 인간과의 협업, 산업별 특화, 윤리와 지속가능성 등 사회적 맥락에서의 발전이 동시에 이루어질 전망이다. AI는 점차 인간의 동반자이자 증강 도구로 자리잡으며, 기술의 책임 있는 활용과 사회적 합의가 그 어느 때보다 중요해질 것이다.

**관련 질문**

온디바이스 AI가 사회에 미치는 영향은 무엇일까

생성형 AI가 창작 영역에 미치는 영향은

AI가 기업 경쟁력에 미치는 영향은

AI의 윤리적 사용과 지속가능성은 어떻게 관리될까

2025년 AI 트렌드 중 가장 주목받는 것은 무엇일까

# 부록
# 영문 프롬프트 예시

GenAI는 기본적으로 영어 베이스의 텍스트로 이루어져 있어, 영문 프롬프트를 이해하면 더 좋은 답변을 받을 수 있다. 이 영어 답변을 번역해서 사용하면 된다. 여기서는 후속 조치(follow-up), 다시 쓰기(rewrite)와 유사한 동사, 결과 포맷(output format) 등에 대한 프롬프트를 소개한다.

## (1) 36 Follow-up prompt structures

What are the benefits and drawbacks of [idea]?

How does [theory] apply to [real-world scenario]?

What are the key components of [system/process]?

What are the steps involved in [procedure]?

Convert the [above/previous/previous to previous/first] output into a script

Suggest some resources for learning more about [topic]

What are some common misconceptions about [topic]?

How does [phenomenon] work?

Can you provide a brief history of [event/person/idea]?

What is the impact of [policy/decision] on [group/industry]?

Prefix each bullet point with an emoji

What is the significance of [historical event/person/idea] in [context]?

What are some challenges faced by [group/industry]?

How does [product/service] compare to its competitors in terms of [aspect]?

Can you provide a step-by-step guide on how to [accomplish the task]?

Order the [above/previous/previous to previous/first] output into a timeline

Can you explain the impact of [natural disaster/pandemic] on [sector]?

What are the different types of [concept] and how do they differ?

How does [political/economic system] affect [society/industry]?

Reorder the [above/previous/previous to previous/first] output

Can you provide a case study on how [company/organization] successfully implemented [strategy/technology]?

How do different cultures view [topic]?

How has [artistic movement/style] influenced [culture/society]?

Explain the relationship between [two concepts]

How does [scientific theory] explain [phenomenon]?

How does [historical event/person] relate to the current [issue]?

Provide a critical analysis of [book/film/idea]

How do different [social/political/religious] ideologies view [topic]?

What are some common myths about [concept]?

What are some potential ethical dilemmas related to [technology/industry]?

Create a table for the [above/previous/previous to previous/first] output with appropriate column headers that logically organize the content

Provide a comparative analysis of [two works/ideas].

How does [scientific principle/theory] apply to [daily life]?

What are the key principles of [business strategy/management]?

Modify the number of [words/characters] in the above output to [number]

Generate [number] of variations of the [above/previous/previous to previous/first] output

**https://medium.com/@nizamstatistics/36-follow-up-prompt-structures-for-chatgpt-8abf22d54c7b)**

## (2) 31 AI Prompts that are better than "Rewrite"

Paraphrase: This is useful when you want to avoid plagiarism

Reframe: Change the perspective or focus of the rewrite.

Summarize: When you want a quick overview of a lengthy topic.

Expand: For a more comprehensive understanding of a topic.

Explain: Make the meaning of something clearer in the rewrite.

Reinterpret: Provide a possible meaning or understanding.

Simplify: Reduce the complexity of the language.

Elaborate: Add more detail or explanation to a given point.

Amplify: Strengthen the message or point in the rewrite.

Clarify: Make a confusing point or statement clearer.

Adapt: Modify the text for a different audience or purpose.

Modernize: Update older language or concepts to be more current.

Formalize: This asks to rewrite informal or casual language into a more formal or professional style. Useful for business or academic contexts.

Informalize: Use this for social media posts, blogs, email campaigns, or any context where a more colloquial style and relaxed tone is right.

Condense: Make the rewrite shorter by restricting it to key points.

Emphasize/Reiterate: Highlight certain points more than others.

Diversify: Add variety, perhaps in sentence structure or vocabulary.

Neutralize: Remove bias or opinion, making the text more objective.

Streamline: Remove unnecessary content or fluff.

Enrich/Embellish: Add more pizzazz or detail to the rewrite.

Illustrate: Provide examples to better explain the point.

Synthesize: Combine different pieces of information.

Sensationalize: Make the rewrite more dramatic. Great for clickbait!

Humanize: Make the text more relatable or personal. Great for blogs!

Elevate: Prompt for a rewrite that is more sophisticated or impressive.

Illuminate: Prompt for a rewrite that is crystal-clear or enlightening.

Enliven/Energize: Means make the text more lively or interesting.

Soft-pedal: Means to downplay or reduce the intensity of the text.

Exaggerate: When you want to hype-up hyperbole in the rewrite. Great for sales pitches (just watch those pesky facts)!

Downplay: When you want a more mellow, mild-mannered tone. Great for research, and no-nonsense evidence-based testimonials.

Glamorize: Prompt to make the rewrite sexier and more appealing.

https://medium.com/the-generator/31-ai-prompts-better-than-rewrite-b3268dfe1fa9

## (3) 55 Prompt Output Formats for ChatGPT (일부 게재)

Importance of Prompt Output Formats

Output formats are important while writing ChatGPT prompts because they can enhance your experience and facilitate the integration of ChatGPT outputs with other tools in a better way.

Tables: ChatGPT can generate tables to present information in a more structured format. This can be useful for comparing data or summarizing information.

Dialogues and Conversations: It can generate dialogues and conversations that simulate a natural conversation between two people. These can be useful for practicing communication skills or role-playing different scenarios.

Summaries: You can also generate summaries of longer texts with ChatGPT, such as articles or books, that will refine the main points into a shorter format.

Outlines: Generating outlines is quite common, this helps to organize information hierarchically, providing an overview of the structure of a longer piece of writing or presentation.

Quizzes: ChatGPT can generate quizzes that test knowledge or comprehension on a particular topic. These can include multiple-choice questions, fill-in-the-blank questions, or other question formats.

Personalized Recommendations: You can generate personalized recommendations based on user input(you), such as recommending books, movies, or products based on a user's preferences.

Sentences: You can also generate concise, coherent sentences that answer a question or provide information on a particular topic. These sentences can be standalone or can form a larger paragraph or essay.

Paragraphs: Along with sentences, you can use ChatGPT to generate longer paragraphs that delve into a topic in more detail. These paragraphs can be structured with topic sentences, supporting details, and concluding sentences to provide a more complete picture of a topic.

Essays: A lot of students are using ChatGPT for this because it can generate full-length essays on a given topic, including an introduction, body paragraphs, and a conclusion. These essays can also have a thesis statement, supporting evidence, and a summary of key points.

Bullet point lists: ChatGPT can generate bullet point lists that organize information into easy-to-read chunks. These lists can highlight key ideas, provide a quick summary of a topic, or present information in a structured way.

Technical documentation: ChatGPT can generate technical documentation that provides instructions or information on how to use a particular product or service but it is possible for widely known products or services like Microsoft Excel or Creating an account on the WordPress platform(A Service).

Social media posts: You can generate social media posts that are optimized for specific platforms, such as Twitter or Instagram, and can include hashtags, links, character limitations, and other social media elements.

Codes: ChatGPT can generate code scripts that provide instructions or algorithms for particular tasks.

Excel formulas: ChatGPT can generate Excel formulas, often used for calculating ratios, valuations, forecasts, and many other mathematical calculations.

https://medium.com/@nizamstatistics/55-prompt-output-formats-for-chatgpt-dbeba365d498

# 참고문헌

강병서, 스크래치와 R 코딩 어드벤처, 한경사, 2019.

강병서, 코딩 어드벤처 with 성경 이야기, 푸른사상, 2021.

강병서, GenAI와 함께하는 경영학 이해, 한경사, 공저, 2025

멀티모달 AI 활용 사례과 문제점 바라보기
https://contents.premium.naver.com/edumeta/edu/contents/230718024326513mx

프롬프트 엔지니어링
https://medium.com/@slakhyani20/10-chatgpt-prompt-engineering-frameworks-you-need-to-know-41d4b76ed384

36 Follow-up prompt structures
https://medium.com/@nizamstatistics/36-follow-up-prompt-structures-for-chatgpt-8abf22d54c7b

더 나은 의사결정 방법
https://ai.plainenglish.io/10x-better-decisions-with-ai-driven-thinking-frameworks-mental-models-1da0d88d1c5c

MZ 세대가 변호사 고르는 방법
https://www.chosun.com/opinion/specialist_column/2024/12/11/ZINHJ5IDXFHGXMQ4CFD3FOLYC4/

50 ChatGPT prompts designed to assist you in market research and analysis
https://medium.com/@LataTewari/50-chatgpt-prompts-to-assist-in-market-research-and-analysis-0083ad9b32cf

AI Trends That Will Revolutionize Business In 2025
https://medium.com/@kanerika/10-ai-trends-that-will-revolutionize-business-in-2025-8190f918c2db

[Copilot] 이 사진을 〈미니멀리즘 픽셀 아트〉 스타일로 바꾸어 줘.

사진 제공: 우이형.